新版
塗装工事の知識

高橋孝治

鹿島出版会

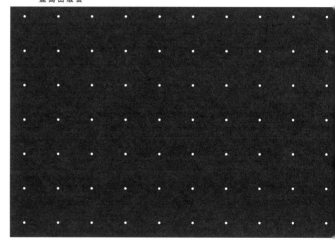

目　次

はじめに………………………………………………………………009

1章　建築塗装の特徴……………………………………………011

2章　建築塗装の変遷──近代塗装史…………………………013

　1節　明治時代の塗装工事…………………………………………013
　2節　大正時代の塗装技術…………………………………………016
　3節　昭和初期の塗装技術…………………………………………019
　4節　昭和20年代の塗装技術………………………………………024
　　　1　建設行政関連……………………………………………024
　　　2　建設技術の動向…………………………………………024
　　　　（1）住宅／（2）一般ビル／（3）建築学会関連
　　　3　建築用塗料・塗装技術開発……………………………025
　　　　（1）建築用塗料分野／（2）塗装工事分野
　5節　昭和30年代の塗装技術………………………………………025
　　　1　建築技術開発の動向……………………………………026
　　　2　塗装技術…………………………………………………027
　6節　昭和40年代の塗装技術………………………………………028
　　　1　建設業界の動向…………………………………………028
　　　2　建築技術開発の動向……………………………………029
　　　3　塗装技術…………………………………………………029
　7節　昭和50〜60年代の塗装技術…………………………………030
　　　1　建設業界の動向…………………………………………030
　　　2　建築技術開発の動向……………………………………030

3　塗装技術開発 ……………………………………………… 031
　8節　平成時代の塗装技術 ……………………………………………… 031
　　　1　建設技術開発の動向 ……………………………………… 032
　　　2　塗装技術開発 ……………………………………………… 032

3章　塗装の基本事項 ……………………………………………… 035

　1節　塗装材料に関する基本事項 ……………………………… 035
　　　1　塗膜として残る成分 ……………………………………… 035
　　　　(1)塗膜主要素[A 油類　B 合成樹脂]／(2)塗膜副要素／
　　　　(3)顔料、充填剤[A 着色顔料　B 体質顔料]
　　　2　塗膜として残らない成分 ………………………………… 039
　2節　塗装材料の乾燥・硬化に関する基本事項 ……………… 039
　　　1　乾燥・硬化の種類とその特性 …………………………… 039
　　　　(1)揮発乾燥／(2)酸化重合乾燥／(3)分散粒子融合乾燥
　　　　／(4)重合乾燥／(5)その他の乾燥・硬化[A 湿気硬化形
　　　　B セメント水和反応形　C その他特殊乾燥硬化形]
　　　2　乾燥・硬化に関する条件 ………………………………… 048
　　　　(1)乾燥・硬化の過程
　　　3　塗装における気象条件 …………………………………… 049
　3節　塗装工程に関する基本事項 ……………………………… 051
　4節　建築塗装における欠陥とその対策 ……………………… 053

4章　塗装材料の種類と分類 ……………………………………………… 057

　1節　塗装材料の分類 …………………………………………… 057
　2節　塗装材料を構成する展色剤による分類 ………………… 059

3節　塗装材料の用途別による分類 ･･････････ 061

4節　特殊塗装材料の種類による分類 ･･････････ 065

5章　塗装材料の特性とその選定 ････････ 067

1節　金属系素地における塗装材料・塗装系 ･･････ 067

1　鉄鋼用塗装材料・塗装系 ･･････････ 068
(1)鉄鋼用下塗り塗料／(2)さび止め塗料の種類と特性［A 鉄鋼面用さび止めペイントの種類と特性　B 各種プライマーの種類と特性］

2　亜鉛めっき用下塗り塗料の種類と特性 ･･････････ 075
(1)エッチングプライマー／(2)鉛酸カルシウムさび止めペイント／(3)変性エポキシ樹脂プライマー・弱溶剤系変性エポキシ樹脂プライマー

3　その他下塗り用塗装材料 ･･････････ 077
(1)パテ・サーフェーサー類

4　金属面用の上塗り塗料 ･･････････ 078
(1)金属面用塗料の特性［A 油変性合成樹脂系塗料　B 熱可塑性合成樹脂塗料　C 熱硬化性(反応硬化形)塗料　D 鋼構造物用耐候性塗料］

2節　金属系素地の塗料の選定 ･･････････ 089

1　建築金属系素地への塗装設計 ･･････････ 089
(1)素地への設計［A 部材の設計　B 素地調整の選定］／(2)塗料の選定［A 耐久性を要求される場合の塗料の選定　B 建築物の種類、立地条件による塗料の選定］

2　金属系素地の塗装・施工要領 ･･････････ 098
(1)塗装工程の構成［A 塗装種別　B 塗料その他　C 希釈割合　D 標準膜厚　E 塗付け量　F 放置時間］／(2)代表的な金属素地用塗料の塗装工程［A 油変性合成樹脂系塗料　B 鋼構造物用耐候性塗料］

3節　無機質系素地における塗装材料と塗装系 …………110
　1　無機質系素地の特性と塗装材料の種類 ………… 110
　　(1)無機質素地の特性［A 現場施工(湿式工法)素地の特性と塗装上の管理点　B 工場加工品(乾式工法)素地の特性と塗装上の管理点］／(2)無機質系素地用塗装材料の種類と特性［A 無機質系素地用の下塗り用塗料の特性　B 無機質系素地の下地調整材料　C 塗料・仕上塗材の施工のための下地調整塗材　D無機質系素地の上塗り塗装材料　E 無機質系素地の部位別塗装の特性］

4節　合成樹脂塗床 ……………………………………152
　1　合成樹脂塗床の種類と品質 …………………… 152
　　(1) 厚膜型塗床材［A 弾性ウレタン塗床材　B エポキシ樹脂塗床材］／(2)薄膜型塗床材
　2　合成樹脂塗床材の工法 ………………………… 154
　　(1)厚膜弾性ウレタン樹脂系塗床仕上げの種類と工程／(2)エポキシ樹脂系塗床の種類と工程

5節　木質系素地面の塗装 ……………………………156
　1　木質系生地 ……………………………………… 156
　2　木部用塗料の種類と性能 ……………………… 156
　3　木質系素地用塗装材料の適用材質と部位……… 156
　4　塗装仕様 ………………………………………… 161
　5　素地調整の工程 ………………………………… 161
　6　塗装の工程 ……………………………………… 163
　　(1)木材保護(着色)塗料の品質／(2)塗装仕様［A 素地調整の工程］
　7　木材保護(着色)塗料塗りの工程 ……………… 165

6節　特殊目的の各種塗装材料 ………………………166
　1　高日射反射率塗料 ……………………………… 166
　　(1)高日射反射率塗料の原理／(2)品質規格／(3)施工
　2　耐火塗料 ………………………………………… 168

　　　　　(1)耐火塗料の構成／ (2)耐火被覆効果のメカニズム／
　　　　　(3)耐火塗料の施工
　　3　外断熱仕上材料·································172

6章　塗装工事におけるストック建築物への対応·················175

はじめに·································175

1節　塗装材料の劣化・調査診断·································176

　1　劣化現象と劣化事例·································176
　　　(1)劣化現象の進行／(2)塗膜表面に発生する劣化現象／
　　　(3)塗膜内部の劣化現象／ (4)塗装素地(下地)を伴う劣
　　　化現象［A セメント系素地の場合　B 鉄鋼面塗装の劣化
　　　現象　C 亜鉛めっき鋼板素地を含む劣化現象　D アルミ
　　　ニウム合金製部材の劣化現象］
　2　調査診断手法と判定·································181
　　　(1)調査の目的／ (2)調査の種類［A 事前調査　B 現地
　　　(本)調査　C 施工調査］／(3)調査診断手法［A 塗膜の
　　　調査　B 主な診断方法と機器　C 調査診断結果の評価］
　3　修繕設計と施工のポイント·································192
　　　(1)仕様選定時の検討事項［A 既存塗膜の役割の確認　B
　　　既存塗膜の種類の判定　C 下地調整　D 外装壁面における
　　　塗り替え塗膜の選定　E 金属面等の塗り替え塗料の選定
　　　F 内装仕上げ面の塗り替え　G 塗り替え工事の環境への
　　　配慮］／(2)金属素地の既存塗膜面への塗り替え仕様［A
　　　環境対応を求めた塗替え仕様］

2節　外壁仕上げ面へのグレードアップ化塗り替え仕様
　　　　　——超高層集合住宅外壁改修工事の実例·································234

　1　外壁改修・塗装設計·································234
　　　(1)改修設計へのビジョン・コンセプト／ (2)外壁改修塗装
　　　へのコンセプト／ (3)外壁改修塗装設計［A 既存外壁部の

劣化状況調査および試験　B 仕様書の設定］
　2 施工要領書の設定 ……………………………………… **241**
　　（1）一般事項［A 仮設設計］／（2）施工管理［A 材料管理
　　B 材料置場　C 一般事項　D 作業上の環境条件］／（3）
　　品質管理［A 施工前の注意事項　B 施工上の注意事項
　　C 細部のチェック項目　D 検査］／（4）外壁改修工事施工
　　要領

索引 ……………………………………………………………… **249**

あとがき ………………………………………………………… **260**

はじめに

　人間の生活空間を構成する建築は、住みやすく、美しい機能的なものが求められる。また近年の傾向として人に優しく、自然にも優しいといったコンセプトにもとづく新しい建築が重視され、企画・設計の創造性、施工の可能性等の拡大へ向けた新技術、新材料・工法の研究開発が活発になされている。

　一方、これまでの社会情勢において建設されたストック建築物への対応は保全維持にとどまらず、コンバージョンといった新しいニーズに向けて、新規に機能・性能を付加させる開発・施工が活発化しており、新しい建設動向が生まれてきている。

　近年は、単に美装・保護だけでなく、建築物の表層に新しい機能を付加させるなど、［表0-1］に示すように塗装の目的は多様化している。それに伴い研究開発が活発になされ、塗料という限られた範囲でなく塗装材料といわれる位置づけとなってきている。このような目的を有する建築現場における塗装は、塗装材料という分散系の複合材料を用い、塗装工事の基本的操作である「塗る」「貼る」「詰める」という操作で塗膜をつくり、それらを塗装工程により積層する組み合わせ作業により積層系複合材料を構成する。

　この表層の生産システムが建築現場での生産工程に適合するものであれば、建築技術、工法の研究開発の推進、建築の計画・設計の創造性の拡大、建築生産性の合理化などに寄与するであろう。塗装工事の多様化と、その効果を発揮している現状について新築とストック建築物への対応を解説したい。

[表0-1] 塗装の目的（その機能と要求性能）

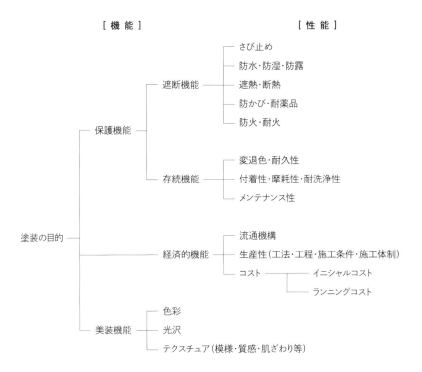

1章 建築塗装の特徴

　建築において、塗装工事によって得られる生産物である塗膜は、ほかの工事に比べても多くの特徴をもち、塗装の目的を達成するものである。以下にその特徴をあげる。

　①塗膜はミクロン単位の膜厚で巨大な建築物の美装・保護・機能付加等の役割を達成する。

　　生産物がミクロン単位の膜厚でその目的を達成しているものは、多くの建築材料でアッセンブルされた建築の中で塗装のみである。このことは、塗膜は強靭な性能をもっている反面、その塗装工事の良否が端的に性能に現れるので、施工時の管理が重要である。

　②塗装工事は建設現場で、その形態を変化させる。

　　建設現場において液体状態にある塗装材料を塗装という「塗る」生産行為によって固体としての塗膜を生産するものであり、建設現場で、化学的および物理的変化を生じさせる。

　　この変化は一般に乾燥・硬化と言われるものであるが、塗装材料の種類によって、その方法、条件が多種多様でそれぞれの塗装材料に個性があり、それらに十分マッチした施工をする必要がある。

　③塗膜は複合材料として性能を発揮する。

　　塗装によって生産された塗膜は、合成樹脂等に顔料等の添加物を分散させた混合系材料を下塗り・中塗り・上塗りの工程に応じて組み合わせ、塗り重ねた積層系の複合材料にすることによって目的の役割を果たしていく。

　④塗膜はライフサイクルをもち、再生が可能である。

　　工場生産された塗装材料は塗装工事の原材料として現場に搬入され、塗装という生産行為によって塗膜が生産され、それぞれの目的を発揮しながら耐久性を保持する。塗膜は［表1-1］に

示すライフサイクルを持ち、ある程度の劣化時点で新しい材料を用いて再生することで、塗膜の目的を失うことなく、新しいライフサイクルを出発させることができる。

この繰り返しによって新規機能を付加することもでき、ミクロン単位で建物自体のライフサイクルを延長させる力を有している。

[表1-1] 塗料、吹付材など仕上材のライフサイクルとその要求性能

		品質設計・生産期 →	施 工 期 →	耐久・機能発揮期 →	再 生 期
材料選択の基本		(1)安定した生産品であること (2)長期貯蔵安定性があること	(1)均一な施工ができること (2)正常な乾燥・硬化をすること (3)乾燥条件の幅が広いこと	(1)よく付着していること (2)仕上げの目的を達成すること (3)長持ちすること	(1)塗替えが容易であること
要求性能		(1)粘度・比重・色・塗膜の状態、圧縮・曲げ強さ等のロット間のバラつき (2)貯蔵安定性 ①低温 ②高温 ③長期 容器の中での状態、耐皮張り性、顔料分散性	(1)作業性 粘度安定性、可使時間、パターン形成能力、粘度変化 (2)乾燥・硬化時間 ひび割れ性 (3)最低造膜温度 低温硬化性	(1)付着性 下地への対応、外力に耐える、(初期、2次付着性) (2)性能 ①保護性能 下地：耐水、耐アルカリ、耐エフロレッセンス性 保護：防水、防湿、吸水性、防錆、耐薬品性、耐汚染など 物理性：耐摩耗性、耐衝撃性など、耐ひび割れ性 ②美装性 テクスチュア（感触性、立体模様など）、色、光沢などの仕上がり性（はけ目、ローラーマークなど） (3)耐久性 耐候性（屋外暴露、促進暴露など）、耐光性、変退色性、チョーキング性など	メンテナンス性 塗重ね適合性

2章 建築塗装の変遷──近代塗装史

　建築における塗装材料は、建築の目的に応じて、外壁・屋根・天井・内壁・床・建具・設備といった建築を構成している標準的な部位をはじ、あらゆる部位に用いられ、その用途は幅広い。

　我が国における建築に塗装が活用された歴史は有史以前からといえるが、現在の塗装形態は、欧米から建築技術が導入された鎖国下の1857年に3冊のオランダの建築書を蕃書調所が入手した時に始まるとされている。

1節　明治時代(1867年～)の塗装工事

　幕末から明治時代に入ると洋式建築の建設が活発となり、多くの塗料が輸入され使用されるようになった。

　塗装工事が史実として文献に残っているのは、1872(明治5)年に品川－横浜間に25kmの鉄道を開通するにあたってなされた駅舎等の建築工事である。その工事において、「塗師工事」と呼ばれる塗装工事が行われたことが記録されている [**表2-1**]。

[**表2-1**]
横浜・品川および付属建設記録より
(明治5年)

○六月廿六日（明治五年）
八番汽車修復所塗師方御入用入札注文書
落札
1　金六拾四両一分永百五十文
　　　　塗師方一式　　　　塗師方　伊兵衛
　　　　但是迄塗仕上ケ分相除
　　　　跡塗坪　　弐百八拾坪
右仕様御建物鉄蔵柱桁合掌繁鉄物東方杖棟束棟母屋窓枠ガラス骨共其外鉄類惣体赤ペンキニテ錆留致し青ペンキ塗仕上ケニテ都合ニへん塗出来之事
　　但しペンキ類相渡し候

また、その当時の塗料・塗装がどのようなものであったかの内容を知る文献としては、1886（明治19）年に現在の日本建築学会の前身である造家学会が設立され、その機関誌である『建築雑誌』の1887（明治20）年第5巻に発表された瀧大吉による「ペンキノ説」なる論文がある。［表2-2］に示す材料についての解説や［表2-3］に示す塗装法が解説されており、現在の建築塗装のルーツを知ることができる。

　その論説では、その当時、ほとんどが輸入品であった欧風ペンキについて、当時は塗装直後は素晴らしい白壁に仕上げられていたものが、数か月のちに劣化してしまうことが多いと指摘している。その原因はペイントの特性と施工法などを十分に理解せずに用いたことにあり、それらの知識を広く理解させるために執筆したと説明している。

　また「ペンキ」なる言葉のルーツは英語の「ペイント」が「ペンキ」に転化したことが明記されている。

［表2-2］『建築雑誌』明治20年発行「ペンキノ説」の一部

［表2-3］『建築雑誌』明治20年発行「ペンキノ説」の一部

当初は輸入による塗料の活用であったが、国産化の研究は1877（明治10）年から1887（明治20）年にかけて進み、塗料、塗装の基本技術が確立していった。1881（明治14）年に我が国の塗料生産工業が誕生している。

　また、これら塗料の国産化の研究成果は、日本に特許法が制定された後の特許第一号であり、堀田瑞松の発明による「錆止塗料及其塗法」は1885（明治18）年に成立している。その応用研究も高いレベルで進められ、実用化したことが欧米の技術導入を含めて、他の文献からも知ることができる。その特許明細書摘要は［**表2-4**］のとおりである。

　これらの塗料・塗装技術は建築技術の発展につれて活発化し、明治時代は鉄、木、レンガなどへの塗料・塗装技術が中心であった。

［**表2-4**］　特許明細書摘要「錆止塗料乃其塗法」

　　　　　特許明細書摘要
　　　　　錆止塗料及其塗法

東京府堀田瑞松
特許番號　一
明治十八年八月十四日特許
特許年限十ヶ年

此發明ハ鐵製鋼製ノ艦体橋梁機械等ノ鏝蝕ヲ豫防スルニ使用スヘキ塗料及ヒ其塗法ニシテ其塗料ニ四種アリ第一ハ生漆鐵粉、鉛丹、油煤、柿澁、酒精、生姜、鐵漿第二ハ生漆、鐵粉、鉛丹、油煤、柿澁、醋、鐵漿、第三ハ生漆、鐵粉、鉛丹、油煤、柿澁、生姜、鐵漿第四ハ生漆、鐵粉、鉛丹、油煤、鐵漿ヨリ合成シタルモノナリ

此塗料ヲ塗抹スルニハ先ヅ塗抹スヘキ物体ニ生セル錆ヲ削脱シ清水ヲ以テ洗浄シ之ヲ乾燥シタル後以下刷子ニテ順次ニ第一第二第三ヲ塗抹シ砂紙ヲ以テ摩擦シ面ヲ平滑ナラシメ最后ニ第四ノ塗料ヲ交互從横ニ塗布スルモノトスル

此塗料ハ之ヲ鐵製鋼製ノ艦体其他機械等ニ塗抹スレハ暫ク密着シ乾燥シタル后ハ堅硬ニシテ亀裂剥脱スルノ憂ナク殊ニ艦体ノ如ク常ニ海水中ニ在ルモノニ之ヲ用フレハ介藻類ヲモ附着セス常ニ光澤ヲ保存ストス

請求區域　一

2節　大正時代(1912年〜)の塗装技術

　大正時代には、1923(大正12)年の関東大震災によって明治時代のレンガ建築と決別し、鉄筋コンクリート、鉄骨造の時代に入った。

　鉄筋コンクリートの塗装に関しては、1914(大正3)年の『建築雑誌』に土居松平がコンクリート面塗装のアルカリ問題を解説する論文がある。

　また、コンクリートに対する塗装の目的が単に美装だけでなく、防水・鉄筋の防錆（中性化防止）・耐薬品性などの保護や機能付加にもあることがわかってきた。1923(大正12)年の『建築雑誌』に「コンクリート用ペイント」が発表されているが、すでに現在における要求と変わらず、研究の程度の高さが知れる。

　建築工事における仕様書の原点は、日本建築学会が発行する『日本建築学会 建築工事標準仕様書JASS（Japanese Architectural Standard Specification)』である。最初に発行された1923年当時は、塗装工事は『塗師工事』として発表されていた。その構成は［表2-5］の目次のように各種の塗装について制定されており、その内容の一部を［表2-6］に示す。

　これらの研究開発の動向において、油性系塗料中心へと移行していることがわかる。

［表2-5］ 大正12年制定日本建築学会建築工事仕様書『塗師工事』目次

建築工事仕様書・目次

(XIII) 塗師工事

(1) 材料
　(イ) 白　鉛
　(ロ) 亞鉛華「ぺんき」
　(ハ) 生亞麻仁油
　(ニ) 荏　油
　(ホ) 桐　油
　(ヘ) 煮沸油
　(ト) 乾燥料
　(チ) 「わにす」
　(ヌ) 節止料
　(ル) 「ばて」

(2) 「ぺんき」調合
　(イ) 光　明　丹
　(ロ) 緑色（又は黒色）「ぺんき」
　(ハ) ちよこれーと色「ぺんき」
　(ニ) 皓　蟹
　(ホ) 明礬ト石鹸
　(ヘ) 砂　糖
　(ト) 「らっく」
　(リ) 「てれめん」
　(ヌ) 水「ぺんき」

(3) 混和及濾過
(4) 見本等
(5) 養生等
(6) 屋内木材面「ぺんき」塗方
　(イ) 辨柄塗
(7) 屋内木材面「ぺんき」艶消塗
(8) 屋外木材面「ぺんき」塗
(9) 鐵材錆止塗
　(イ) 光明丹塗
　(ロ) 辨柄塗
(10) 鐵材面「ぺんき」塗
(11) 亞鉛鍍鐵材面「ぺんき」塗
　(イ) —化銅等
(12) 放熱器、蒸氣管等「ぺんき」塗
　(イ) 「あす・ふあると」塗
　(ロ) 水「ぺんき」塗
　(ハ) 「こーるた」塗
(13) 屋内漆喰壁面「ぺんき」塗
(14) 煉瓦壁面「ぺんき」塗
(15) 屋外「こんくりーと」面、漆喰塗面「もるたる」塗面等ノ「ぺんき」塗
(16) 屋内木材面「わにす」塗
(17) 木材面色附「わにす」塗
(18) 屋外木材面「わにす」塗
(19) 「らっく」塗
(20) 床板面塗
　(イ) 「わにす」塗
　(ロ) 臙　磨
(21) 水「ぺんき」塗
(22) 屋内木材面着色仕上
　(イ) 「あんもにや」
　(ロ) 「くろーむ」酸加里
　(ハ) 褐　色
　(ニ) 青　色
　(ホ) 緑　色
(23) 木材面研出塗
　(イ) 「ちよこれーと」色
　(ロ) 薄片「しえらっく」
　(ハ) 「ぼっとんしえらっく」
(24) 文　樣　置
　(イ) 「ちすてんばあ」塗
　(ロ) 「ぺんき」塗
(25) 金箔仕上
　(イ) 木材面仕上げ
　(ロ) 漆喰塗面仕上

[表2-6] 大正12年制定日本建築学会建築工事仕様書『塗師工事』

建築工事仕様書

(い) 屋内木材面光澤塗リ

(ろ) 製造シタルモノ、（但シ顔料ハ左記ノ割合トシ、特種塗リノ場合並ニ仕上方、天候等ニ應ジ必要ナル變更ハ係員ノ認許ヲ得テ之ヲ行フベシ

(は) 水「ペンキ」粉末ナル胡粉ニ、良質「さいず」ノ適量ヲ混和シテ製造シタルモノ

(に) 「ペンキ」調合　調合ハ「ペンキ」塗リニ使用ノモノト同質ニシテ充分ニ練合セタルモノ

(ほ) 「ばて」粉末ナル胡粉ト鉛白トノ等重量ヲ混和シ、亞麻仁油ヲ注二溶解シタルモノニシテ、樹脂等ノ混和無キモノ

(へ) 煮沸油　濁リ、沈澱物等ヲ生ゼザルモノヲ華氏六十度ノ氣温ニ曝シ、十八時間以内ニ乾燥シ、光澤アル皮膜ヲ生ズルモノ

(と) 荏油　濁リ、混吊物、異臭等無キモノ

(ち) 桐油　濁リ、混吊物、異臭等無キモノ

(り) 「てれめん」清澄ニシテ混吊物、異臭等無ク、比重ハ攝氏二十度ニ於テ〇、八六二以上、〇、八七〇以下ニシテ、同百五十度以上、百七十度以下ノ温度ニ蒸發スルモノ

(ぬ) 乾燥料　亞麻仁油以外ノ油脂類ヲ含有セザルモノニシテ、其量七听ヲ鉛白百二十听ニ亞麻仁油二「がろん」ヲ練合セタル「ぺんき」ニ混和シ塗抹後十時間以内ニ乾燥スルモノ

(る) 「わにす」製造後六ケ月以上ヲ經過シ、塗立後二十四時間以内ニ乾燥シ、皮膜強靱、光澤充分ニシテ、塗立面ニ粘氣無キモノ

(を) 「らっく」純良ナル軟質「ごむ」「類」ニシテ、酒精ニ溶解シタルモノ

(わ) 節止料　黄色「しえらっく」五听ヲ木精（六十四度）一「がろん」ニ溶解シタルモノ

(か) 「ぱて」粉末ナル胡粉ニシテ、樹脂等ノ混和無キモノ

(よ) 加シテ充分ニ練合セタルモノ

材料	下塗	第二回塗	第三回塗	仕上塗
(ろ) 屋内木材面艶消塗				
鉛白（听）	一六.〇〇	一五.〇〇	一三.〇〇	九.〇〇
生亞麻仁油（听）	一.八	一.二六	一.二六	艶消少量
「てれめん」（听）	—	〇.四七	〇.四七	九.六九
糊状乾燥料（听）	〇.三五	〇.三五	〇.三五	

材料	下塗	第二回塗	第三回塗	第四回塗	仕上塗
(は) 屋外木材面光澤塗（純白仕上ノ場合ヲ除キ生油ノ代トシテ煮沸油ヲ使用スルヲ得）					
鉛白（听）	一六.〇〇	一三.〇〇	一三.〇〇	一三.〇〇	艶消
生亞麻仁油（听）	一.八	一.二六	一.二六	一.二六	少量
「てれめん」（听）	—	〇.一〇	〇.一〇	〇.一〇	
糊状乾燥料（听）	〇.三五	〇.三五	〇.三五	〇.三五	

材料	下塗	第二回塗	第三回塗	仕上塗
(に) 光明丹錆止料				
鉛白（听）	一六.五〇	一五.〇〇	一五.〇〇	一五.〇〇
生亞麻仁油（听）	一.六九	一.六三	一.六三	一.六三
煮沸油（听）	〇.一三	〇.一六	〇.一六	〇.一六
糊状乾燥料（听）	〇.三五	〇.三五	〇.三五	〇.三五

材料	下塗	上塗
(ほ) 辨柄塗		
光明丹（听）	二六.〇〇	二六.〇〇
生亞麻仁油（听）	三.五〇	三.五〇

3節 昭和初期（1926年〜）の塗装技術

　昭和初期は1927年の金融大恐慌、1929年の世界恐慌に巻き込まれ、1931（昭和6）年に満州事変が勃発するなど戦時体制下へと突き進んだ時期であった。建築分野は関東大震災の経験をもとにした建築構造学の発展が目覚ましく、鉄骨・鉄筋コンクリートの復興目的の建築物が多く建設された。

　建築塗装分野は、明治・大正と近代建築の流れのなかで徐々に発展し、これまでの建築仕上げ技術の集大成として、日本建築学会が1926（昭和元）〜31（昭和6）年に『建築学会パンフレット』と称したシリーズを次々と発行していった。

- 『建築塗料に就いて』1928（昭和3）年
- 『コンクリート外壁の表面仕上げ』1928（昭和3）年
- 『漆喰壁の知識』1930（昭和5）年
- 『ヴァーニッシュ塗装法』1931（昭和6）年
- 『漆塗装の雑作及家具』1931（昭和6）年

　これらの文献は当時の建築仕上げに関する技術内容が網羅されており貴重な文献である。内容はどれも非常に充実しており、当時の建築技術は優れたものであったことがわかる。

　たとえば『建築塗料に就いて』では1800（明治14）年創業した日本ペイントをはじめ13社が存在していたことを明記されており、当時の生産状況を示している。

　塗料の種類は油性が中心となっており、それらの配合量も示されている。ペイントは乾性油に各種顔料を混入したもの、エナメルは油性ワニスに顔料を混入したものである［表2-7］。

[表2-7]
ワニス・ボイル油・ペイント・エナメルの定義
（『建築塗料に就いて』より）

ワニス・ボイル油	ある物体の上に薄き層に塗付するときは、乾燥し、硬くして多少の弾性を有する被膜を形成するものをいう。
ペイント	顔料と乾性油の油と練合したものにして、場合によりては揮発性希釈剤（テレピン油、ターペン）および乾燥剤を加えて、製するものなりとす。
エナメル	顔料とワニスとの混合にして、光沢を有するが、希望によって多少艶消しとなす（艶消しエナメル）。

そのほかの塗料としては水性塗料（ほとんどが粉状で使用時に水にて液状とするもの）・ラック（天然に寄生する昆虫の分泌液をアルコールに溶解しワニス状としたもの）・ラッカー（消化綿を溶剤に溶かしたもの）等もすでに開発されていた。

　また、関東大震災でそれまで近代建築の代表であったレンガ造がはかなくも崩壊したことから、レンガに代わり耐震性構造の鉄筋コンクリート造時代となった。そのコンクリートの外壁仕上げについてはコンクリート建築界当面のもっとも重要な問題の一つとされ、この『建築学会パンフレット』はそれを目的に編集・出版された。

　この編集は、当時の建築界の有識者・諸建築家・技術者など学会で集められた人材の経験・意見が中心で、その中には現代では偉大な建築学の権威や建築家もおり、若いころの考え方も知ることができる。

　この文献では、外観の美醜より性能面の保温・防湿・耐火等に関する実用面、そして施工の難易・工費に及ぶ内容が示されている。仕上げに対しては貼付け・塗付（現在の湿式仕上塗材）の2工法を中心に占められ、塗付仕上工法としては左官モルタル塗およびペンキ塗・擬石塗・リシン・スタッコ・タイル貼り等の代表例として現在でも用いられている各種の仕上げに対する技術論が示されている。

　コンクリート面用の塗装材料としては「ストーンテックス（Stone Tex）」なる材料について述べられている。

　現代のコンクリート外壁仕上げにおいても反省を求められるものまでが記載されている。

　また、現代では建築に漆が用いられるケースは、特別な芸術性の高い東洋建築物のみであるが、西洋系塗料を用いる近代塗装の中には、その塗装技術・技能のルーツをみることができる。この『漆塗装の雑作及家具』は当時、東京美術学校助教授であった松田権六の論説によるものである。

　昭和初期の日本における塗装工事の開発動向について示したが、これが実際の建築工事でどのように用いられていたかは、我が国の

最も代表的な建築である「帝国議会議事堂（現・国会議事堂）」建築工事における塗装工事からみることができる。

建設スケジュールは下記のとおり、計画から完成まで19年間かかった。

1918(大正7)年：計画スタート
1920(大正9)年：地鎮祭
1927(昭和2)年：上棟式
1936(昭和11)年：竣工式

この代表的な建築工事の塗装工事に携わった塗装業者に保存されていた営繕局管財局編『帝国議会議事堂建築報告書』（1938年発行）があり、この文献に当時の実際の塗装仕様をみることができる［表2-8］。

その具体的な仕様例は、次に示す「皇族室・総理大臣室」等における「帝国議会議事堂 主要室内内装一覧」および「塗装工事」から知ることができる［表2-9、表2-10］。

［表2-8］『帝国議会議事堂建築報告書』

《塗装工事》
内装造作及漆喰、石膏等の諸工事の完成に従い、室内外の木部には各種の塗装を施工せしが、其の種類は便殿及皇族室に用ひたる漆塗、乾漆、蒔絵を始め摺漆塗、ペイント塗、ワニス塗、ラック塗、クリヤーラッカー塗、ステイン蝋拭き等にして現行の塗装の各種類をほとんど全部網羅せり。
而して其の各々に付材料工法共充分の吟味を加へたり。其の中特筆すべきは便殿及皇族室に使用せる漆塗並に乾漆・蒔絵及議場に施せる摺漆塗にしてこれら等は全く画期的なものと称すべし。

[表2-9] 帝国議会議事堂 主要室内内装一覧

室名	床	造作材及仕上	壁	天井	窓掛	使用大理石	其他
便殿	周囲 寄木貼 中央 絹緞通敷	檜 本漆塗 彫刻部 乾漆	腰 華山織貼 小壁 鳳凰と霞の刺繍を配した捩七子織貼	折上格天井格間と折上部錦織貼	錦織 羽二重刺繍入 チリチリ日除	煖炉前 紅葉（静岡県産）	扉の室内側は漆塗高蒔繪螺鈿入 柱、長押、天井格縁に金鍍金透彫飾金具を配す
皇族室	同 上	檜 漆塗	低腰羽目壁 絹緞子貼	折上格天井格間と折上部絹緞子貼	絹緞子 羽二重刺繍入 チリチリ日除	煖炉前 金華（福岡県産）	
供奉員室	毛絨氈敷	臺檜 ペイント塗	低腰羽目壁 絹緞子貼	漆喰石膏ペイント仕上	絹緞子		
貴賓室	周囲 寄木貼 中央 絹緞通敷	同 上 （白色仕上）	同 上	同 上	同 上	煖炉前 小櫻（山口県産）	
総理大臣室	周囲 寄木貼 中央 千歳絹緞通敷	チーク クリヤーラッカー塗	高腰羽目 小壁 絹綿交りリング織貼	蛇腹 木平 漆喰石膏ペイント仕上	絹緞子 上飾 絹ビロード刺繍付	煖炉前 黒柿（岡山県産）	窓はブロンズ製硝子扉此のチーク材は大正6、7年頃已に輸入されてあったものを使用したのである

室名	床	造作材及仕上	壁	天井	窓掛	使用大理石	其他
大臣室	周囲 寄木貼 中央 千歳網緞通敷	チーク クリヤーラッカー塗	万腰羽目 小壁 絹麻交りリング織貼	梁型、蛇腹、木梁間 漆喰石膏ペイント仕上	絹緞子 上飾 絹ビロード刺繍付	煖炉前 茨城白（茨城県産）	窓はブロンズ製硝子扉此のチーク材は大正6、7年頃已に輸入されてあったものを使用したのである
秘書官室	毛絨氈敷	鹽地 クリヤーラッカー塗	腰 山路山路貼 壁 漆喰ペイント仕上	漆喰 石膏ペイント仕上	絹七子緞子 上飾 絹ビロード刺繍付		同 上
内閣応接室	千歳絹緞通敷	同 上	低腰羽目壁 絹縞交りネ織貼	蛇腹 木平 漆喰石膏ペイント仕上	絹綿金華山織貼	煖炉前 長州オニックス（山口県産）	
内閣書記官長室	毛絨氈敷	同 上	低腰羽目壁 絹緞交り繻子	蛇腹 石膏平 漆喰ペイント仕上	毛モケット	放熱器類 紫雲（山口県産）	
内閣書記官室	毛絨氈敷	鹽地 ワニス塗	腰 山路壁紙貼 小壁 漆喰ペイント	蛇腹 木平 漆喰塗	縞軸リンク織	放熱器類 霞（山口県産）	
政府委員室	フローリングブロック敷	1階の室 鹽地 2階段の室 タモワニス塗	低腰羽目 壁 漆喰	漆喰	ロールブラインド	放熱臺 （徳島県苔島産大理石）	
議長室	周囲 寄木貼 中央 毛絨氈敷	欅 ラック塗	腰 低羽目壁 緞子貼	蛇腹 石膏彫刻 平 塗漆喰ペイント仕上	純絹緞子	煖炉前 鵯（山県産） 放熱器覆 霞（山県産）	煖炉上に北斉画稿の木曾六十九次の一及日本新八景の一の刺繍額面あり
同応接室	同 上	同 上	腰 高格羽目 壁 リンク織貼	蛇腹 石膏 梁型 欅製ラック塗 平 漆喰塗	純絹モケット	煖炉前 紫雲（岩手県産） 放熱器覆 霞（山県産）	
副議長室	周囲 寄木貼 中央 毛絨氈敷	同 上	腰 高羽目壁 緞子貼	蛇腹 石膏彫刻 平 漆喰塗ペイント仕上	純絹緞子	煖炉前 竹葉石（熊本県産） 放熱器覆 霞（山県産）	
同応接室	同 上	同 上	腰 低羽目壁 緞子貼	同 上	絹モケット	煖炉前 木頭石（徳島県産） 放熱器類 霞（山口県産）	

[表2-10] 帝国議会議事堂 塗装工事

区　分	種　別	始　期	終　期	内　容
第一回漆塗装工事	東京美術学校に依頼	昭和5.11	昭和6.9	便殿及皇族室
第二回同	同上	同6.5	同6.11	同
第三回同	同上	同6.9	同6.10	便殿、皇族室、床周囲寄木ヲ摺漆
第一回塗装工事	請負	同5.8	同5.11	各階窓サッシュペンキ塗
第二回同	同上	同6.6	同6.10	両院議長室外一二室両院玄関外四室
第三回同	同上	同6.8	同6.11	両院議場其他
第四回同	同上	同6.8	同7.2	貴賓室、供奉員室等ノ木部見エ掛リノ塗装
第五回塗装工事	請負	昭和8.12	昭和8.12	両院玄関小壁天井、両院1-3階小壁天井両院第一号議員階段小壁天井、両議員場天井、両院議場傍聴席天井、衆議院議場御座所天井中心飾
第六回同	同上	同9.6	同9.12	両院議長室廻り、便殿廻り中央広間廻り其他小壁天井
第七回同	同上	同9.11	同10.4	両院議員控室、委員室其他
第八回同	同上	同10.3	同10.8	両院議員食堂、予算委員室、大臣室廻り其他
第九回同	同上	同11.1	同11.6	両院地階傍聴人玄関廻り其他、両院一階各廊下及広間其他、両院二階及三階四階各廊下其他

4節　昭和20年代（1945年〜）の塗装技術

1　建設行政関連

1945（昭和20）年の終戦によりはじまった戦後は、まともな建築物が建つ時期でなかった。いわゆる木造建築を中心からバラック建築をへてコンクリート造建築へ移行していった。

それまで戦前を含め、建設行政のまとまった監督官庁がなかったが、1948（昭和23）年に建設省が設立、本格的な戦後復興の建設行政が開始され、下記の新しい体制が整備された。

1949（昭和24）年：「建設業法」制定
1950（昭和25）年：「建築基準法」「建築士法」制定

これらの行政上の体制が整備されたことにより、建設資材の統制が徐々に解除されはじめ、1950年に建設資材の自由販売時代を迎えた。

2　建築技術の動向

行政上の体制が整えられると、下記に示す動向が各分野でみられた。

(1) 住宅

生活の場である住宅建設に新しい動きが起こった。たとえば、建設省により1946〜48年に公営鉄筋コンクリート集合住宅が試作建設されたことや、軍事用の残存資材を転用して建設されたプレハブ住宅の試みなどがある。

(2) 一般ビル

新宿の廃墟に1947年に建設された紀伊国屋書店（木造2階建）が近代建築の再出発として高く評価された時代であった。その後は1950年に突発した朝鮮動乱により、日本は特需ブームの好景気が再建に拍車をかけ、民間資本によるビル建設ブームの出現や、電源開発法制定による公共工事に伴うビル建設ラッシュが続出したことなどにより、建設会社の立ち直りの基礎を完全に築いた。

(3) 建築学会関連

日本建築学会において「新建築基準法」に基づく『標準仕様書

(JASS)』更改に着手した（1951(昭和26)年）。

3　建築用塗料・塗装技術開発

　建築における塗料・塗装のニーズは、木造中心の建築から非木造建築への移行をはじめ、また、特殊事情である朝鮮動乱による米軍駐屯のためのカマボコ兵舎を中心とする米軍基地建設等に伴い、新しい塗料・塗装を求めるにいたった。

　これらの要求に応じるべく、塗料技術の研究開発が進められた。資材難の時代でありながら、植物油に代表される天然原料から脱皮するために、戦前・戦中下に軍事用に研究開発が進められていた合成樹脂を用いた塗料の開発が進められ、各種の合成樹脂塗料が開発され、上市されていった。

(1) 建築用塗料分野

　1950～51年にかけ開発された、酢酸ビニルを中心とする合成樹脂エマルション塗料が重要な役割を示し、現在につながっている。

　一方、外壁面仕上げは鉄筋コンクリートモルタル刷毛引き面の仕上げに対して米軍駐留によりFS規格が導入され、ポルトランドカラーセメントをベースとしたセメントウォーターペイントが1950年頃から国産化され、仕上げ施工が活発となった。

(2) 塗装工事分野

　これらの建築用塗料の開発が活発になると、それらの工事に対する標準仕様書化が行われた。日本建築学会は建築基準法の制定に伴って1951年5月から標準仕様書の全面的更改をスタートし、その一環として「塗装工事」も着手され、1952年に本文発表、1955年に決定の運びとなった。

5節　昭和30年代(1955年～)の塗装技術

　昭和30年代に入ると技術革新時代の到来し、岩戸・神武景気に支えられた高度経済成長時代が訪れた。この好景気により民間の建設投資が大幅に増加し、加えて公共投資も産業基盤整備の道路、鉄道、港湾などを中心に増加した。1957～58年にかけては、なべ底

景気のため一時的な停滞があったが、その後は大きな伸びをみせ、民間の設備投資意欲は鉄鋼・化学などの基幹産業を中心に活発となった。

建設投資をみると1955年の1兆円が1960年に2兆6,000億円となり、年平均20%の高い成長であった。この建設投資は、1960年の所得倍増計画から1964年のオリンピック景気までの間に大幅な増加となった。

東京オリンピック前の1963年から1964年は東京を中心にビル建設ラッシュとなり、ホテルなどを中心に大型ビル建設が続々となされ、1964年には東海道新幹線が開通し、名神高速道路も完成した。

1 建築技術開発の動向（高度成長時代）

1955年代は工事量の増大とこれに伴う資金需要の急速な増加と建設業の地位の向上などから建設会社が株式を公開上場し、また技術競争力を増大するために自社の研究所の開設、あるいは拡大充実のための資本投入がなされていった。

その技術研究活動は、木の建築から非木造建築の時代へ、はっきりと移行されていった。これらの技術活動は丹下健三・吉坂隆正・谷口吉郎といった著名な建築家による数々の建築作品を生むにいたった。

1964年に開催された東京オリンピックを中心に、建築技術には大きな変革が生まれた。最も大きな変革といえば、1963年に建築の高さ制限が廃止され、容積率による規制が導入されることで、これにより超高層ビル時代のスタートを切った。このほか、同時代の建築に関する動向には、以下のようなものがある。

- 公共投資整備：1955年日本住宅公団発足、1956年により供給開始。住宅の集合化、コンクリート化を促進し、なおかつ量産住宅工法の開発へと進んだ。住宅の集合化、すなわちコンクリート化の推進、量産住宅化が進み、メタルフォーム工法・プレキャストコンクリート工法が誕生した。
- 民間の建設投資拡大：ビル工事ラッシュ、1963年建築物高さ制限の撤廃・超高層化。

- オリンピック開催施設建設：オリンピック競技施設・選手村施設・選手村移行に伴う米軍家族住宅建設の内装工事に新しい建材、ケイ酸カルシウム板を採用。
- 新建築材料の導入：新しいコンクリート系建材が工場生産された軽量気泡コンクリート（ALC）を北欧・ドイツより1963年に導入、建設省建築研究所において標準化研究を目的の試行建設。

2　塗装技術

この時代に用いられた塗料には、以下が挙げられる。

- セメントリシン：大正年間より用いられていたが、セメントウォーターペイントの出現で再登場し、公営住宅のバタ板形枠鉄筋コンクリート造モルタル塗り外壁に大いに活用された。
- 合成樹脂エマルジョンペイント：合成樹脂エマルションの技術導入が活発化。
  アクリル系：アメリカより石油化学による開発技術の導入（100％アクリルローム・アンド・ハース社、スチレンアクリル系モンサントケミカル等）
  酢酸ビニル系：西ドイツより石炭化学により開発技術を導入（酢酸ビニル共重合ヘキスト）

　この時代の新技術の一例としては、東京オリンピック関係施設の代々木選手村は、本邦で初めて酢酸ビニル系エマルションペイント外壁に適応したものだった。府中米軍住宅の内装仕上げに用いたケイ酸カルシウム板の表面状態が特殊なもので塗膜の付着性が維持できず、その対応が困難をきたし専用シーラーの開発がなされた。

　一方、外装についてはFS規格によるセメントウォーターペイントが用いられることとなったが、工期の関係上エフロレッセンスが発生しやすく、旧米軍宿舎のリフォームによる選手宿舎への改修工事のため耐用年数を1年とした期間限定条件のもとで酢酸ビニル系合成樹脂エマルションをベースとした外部用塗料が開発された。

　その成果が高く評価され、北海道地区の住宅外壁に用いられていたセメントウォーターペイントに代わり外部用エマルションペイント時代を迎えた。

そのほか、以下のような技術が生まれた。
- 軽量気泡コンクリート（ALC）
  内装面：ALC表面に存在するピアノ線カット面の平滑化と補強を目的とした。合成樹脂エマルションパテに強度を持たせたエマルションプラスターとして開発された。
  外壁面：セメントウォーターペイントやセメントリシン類は表面吸水性が高く、ドライアウトしてしまい実用性がなかった。北欧の情報に基づき、柔軟性を有する塗膜で、内部水分を水蒸気として放出し、外部水の浸入を防ぐ、柔軟性湿気透過形防水性厚付け塗装材料（樹脂リシンタイプ）が開発された。
- プレキャストコンクリート製カーテンウォール外壁
  外壁仕上げ材の出現：複層塗材Cタイプ（ボンタイル）で、当時の西ドイツより技術導入された。

6節　昭和40年代（1965年〜）の塗装技術

1　建設業界の動向

不況－日本列島改造－第一次石油ショック

この年代は、直前のオリンピック景気で行われた大型建設投資等の反動で、停滞局面に入る不況からスタートした。

特に1965年代初期においては、建設業界の工事量の伸びが鈍化し、受注競争が激化し、工事採算も悪化し不振が続いた。

しかし、1968年頃から民間の大型設備投資は建設業界を再び高度成長の波に乗せ、それに拍車をかける契機となったのが1970年に大阪で開催された日本万国博覧会であった。

これは、明日の都市を志向した万博であり、総施設費2,000億円を投入した会場計画には新しい建築技術が次々に導入されていった。そして、1965年代の半ばの日本列島改造論なるものにより公共投資が率先され、活況を呈した。

しかし、それも1973年の第一次石油ショックにより大きく変わり、以降は総需要抑制策、景気後退、建設投資の伸び悩み、転換期といった道を辿る結果となっていった。

建設業界でも建設業法の改正等による体質改善の努力が積極的に行われた。これら浮き沈みのあるなかで今日の繁栄を成し遂げてきたが、その影には 1965 年に始まるベトナム戦争や国内における公害問題等の厳しい事態が存在していたことを忘れてはならない。

2 建築技術開発の動向

このような社会背景において建築は都市文明に積極的に関与してきた。それは 1968 年に竣工した霞が関ビルディングに代表される超高層化である。また複雑化し、大規模化した都市構想を吸収した大型都市ビルの建設が著名な建築家の設計計画で次々と建設された。

一方、住宅関係についてはコンクリートプレハブ化に対する研究開発が活発化し、これが実用化され、都市計画においても居住地域を中心にニュータウン計画といった新しい考え方が誕生した。住宅公団を中心にコンクリート系量産住宅化研究開発が活発になり、量産試験場開設された。そこでメタルフォーム工法、壁式 PC 工法、合板形枠工法、HPC 工法などが次々開発された。

3 塗装技術

建築工法の量産化志向による研究開発は、塗装材料に大きな変化をもたらした。とくに外装仕上げについては昭和 40 年代に全盛であったコンクリート＋モルタル下地面からコンクリート系プレハブ・量産化工法によるコンクリート面に直接仕上げでコンクリート自体に直接施工できる仕上材料への要求が生まれ、それに対応する新しい塗装材料が次々と開発された。

これら開発の代表的なものは「吹付けタイル」と通称される「複層仕上塗材」なる塗装材料である。これは、光沢や色彩といった平面的な美装機能から、コンクリート表面の状態を改質する性能を含み、色彩・光沢・テクスチャーなどが自由に表現でき、造形的機能を有する立体模様を形成することができる。これら材料は日本万国博覧会における各種施設に多用され、複層塗材 C・複層塗材 E・複層塗材 RE・複層塗材 RS 等の各種塗装材料が開発された。

これらの材料は一般の塗料とは異なる塗装材料として「吹付け

材」と位置づけられ、それらの生産会社が中心となり現在の日本湿式仕上材工業会が1965年に発足した。品質の標準化であるJIS化や、施工の標準化を日本建築学会が定めるJASS化に対し努力がなされた。

　一方で、建築用仕上塗材の研究開発も活発になった。住宅公団（現住宅都市整備公団）の量産試験場の発足に伴って活発化し、量産化住宅工法の確立に対する研究開発がなされた。外壁コンクリート面の直仕上げ工法として吹付け工法が普及していたが、生産性と仕上げ精度を向上させるため、厚膜に施工できるローラー工法へと変換する研究開発がなされ、成果として特有のテクスチャーを有する「マスチック塗材ローラー工法」が完成した。この時期の技術には、以下が挙げられる。

- コンクリート外壁：樹脂リシンマスチック塗材ローラー工法
- 内装塗工法→張り工法への変換（ビニルクロス張り工法）
- コンクリート系カーテンウォール工法直仕上げ工法の開発活発化：材料は複層仕上塗材が中心となった。

7節　昭和50～60年代（1975～85年）の塗装技術

1　建設業界の動向

　昭和50年代は、1978～79年にかけて第二次石油ショックが日本経済のみならず世界経済を襲い、安定経済時代となり、これまでの高度成長過程から低成長下に入った。産業構造の軽薄短小化の進展に伴って、建設業界は財務体質改善、施工・管理面での技術向上、OAなどによる事務部門の合理化などの内部充実を強いられる冬の時代に突入した。

　建築生産においても量から質への時代に入り、多様化した個性化時代としてポストモダン等の流れも生じ、大きな変化をもたらした。

2　建築技術開発の動向

　ビル建築においては情報化時代に対応したOA化をビル全体の機能として捉えたインテリジェント化を生み、また第三次産業に対応

したサービス化時代への建築が求められる時代を迎えた。住宅においても、耐久性を有するセンチュリーハウジングシステム等の高品質な空間が求められた。

一方、昭和40年代における高度成長化での肥大化した量産化建築の弱点がメンテナンスにおいて表面化し、コンクリートクライシス現象が社会問題化し、その対応の研究が急務となり、建築を護る技術の時代を迎えた。この現象が昭和60年代に入り、建設産業の「造る技術」と「護る技術」の両面に対応する時代の認識とが強調された研究開発が推進された。

3 塗装技術開発

これらの背景において、塗装技術は新設とメンテナンスにおいて建築物への対応が塗装技術面にも大きく変化をもたらし、「造る技術」面に対しては量から質へのニーズの変換を受け、超耐久性合成樹脂塗料の研究開発により常温乾燥形ふっ素樹脂塗料・アクリルシリコン樹脂塗料・ハイブリッド形シリコン樹脂塗料等が開発されはじめた。

一方「護る技術」としては、コンクリートクライシス対応として、ゴム状弾性防水形仕上塗材・防水形複層塗材E・RE・CE・中性化防止工法・塩害防止工法等が研究開発された。

8節　平成時代（1989年～）の塗装技術

平成の時代となり、21世紀目前の10年間では社会構造の変化が起こり、その対応が求められる活動がなされた。

バブル経済の崩壊によって日本経済は苦境に立たされ、工業化社会から情報化社会・感性社会（マルチメディア社会）へと変化をはじめ、国民の豊かさへのニーズは物質的な量より精神的な質へと移行をはじめ、建設ニーズもそれに伴って変化してきた。それと同時に、建設はこれまでのフローの時代からストック時代へと変化し、その対応が求められ、推進している。

建築・土木における生産は、たとえば住宅では、ゆとりある生活

を得る良質な居住空間の確保に向けて、情報化社会において国民が住宅を個人の創造性を表現する場として捉えていることから、そのニーズを満たすような展開がなされた。

一方、ストック時代の対応は、建設という一次市場によって生産された建物・構造物のストックに対してライフサイクルにおける「維持」「補修」「改修」という2次市場の拡大であり、それに伴って新しくリフォーム専業業者の出現へと展開してきている。

1 建築技術開発の動向

新しい建築技術開発の動向は平成時代に入り、量産システムによる建設動向への反省のもとに対応を求められ、建築学会における「サステナブルビルディング」の定義により新しい活動を組み立てた。

その背景には建築に求める省エネルギー・省資源・リサイクル有害物質排出抑制等を図り、その地域の気候・伝統・文化および周辺環境と調和しつつ、将来にわたり人間生活の質を適度に維持・向上させることのできる建築物を求めた技術開発が新築建設およびこれまでのストック建築物へのリフォーム対応へと技術開発が促進されている。

2 塗装技術開発

建築物の表面における存在である塗装仕上げは、これら建築のサステナブル化に対応した建築物の要求性能を受け、技術開発の位置づけの代表として「環境配慮塗料」とし、人間や生物および地球環境の改善が数値で示すことに期する［表2-11］に示す製品群を設定、その技術開発が推進されている。

これらの環境配慮塗料の薄膜の塗膜に留まらず、積層の複合技術を活用し、ビル鉄骨構造の耐火被覆の「アスベスト・ロックウール公害」への対応で耐火被覆塗装システム（発泡性耐火塗料システム）が開発されている。

また、環境調和性を求め、光触媒チタン応用による塗装材料として抗菌・防かび塗料および汚染防止塗料などの開発がみられる。

以上でみてきた昭和20年以降の動向のうち、外壁仕上げを中心に示すと［表2-12］の一覧表が描ける。

[表2-11] 環境に配慮した外壁仕上塗材の開発の流れ

大分類	中分類	分類塗料名	分類内容
A：大気汚染低減性	低VOC	A1：水系塗料	TVOC含有が1%未満の水系塗料・芳香族炭化水素が1%未満
		A2：無溶剤塗料	TVOC含有が1%以上で5%未満の水系塗料・芳香族炭化水素1%未満
B：低有害性	安全性	B1：弱溶剤型塗料	トルエン・キシレン・エチルベンゼン・スチレンが1%以下の塗料
		B2：鉛・クロムフリー塗料	塗膜中に鉛・クロムの含有が0.06%以下になる塗料（JIS K 5674）と同等
		B3：ホルムアルデヒド規制対応塗料	ホルムアルデヒド規制対応の表示がF☆☆☆☆の塗料（居室用塗料）
		B4：生態系配慮塗料	脱内分泌攪乱物質として生態系への配慮をされていることを表示している
		B5：タールフリー塗料	有害金属を配合しない無タールエポキシ樹脂塗料
C：省資源性	リサイクル・リユース	C1：リサイクル形塗料	繰り返し再使用している塗料
		C2：再資源化塗料	リサイクル原材料を使用している塗料（例、再生PET、廃油）
	長寿命型	C3：高耐久性塗料	塗膜の期待耐用年数が15年以上の塗装系や塗料
		C4：高耐候性塗料	外装塗料で期待耐用年数が15年以上の塗装系や塗料
D：省エネルギー性	省エネ（塗膜機能）	D3：熱遮熱塗料	太陽光線の遮蔽に効果がある塗料（高日射反射率塗料）
		D5：保温塗料	熱の保温性に効果がある塗料
		D6：断熱・防音塗料	断熱・防音で軽量化されている塗料
E：環境調和性	環境改善機能	E1：低汚染塗料	塗装塗膜が汚染しにくいか、または自己洗浄性のある塗料
		E2：低臭型塗料	塗装時の臭気がほとんど感知しないか気にならない塗料
		E3：防かび・防藻塗料	塗装塗膜に防藻・防かび性に効果のある塗料

[表2-12] 建築工法の変遷と外壁仕上塗材の開発の流れ

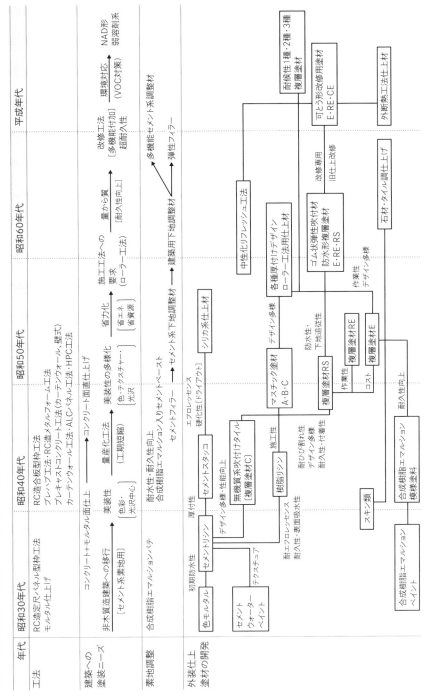

3章 塗装の基本事項

建築における塗装という生産行為の基本は、次に示す事項からなる。
- 原材料である塗装材料に関する事項
- 塗装行為に関する事項
- 塗装行為によって塗り広げられた液体である塗装材料が、塗膜として固体化するための乾燥・硬化に関する事項
- 塗装の目的の耐久性を保持するため、各種の性能を有する塗膜の組み合わせを積層する塗装工程に関する事項
- 塗膜を生産する場である最も重要な被塗物となる各種素地（下地）に関する事項

1節　塗装材料に関する基本事項

塗装材料を構成している成分は、大きく分類すると、塗装材料を塗装作業するために必要な液体状態に保ち、作業性・仕上がり性などを良くするための成分と、塗装後に乾燥・硬化によって塗膜として残る成分とに分けることができる。

これらの成分の組み合わせを一般に塗料の構成といい、［図3-1］に示す構成図がその代表となる。

1　塗膜として残る成分

塗膜として残る成分を、一般に塗膜要素あるいは塗膜形成要素と呼ぶ。塗膜要素は、展色剤や結合剤などといわれる塗膜を形成する油・合成樹脂等を含む主要素と、形成した塗膜に種々の性能・機能を付加させるために添加する添加剤等の副要素、そして展色剤と並んで重要な顔料、充填剤等に分類される。

[図3-1] 塗料の構成

(1)塗膜主要素

塗膜主要素は油類や合成樹脂に大別することができ、塗料の基本的な分類はそれらの種類によってなされる。

A 油類

近代塗装技術のルーツは油を使用した塗料である。これは油性ペイント、油ワニスと言われるもので、油類は植物性の乾性油を用いる。油性塗料は乾燥速度や性能が最近の建築生産のニーズにマッチしないため、使用されるケースが少なくなっているが、油と合成樹脂を組み合わせた油変性合成樹脂を用いたさび止めペイントや合成樹脂調合ペイントは現在も汎用的に用いられている。

B 合成樹脂

現在の塗装材料は合成樹脂が塗膜主要素の中心となっており、塗装材料の種類は合成樹脂の種類によって分類されるほどである。塗装材料を複雑にしているのは、合成樹脂の種類があることが原因の一つとなっている。

複雑で多種類ある合成樹脂ではあるが、塗装材料においては次に示す3種類に分類され、基本的な性能が決定づけられる。

- 熱可塑性合成樹脂：酢酸ビニル樹脂に代表される熱を加えると軟化する性質があり、溶剤の揮発により乾燥して塗膜を形成する。
- 熱硬化性合成樹脂：熱を加えると硬化する性質のもので、反応

硬化・焼付硬化など化学反応を伴い乾燥硬化する。
・油変性合性樹脂：油（乾性油）で変性した熱硬化性樹脂

(2) 塗膜副要素

　塗膜副要素は一般に塗装材料の組成の中で添加量が少ない成分で、形成された塗膜の改質や機能を付加させる。可塑剤・防かび剤・粘土調整剤・乾燥剤・帯電防止剤など、例を挙げればきりがないほど多種類ある。

　しかし、これら添加剤の添加量をコントロールすることは大変難しく、塗装材料配合の設計上重要なポイントとなる。

(3) 顔料、充填剤

　塗膜に残存する成分として、合成樹脂などの展色剤と並び重要な成分である。塗装材料に用いられる顔料・充填剤の種類は、機能面から着色顔料、体質顔料、そしてさび止め（防錆顔料）などに大別され、［表3-1］のとおり分類できる。他方、その組成から無機顔料、有機顔料あるいは亜鉛華、アルミ粉などの金属粉顔料としても分類される。

A 着色顔料

　着色顔料の目的は塗装した下地を隠す力を発揮する隠ぺい力をもつものと、求める色に着色することのできる着色力を発揮するものとがある。塗料の基本色である白は隠ぺい力の発揮であり、これをピンクやクリーム色にするために加える赤、黄の顔料が着色力のあ

［表3-1］顔料の種類

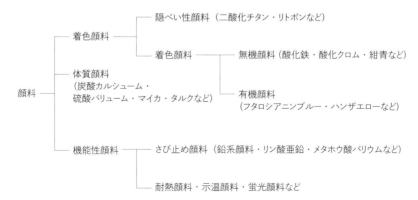

る顔料となる。

　着色力を有する顔料には無機質と有機質とがあり、一般に無機顔料は天然の鉱物の加工品で、鮮やかな色は少ないが耐候性に優れている。一方、有機顔料は化学合成反応で製造される。一般に鮮やかな色が多く、色の種類も豊富であるが、耐候性の弱いものもあり、色の選択をする場合は十分注意が必要である。特に、屋外に用いる場合は短期間で太陽光線によって変退色してしまうものもあり、したがって赤、黄系は多少色がくすんでも、無機顔料を選択すべきである。

　白色顔料の代表例は酸化チタンであり、チタン系顔料は「チタン光触媒効果」の原形で、光触媒が一般的になる前から、すでにその効果を活用されていた。それらを抑えるタイプと活発に利用するタイプの2種類に分けられ活用されている。

①ルチル型：TiO_2粒子表面をアルミ系成分等によりコーティングして光触媒作用を封じ込んだ耐候性に優れたタイプで、チョーキング現象の抑制力が強く、外部用に適している。チタン系顔料の代表である。

②アナターゼ型：このタイプはTiO_2そのもので光触媒作用が強く、塗膜を破壊し、チョーキングを生じやすいタイプで白色力は高いが、主に内部用として用いていた。

　しかし、アメリカのUS規格等においては、この光触媒作用の性質を利用して、白亜化（チョーキング）を生じさせ、付着する汚染物を「セルフクリーニング」して汚染を除去し、白色度を常時保つことができるため、燃料タンク等の内部の温度上昇を抑える用途に活用されている。

B 体質顔料

　体質顔料は、着色力・隠ぺい力がほとんどないもので、塗料中に加えると無色透明となる。主に白色顔料に対して増量的に用いられるが、その他にも顔料粒子の形状によって塗料の粘度特性を変化させることができ、作業性（刷毛捌き・ローラー作業性）や仕上げ性（刷毛目・ローラマーク・肉もち感など）の改善に用いられる。

2 塗膜として残らない成分

塗膜副要素といわれるもので、塗装材料を液体状態にし、塗装作業を容易にし、塗装後、塗膜形成段階に大気中に蒸発し、その目的を達成し、消える成分である。合成樹脂を溶解または分散させ液体状態にする溶剤や水、塗装時に適切な粘度に調整するために用いる「シンナー(うすめ液)」等に代表される。

代表的な第2種有機溶剤であるキシロール・トルオール等は毒性が強く、大気汚染の原因となるとして、環境対応策のため第3種有機溶剤を用いた NAD（None Aqueous Polymer Dispersion）形や水系のエマルション形等の研究開発が活発化している。

2節 塗装材料の乾燥・硬化に関する基本事項

各種の目的に応じて品質設計された組成物である塗装材料は、塗装作業により塗り広げられた液状状態が、乾燥・硬化の過程を経て固体状態の塗膜に変化していく。いかにすぐれた塗装材料を選定して用いても、乾燥・硬化が適切におこなわれないと本来の性能・機能を有する塗膜を形成することはできない。

1 乾燥・硬化の種類とその特性

乾燥・硬化の種類は、その塗装材料の主成分である合成樹脂等の展色剤の種類によって決定されるもので、物理的変化と化学的変化のメカニズムにより大別される。その種類は［表3-2］に示すごとく分類できる。

これらの機構の違いによって、塗装時の塗装材料の混合から乾燥条件にいたるまでそれぞれの方法による管理が必要となる。

一般に、自然乾燥形塗装材料の温度と湿度の関係は［図3-2］に示す通りである。

(1)揮発乾燥

塗装材料の乾燥のメカニズムで最も単純なものであり、塗り広げられた塗装材料中の溶剤が蒸発し、固形分が残り塗膜を形成するものである。

[表3-2] 塗装材料の乾燥・硬化の種類とその機構

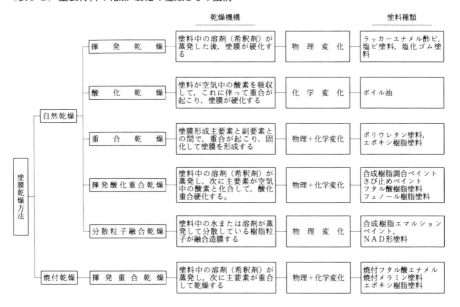

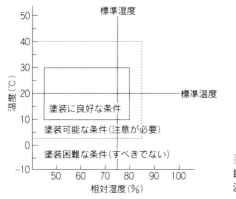

[図3-2]
自然乾燥形塗装材料の温度と湿度の関係

　これらの塗膜形成は物理現象のみで塗膜となるものであり、基本的には再度、溶剤に溶かし液化できる可逆性を有している。代表的な塗装材料として、塩化ビニルや酢酸ビニルなどのビニル樹脂、ラッカーエナメルなどの熱可塑性樹脂がある。
　これらの塗装材料の乾燥過程において注意すべき点は温度・湿度

条件で、温度については高温・低温いずれにおいても比較的問題となることが少ない。ただし、高湿度の場合、溶剤の蒸発時に気化熱がとられて塗膜表面の温度が低下し、温度と湿度の関係が露点状態となり、塗膜表面に露を帯び、光沢の低下や泡が発生するため留意が必要である。

(2)酸化重合乾燥

　この方法は、塗料中の溶剤が揮発すると塗膜形成成分が空気に接し、空気中の酸素と反応し高分子化して乾燥硬化するものである。

　この乾燥硬化する塗膜の代表例には、合成樹脂調合ペイントが挙げられる。合成樹脂調合ペイントの塗膜形成主成分は、油変性アルキッド樹脂であり、塗装された塗膜は、溶剤を大気中に揮発しながら空気中の酸素と接して重合反応を開始し、［図3-3］に示すモデルの分子構造のように高分子化し、架橋化し網目構造をつくり硬化する。

　この乾燥方式の塗装材料は、油性ペイントをはじめとした油変性の塗料である。基本的にはいずれも同様の硬化で、油の変性した脂肪酸の二重結合が酸化重合され高分子化して乾燥硬化する。

　この乾燥硬化方式の注意点は、溶剤が蒸発したのみでは塗膜は硬化しておらず、塗膜硬度はもちろん、性能も正規に発揮されていないということである。塗膜の乾燥がどの段階にあるかを確認し、次の工程へ移行する必要がある。次の工程に進めるまでの乾燥時間が不十分の場合に、上塗りが下塗りを侵し、ちぢみ、うきを生じたり、また上塗りが目的の光沢を発揮することなく失敗に終わる。この乾燥時間を塗り重ね時間ともいう。

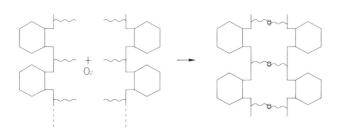

［図3-3］ 酸化重合乾燥のモデル図

(3)分散粒子融合乾燥

　この機構で乾燥する塗装材料は、建築塗装に最も多く使用される合成樹脂エマルションペイントに代表される。合成樹脂エマルションペイントは揮発乾燥として分類される場合も多くみられるが、塗料中の水分が揮発しただけで乾燥硬化するものでなく、正しいとは言えない。合成樹脂エマルションとは、合成樹脂が水に溶解した溶液ではなく、合成樹脂が0.2〜1ミクロン程度の粒径で水中に分散し、乳化状態となっているものである。乳化状態にある塗料の乾燥は造膜するといったほうが適当で、[図3-4]に示す機構を得て粒子が連続した膜を形成していく。

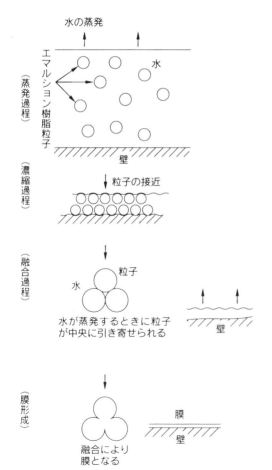

[図3-4]
合成樹脂エマルションの造膜のメカニズム

すなわち、合成樹脂エマルションペイントの塗付後、乾燥は以下の順序で進む。
①水の蒸発が始まる（蒸発過程）
②水の蒸発によって樹脂粒子の密度が高くなる（濃縮過程）
③密度が高くなり、粒子間が接近すると、粒子間に毛細管を形成する（融合過程）
④毛細管を通過する水によって毛細管圧を生じ、粒子同士が衝突し変形する（膜形成）
⑤変形した粒子は、それぞれの粒子間で融合し塗膜を形成する

合成樹脂エマルションを展色剤にした塗装材料の乾燥は、揮発・融合という物理的変化を2段階で行い塗膜を形成するため、単に揮発乾燥の中に分類すべきでなく、分散粒子融合乾燥として分類すべきである。

この機構による乾燥造膜形塗装材料の施工における管理上の要点は、水の蒸発をスムーズにさせるための温度・湿度の管理と、熱可塑性樹脂粒子が水蒸発後に変形・融合しやすくするための温度の管理である。

また、下地（素地）の含水率や吸い込みの程度も、この機構における乾燥造膜に大きく影響を与える。低温時に施工され、水の蒸発がスムーズにいかない場合は、樹脂粒子の融合がなされず、［写真3-1］に示すひび割れを生ずる。一方、高湿度の場合には［写真3-2］のごとく結露現象で塗面に結露による流れを生じる結果となる。一般に適正温度は3℃以上、湿度は85％以下という範囲が示されている。

合成樹脂エマルション液は、乾燥前は乳化状態で白濁している。塗料状態においては、この白濁が顔料の色にプラスされており、白色塗料の場合は塗料から塗膜になった時点でこの白濁が消え、顔料のみの着色・隠ぺい力となる。その結果、下塗りの色が透けて見える「後ずけ」現象を起こしやすく、着色塗料の場合は塗料より濃色に仕上がる「色ののぼり」が生じる。いずれの場合でも、この乾燥造膜機構による塗膜の仕上げは乾燥造膜が完了した時点で判定しなければならない。

［写真3-1］ 塗膜のひび割れ　　［写真3-2］ 塗膜の結露による流れ

　近年ではミネラルスピリットのように溶解力の低い第3種有機溶剤に高品質の合成樹脂粒子を分散させた非水エマルションタイプのNADタイプ樹脂による塗料が開発され、有機溶剤公害からの脱皮を図っている。このタイプの乾燥も合成樹脂エマルションの場合と同様である。すなわち溶剤が蒸発して、分散している樹脂粒子が接近融合造膜するものである。

　また、熱可塑性合成樹脂のみでなく、最近は合成樹脂エマルションの特性を生かし、2液形エポキシ樹脂・ふっ素樹脂系・アクリルシリコン樹脂系といった高性能の熱硬化形合成樹脂系が出現している。揮発・融合といった物理的変化の造膜のみならず反応硬化による化学的変化を生じさせ、造膜・硬化の2段構えの膜を構成するという特徴があり、省資源・無公害化のニーズに対応して開発が活発化している。

(4) 重合乾燥(反応硬化)

　この乾燥・硬化の機構は、主として塗料中の溶剤が蒸発する物理的変化とその後、重合反応による化学的変化が生じて硬化していくというものである。この場合、化学変化を起こさせる方法は大きく分けて2つある。

ひとつは熱を加えることで起こさせる焼付乾燥、もうひとつは硬化剤など化学反応物質を使用時に混合して起こさせる2液反応硬化形であり、現場施工を中心とする建築塗装の場合、常温で化学変化を生ずる2液反応硬化形が重要となる。ここでは2液反応硬化形を中心に示す。

化学反応によって硬化するこの機構は、原則的には（2）で示した揮発酸化重合形も含まれるが、ここでは主に硬化剤使用の架橋反応で硬化する塗装材料について示す。例として、エポキシ樹脂・ポリウレタン樹脂・アクリルシリコン樹脂等を展色材とした塗装材料を挙げることができる。これら塗装材料は一般に基材と硬化剤の2液形として構成される。

架橋反応は、塗装する段階で反応性に富んだ（官能基をもつ）高分子の基材と架橋剤となる硬化剤を所定の比率で混合することにより、［図3-5］に示した化学反応が生じ、網目構造をもった塗膜を形成するものである。

この反応で得られた硬化塗膜は、硬化前は低分子であっても架橋反応によって緻密な巨大分子となるため、耐薬品性・各種物理性能等に優れた塗膜を形成する。

また、この硬化機構は脆弱で、硬化前は低分子であり低粘度であ

［図3-5］ 反応硬化（架橋反応）によるモデル

るために吸収性の強い下地（素地）浸透し、その後硬化するため、脆弱部分を補強し、吸収性を抑える効果を発揮する。これらのメカニズムは、基材と硬化剤からみた材料の選択、施工上の管理点などについて次の事項が挙げられる。

① この機構は、基材と硬化剤の混合比率が化学反応に基づく反応基により計算上成り立っており、この比率の幅は比較的狭いため、混合比には注意が必要である。

② 基材と硬化剤の混合した時点より硬化反応は進行しており、硬化剤の種類によって、同一種類の基材でも可使時間（ポットライフ）の長いものから非常に短時間のものまであり、使用目的に応じて選択する必要がある。

塗料用としては一般に、混合後、ただちに使用できるものと、熟成時間をおいた後に使用するものとがある。

③ 可使時間を経過した場合は、一見粘度の上昇がない、あるいは多少の上昇がみられるものを薄め液によって粘度を調整して使用することは禁止すべきであり、使用した場合には付着性不良などの欠陥が発生する危険性がある。

④ この機構による硬化は、塗装後、時間とともにその塗膜の硬度が上昇するのが一般的である。ほかの乾燥・硬化と異なり反応硬化が次々と進行し硬度が上昇するため、次の工程の塗膜との層間付着性が低下することがあり、塗装間隔の表示が○時間以上〜○時間以内と定められている。したがって、次の工程の塗装を決められた時間内に行うことが必要で、これらの条件を確認の上、工程、施工等の管理をしなくてはならない。

⑤ 基材と硬化剤の組み合わせによって、生じる塗膜の性質、硬化条件は様々に変化するため、選択し使用する場合は必ず硬化剤の種類をを確認し、目的とする性能を発揮するか否かを知ったうえで選択しなければならない。

⑥ この硬化の機構を持つ塗料は、硬化前は一般的に比較的低分子の高分子（プレポリマーともいう）であり、低粘度の展色剤であるため、塗料の配合設計上、高不揮発分の組成にすることができ、高膜厚の塗膜が得られやすい。

(5) その他の乾燥・硬化

そのほかの自然乾燥形塗装材料において、以上の分類に所属しない乾燥・硬化がある。それは水を硬化剤とする乾燥・硬化の機構を持つタイプで、次の2種類が存在する。

① 大気中に存在する水分と反応しながら硬化するもの
　　代表例：湿気硬化形ポリウレタンワニス
　　　　　　無機・有機ハイブリッド形アクリルシリコン樹脂エナメル
② 塗装時に水を加え、その水と反応しながら硬化するもの
　　代表例：セメント系塗装材料の水和反応硬化

A 湿気硬化形

このタイプは2種類に大別できる。

① 湿気硬化形ポリウレタンワニスで代表されるもので、空気中の湿気と接触すると直ちに硬化反応を開始し、硬化塗膜を形成する。

　ゆえに湿気との反応性が高く、塗料生産中や顔料中の水分と反応し貯蔵性の不安定な塗装材料となるため、エナメルは生産できずワニスのみとなる。

② アクリルシリコン樹脂に代表される塗装材料は、①と同様に大気中の水分と反応して硬化するタイプであるが、ある種の触媒が存在しないと反応が開始せず安定な状態を保つことができるため、顔料に微量な水分が存在しても、安定した状態を保ちエナメルとすることができる。

　使用時に触媒を混合することによって反応が開始し塗膜を形成する。

B セメント水和反応形

ポルトランドセメントに代表される無機質系塗装材料は、数十ミクロンの厚みを形成する場合には用いることができず、ミリ単位の塗膜を形成する場合に用いられる。すなわち、水を硬化剤とするこれら水硬性物質は、水との水和反応によって含水ゲルを生成して硬化するものであるが、水が過剰なほど存在する必要があり、不足すると硬化不良（ドライアウト）を生ずる結果となる。

　ゆえに、組成的には保水性を保つ成分が添加されているが、その

効果は限界があり、塗厚によってそれを保つとか、水養生をするなどの方法でドライアウトを防止する方法が採られている。

C その他特殊乾燥硬化形

　シリカゾルを展色剤とした塗装材料が挙げられる。シリカゾルは、途中経過までは合成樹脂エマルションの造膜と同様の乾燥経過を進むが、最終段階において、エマルションでは粒子接近─変形─融合と物理的変化による造膜となるのに対し、シリカゾルの場合は粒子接近の次に粒子間表面の化学反応（シロキサン反応）によって連続塗膜を形成する。

2 乾燥・硬化に関する条件

　以上では、建築用塗装材料に使用される自然乾燥・硬化形を中心に、その特性および施工上の管理点について述べたが、これらの共通した条件を求める。

(1) 乾燥・硬化の過程

　塗装材料を被塗物に塗装し、乾燥させ塗膜を得る段階において塗装材料（ゾル）が塗膜（ゲル）に進行する場合、必ず通過する乾燥・硬化の段階があり、「JIS K 5400 塗料の一般試験方法」ではその乾燥の段階を［表3-3］の4段階に分け、それぞれの確認の仕方を規定している。

　塗料材料の種類によってはそれぞれの段階の長短はあるが、必ず通過する過程である。この塗膜形成過程を十分理解することは、工

［表3-3］　乾燥過程と表面硬度変化（JIS K 5400に準ずる）

乾燥過程	1 指触乾燥	2 半硬化乾燥	3 硬化乾燥	4 実住硬化乾燥
チェックポイント	塗面を指先で静かに軽く触れてみて、指先が塗装でよごれない程度	塗面を指先で静かに軽くこすってみて、塗膜面にすりあとがつかない程度	塗面を指先で急速に繰り返しこすってみて、塗面にすりあとがつかない程度	硬化乾燥の、より進行したもの
ハンドリング	移動可能	塗重ね可能／弱刺激可能／居住可能	強刺激可能	

程管理上重要な事項である。

①指触乾燥は、塗装面に軽く触れてみて指先に塗料がつかない程度の乾燥で、塗料中の溶剤が蒸発してきた程度である。反応硬化形ではまだ反応が進行していない状態なので、次の工程の塗装は不可能であり、もし行った場合にはちぢみ・溶解などの現象を生じてしまう。

揮発乾燥形の塗膜は一般に、指触乾燥の段階と半硬化乾燥の段階が接近しているが、指触乾燥の場合では、まだ塗膜内部に残留している溶剤の量は多く、上塗りすると同様な欠陥を生ずる危険がある。

②半硬化乾燥は、この段階では溶剤の残留量も少なくなる。また、反応硬化形でも反応が開始し、進行しはじめた段階であって、次の過程を施工するには最も適した段階といえる。工程間の層間付着性が良好に発揮できる状態である。

③硬化乾燥は、すでに塗膜性能を発揮する状態となったものである。この段階に進行した乾燥・硬化は塗膜としては問題のない段階となっているが、反応硬化形塗膜の場合、この段階まで硬化が進行すると、次の工程の塗膜との層間付着性が悪化するなどの問題を生ずる。

ゆえに上塗り等をする場合は半硬化乾燥の段階で行わなければならない。

3 塗装における気象条件

自然乾燥形に限らず、塗装材料から塗膜へ変化させる乾燥・硬化は熱エネルギーによるものであり、その程度は温度によって示される。自然乾燥形の塗料はいずれの場合も、一般にいわれる常温によって乾燥・硬化するように品質設計されているが、その条件には限界がある。また、湿度においても同様で、一般に乾燥・硬化時の湿度の存在は、特殊なケースを除いてマイナスにはたらくことが多い。この温度と湿度の関係を示すと［図3-2］のようになる。

温度は一般に高いほど良好な結果をもたらすと考えられがちであるが、この場合も限度がある。特に外部用塗装では夏季などに直射

日光が局部的に当たると、急速乾燥によって表面硬化のみ進行し、塗膜内部とのアンバランスが塗膜に"ひび割れ"を生じさせる原因ともなる。

いずれの場合も適切な条件があり、これら温度・湿度をはじめ、種々の気象条件において適性を失った場合に生ずる塗装欠陥について示すと［表3-4］の例が挙げられる。

もちろん、これらの欠陥は単独の条件がアンバランスになっただけで生ずるとは限らないが、その条件が主要因となり、他の条件が交互作用して働きかけることが多い。ゆえに、施工管理の場合、乾燥・硬化をスムーズに行うためには、塗装前にこれら乾燥条件を総合的にチェックしたり、冬期や夏期など、それぞれの施工期間に適した塗装材料とその塗装系を選択する方法もその1つである。

たとえば、2液形エポキシ樹脂塗料で施工する時期が冬期である場合に、一般的には低温時においては反応速度が低下するからといって、硬化を早めるために指定された基材と硬化剤の割合を守らず硬化剤の添加量を多くするなど任意に操作をして施工すると、速

［表3-4］ 塗装条件による塗装欠陥

気象条件				備考
因子	条件	塗装段階	硬化塗膜	
温度	高い	急速乾燥	ひび割れ	塗膜に対しては各条件が単独で影響することは少なく、複合的に作用する
	低い	乾燥不良	変色・むら	
	結露	塗膜流れ・防錆効果不良	むら・ふくれ	
相対湿度	高い	かぶり	光沢低下・ふくれ・ひび割れ	
	低い	異常早期乾燥	ひび割れ	
風	強風	異常早期乾燥・塵砂付着塗料の飛散・スプレーパターンくずれ	塗膜汚染・摩耗	
降雨雪	—	塗膜流れ・防錆効果低下	光沢低下・ふくれ・はがれ	
大気汚染	海塩粒子	防錆効果不良・吸湿作用	塗膜下腐食	
	腐食性ガス SO_2、HS	防錆効果不良	塗膜異常	
日射	—	異常早期乾燥	光沢低下・変退色・白亜化促進	

度が速まるどころか反応する基材の量が不足し、未硬化の硬化剤が塗膜内に残存し、かえって硬化不良を生じてしまう。

　このような場合は必ず、冬季用の硬化剤を用いるか、硬化促進剤を添加するなどの方法を採らなければならない。一方、この冬期用硬化剤が余ったからといって、温度の高い夏期などに用いると、今度は硬化速度が速すぎて、可使時間が短くなり、良好な塗装ができない。

3節　塗装工程に関する基本事項

　塗装作業によって得られる塗膜に、美装・保護等の機能付加といった多様な目的が要求されるようになり、ますます塗装工事の重要性が向上してきている。1種類の塗装材料で形成する塗膜では目的を達成する能力を発揮することができないことも増え、それに対応するために、それぞれの性能を持つ塗膜を積層的に複合手法によって組み合わせて総合塗膜をつくる塗装工程という手法が用いられるようになった。

　塗装工程は［表3-5］のように構成されており、特に重要なことは素地（下地）の種類によって工程の内容が異なることである。

　塗装工程は塗装系ともいわれ、塗装工事の設計においては材料の選定と塗装系である塗装工程の組み立てが重要となる。日本建築学会をはじめとして建築工事における塗装仕様書の中心は、塗装工程で構成されている。

[表3-5] 各種素地における塗装系の各工程の割合に対する要求性能

塗装系＼下地種類	金属系下地		無機素材系下地			木質系素地	各工程に対する基本的要求性能
	鉄系下地	非鉄金属下地	(例)コンクリート・モルタル・スレート・石こうボードなど				
			一般塗料	吹付け、ローラー塗りなど厚膜塗材			
下塗り系	さび止め塗料で代表され、防錆・付着性が主に要求される。また、下塗りのまま放置されるため、耐候性が要求される。物理性能が要求される。	アルミ・亜鉛などの付着性不良金属表面の改質を行い、付着性を向上させる。	素地押えといわれ、クリヤータイプで代表され、表面吸収性表面補強下地特性のシール	などの改善	一般に下塗りとして、同左の要求性能を有すると同時に、中塗りの厚膜塗膜の付着性向上目的あり。	素地の補強、吸収性の均一化、木材のやに分、目止め樹脂分押え、付着性などの要求。	対下地性能 ①化学性能(耐アルカリ、耐水) ②付着性能(初期付着性、2次付着性など) ③下地表面改質(表面吸収性均一化、表面強度向上など) ④下地保強 (防錆、防中性化など)
中塗り系	最も要求される保護機能である防錆に対する性能を、塗膜の透湿性などのコントロールで発揮。	上塗り塗膜の要求性能の補助強化。	上塗り塗膜の要求性能の補助。		一般に主材といわれ厚膜を形成し、テクスチュアパターンの形成。	上塗りの仕上がり性のフォロー、塗厚研磨性など平坦性の発揮	上塗り系性能の補助、強化。
上塗り系	中塗りと同様であるが、これに特に耐久性能を与え、またデザイン的に色・光沢を与える。	同左	塗装目的の性能要求を満足すべく塗膜を形成し、なおかつ耐久力をもつもので、デザイン的には色・光沢などにおける変化を与える。		主材の厚膜への耐久性を補強し、光沢・色等のデザイン的要求を満足させる。	デザイン的色、光沢、耐久性の機能性。	対外力性能 ①耐水関係(耐吸水性、防水・透湿・遮水性など) ②耐久性関係(耐候性、耐凍結性、耐汚染性など) ③各種耐薬品性能、美装機能。

4節　建築塗装における欠陥とその対策

　建築塗装の基本事項を述べてきたが、これらが損なわれるといかなる事故が生ずるかについて、各段階において示してみる。

　塗装工事では、最適な塗装仕様を選定・施工し、目的を発揮することが第一である。

　しかし、塗装工事は、建設現場における施工が主である。その条件は無限に近いものであり、予期しない種々の問題が発生するため、管理上万全を期することは非常に困難であるが、欠陥が発生しないための管理と、また万一発生した場合、最小限にくい止める対策が必要である。

　これまでの基本事項を踏まえて、塗装工事の各ステップにおける発生事故の基本を取りまとめ、その対策の基本を示す［表3-6、表3-7、表3-8］。

[表3-6]　塗料に発生する欠陥

項目	現象	原因	対策
粘度上昇	貯蔵・保管中に粘度が上昇する現象。その程度が著しい場合ゲル化（ゼリー状になること）状態まで上昇することがある。	①容器が完全に密閉されていない。②長時間の貯蔵品の使用。③高温・低温での貯蔵。	①容器は密閉する。②長時間の貯蔵は避け、在庫管理に注意。③一般に溶剤系塗材は40℃以上、エマルション系塗材は5℃以下での貯蔵は避ける（エマルション系塗材は低温で凍結する）。
皮張り	容器中で塗材の表面が乾燥し皮が張る現象。	①容器が完全に密閉されていない。②容器に過少量の保管。③高温での貯蔵。	①容器は密閉する。②適正容器を使用する。③一般に40℃以上での長期貯蔵は避ける。
沈殿	分離した顔料、骨材などが容器の底に溜まること。	①貯蔵条件に起因。②比重の重い骨材の分離、沈殿。	①高温、長時間の貯蔵は避ける。②かくはんを行い均一にして使用する。
腐敗	エマルション系材料にバクテリアやカビが成育し、悪臭、粘度変化、ガスなどを発生する。	①容器が完全に密閉されていない。②長時間の貯蔵品の使用。	①容器は密閉する。②長時間の貯蔵は避け、在庫管理に注意。

[表3-7] 塗装材料の施工時，並びに施工完了後の比較的初期に発生する欠陥

項目	現象	原因	対策
むら・模様むら・模様くずれ	模様の密度，大きさ，形状が一様でなく，むらに見える現象。	①下地の吸い込みにむらがある。②塗料の骨材のばらつき。③材料粘度の不適正。④適正吹き付け圧との維持が不完全，吹き付け操作，ローラー操作が不均一。⑥強風時時のスプレーダストの付着。⑦強風時の吹き付け。	①下地の吸い込みが均一になるようシーラーまたは下塗材の所定量を均一に塗る。②塗材の骨材を所定量正確に使用する。③薄め液を所定量混ぜ，薄める時に試し塗りし所定の模様になることを確認する。④練り混ぜを見合った出力のコンプレッサーを所定圧力に調節する。⑤吹付操作，ローラー塗りなどの基準を守って均一な模様になるよう塗る。⑥吹付圧と塗材粘度のバランスを保ちかつ，吹き継ぎ部も必要以上に塗り重ねない。⑦風上部より吹付を開始し，風速5m/秒以上では吹付けしない。
色むら	色が部分的に不均一でむらに見える現象。	①下地の吸い込みが不均一。②塗装材料の顔料分散が不良。③塗装材料のロット間の色の差。④被覆塗材などの溶剤形上塗材のシンナーが不適当。⑤被覆塗材などの上塗材のたれ部またはけ部，ローラー耳部などにおける膜厚不均一。	①下地の吸い込みが均一になるようシーラーまたは下塗材の所定量を均一に塗る。②塗材の取り替え。③ロット間の色の差が大きくない場合は，見切り境でロットを変更する。④溶剤形上塗材のシンナーは所定品を使用し，所定量のシンナーで希釈を行う。⑤被覆塗材などの上塗材はむら切りを厳守して塗る。
むら透け	下地または下塗材が透けて見え，その透け方が不均一でむらに見える現象。	①塗装材料の上塗り材の塗付量不足と著しい膜厚の不均一。	①所定の塗り回数で所定量を均一に塗る。
足場むら	足場のかけが不均一で塗りにくい部分に模様むらやや塗り重ねによる色むらを生じること。	①足場の影響部における，吹き継ぎまたは塗り継ぎ部の塗付量過不足。②同一上部の模様不均一。	①確実に塗り重ねるが，必要以上に塗付量が付かないよう配慮する。②特に吹付けは吹き付け角度を一定に保つようにし，必要以上に下向きに傾けるようなことがないようにする。

項目	現　象	原　因	対　策
つやむら	光沢塗面に部分的な光沢不足が発生したり、つやなし、またはつや有状態の塗面に部分的なつやつやが現れたりする現象。	①下地の吸い込みにむらがある。②塗付量の不均一等 ③塗り回数の不足。	①下地の吸込みが均一になるようシーラーまたは下塗り材の所定量を均一に塗る。②所定量を均一に塗る。③所定塗り回数を守る。
にじみ	下塗りした塗材または下地から上塗りした塗材に色がにじみ出して、所定の色に仕上がらなかったり、むらになること。	①木質下地にエマルション系塗装材料などで塗材を塗り付けた時の木材からのあく ②溶剤形上塗材を異なる色の塗り継ぎ部のにじみ。	①木材用あく止めシーラーの塗り付け、とり合い部にはにじむ色を先に塗る、にじむ色は後で重ねる。にじむ色合いの取り合い後は避ける。
かぶり（ブラッシング）	溶剤形上塗り材の乾燥過程で起こる塗膜の白化現象。霧がかかったように白くなり、つやがなくなる。	①湿度80％程度以上で生じる、シンナーの蒸発により生じる水分の影響。②高揮発性シンナーを多量に含む速乾形塗料に発生しやすい。	①高湿度での塗り付けは避ける。②低揮発性シンナーの使用。
流れ・たれ	垂直面に施工した塗装材料が乾燥までに部分的に流れて不均一な厚さとなる現象。上塗り材には半円状、つらら状、波紋状などの模様となって現れる。	①薄め過ぎで上塗り材の粘度が低い。②吹き付け距離が近すぎる。③上塗り材のはけ塗り、ローラー塗りによる凹部におけるたまり。④上塗り材の不均一な厚塗り。	①塗材の粘度を適正にする。②吹き付け距離を適正にする。③上塗り材のむらぎりを守って塗る。④上塗り材を一度に厚塗りしない。
わき・あわ	塗膜表面にでっきた気泡、穴となって残る。複層塗材などの上塗り材におこる。	①下塗り材に存在する気泡。②上塗り材の粘度が高い。③溶剤形上塗り材の乾燥速度が速い。④上塗り材のローラー塗りの運びが速すぎる。	①緻密な下地調整。②塗材の粘度を適正にする。③適切な溶剤用シンナーの使用。④ローラーの運行スピードを必要以上に早くしない。
リフティング・ちぢみ	溶剤形上塗材を2回以上塗り重ねる時、下層の上塗材が上層の上塗材の溶剤によって侵され軟化し、しわになること。エマルション系のような非反応形主材の上に反応硬化形（2液形）溶剤形上塗材を塗り付ける場合や、塗替工事で耐溶剤性の弱い旧塗膜の上に強溶剤を含有する塗料を塗り付けした場合に発生しやすい。	①主材の溶剤による膨潤。②下塗層の耐溶剤性不足による密着不良。	①被層塗材上主材上ウレタン上塗材のような反応硬化形上塗材を2回塗りする場合は1日に2回塗りすると上塗り早くしない。②弱溶剤系や水系塗材仕様への変更。

[表3-8] 施工完了後、経年により発生する欠陥

(現象)	(原因)	(処置方法)
汚染	人為的汚染―異種塗料,油類などの付着	ラッカーシンナーで除去し,上塗りの再塗装
	経時的汚染―他の部分で発生したさび汁,コンクリート表面の析出物などによる汚染,大気中のじんあいの付着	汚染の程度により,ブラシ,ウェスによる除去,水洗,洗剤による洗浄,上塗りの再塗装などの単独および組み合わせ
傷	建築工事中および完成後に他の物質によって加わった外力 / 飛来物による衝撃	程度により,大きい場合には下塗りから再塗装,小さい場合には上塗りだけの再塗装
変退色	塗装上の原因―下塗り,中塗りの塗料の使用法(混合比率など)の不良	サンダーなどで,下塗りから除去し,再塗装
	中塗り―上塗りのインターバルの不良(短い)	長期経時の場合には上塗りの再塗装,短期間の場合にはシンナーで上塗りを除去して上塗りの再塗装
	表面の経時劣化―紫外線,熱,大気成分による塗膜の変退色	上塗りの再塗装
つや引け	塗装上の原因―中塗り―上塗りのインターバルの不良(短い)	表面をきれいにした後に上塗りの再塗装
	塗装時の環境条件―温度が低い,湿度が高い,通風が大	上塗りの再塗装
	表面の経時劣化―紫外線,熱,大気成分による塗膜の経時光沢低下	表面をきれいにした後に上塗りの再塗装
はく離	塗装環境―低温(5℃以下)高湿度(85%以上) 通風大によるじんあいの付着	旧塗膜を除去し,条件回復した後に再塗装
	塗装素地―材齢の若いもの(主に21日以下(下地の収縮)) / 含水率大(10%以上)	
	内部からの溶出物―エフロレッセンス / 混和剤など	旧塗膜,溶出物を除去して再塗装
	表面のぜい弱物質―セメント粉などの未硬化物 / レイタンス層	旧塗膜,ぜい弱物を除去して再塗装
	表面の付着物―離型剤(特にワックス系のもの) / 油脂類,異種塗料の付着	旧塗膜,付着物を除去して再塗装
	下地調整の不良―モルタル,セメントペーストの処理がぜい弱なもの	旧塗膜,ぜい弱処理層を除去し指定の接着剤入りモルタル,セメントペースト,セメント・フィラーで処理した後に再塗装
	塗料,塗装―下塗り,パテ,中塗りの塗装仕様の不良(混合比率など),品質不良	旧塗膜を除去した後に再塗装
ふくれ	下塗りから―はく離と同原因であるが,特に塗装素地の含水率が大きいことよる影響が大きい	旧塗膜を除去した後に再塗装
	上塗りだけ―素地の巣穴などが下塗り―中塗りで被覆されていない部分のあるとき	ふくれを除去し,気泡発生部を塩ビ,パテで処理した後に上塗りを再塗装
	中塗り中の気泡	
	上塗り時に被塗面への直射日光などによって表面付近が相当高温になる場合	ふくれを除去し,直射日光を避けて上塗りを再塗装
き裂	構造き裂―コンクリートの収縮き裂に沿って発生したもの	エポキシの注入などでき裂を処理し,き裂の生長のない場合には下塗りからの再塗装。き裂のある場合にはシーリング材などによる処理が必要
	塗膜単独き裂―塗装環境―低温(0℃以下) / 高湿(90%以上)	旧塗膜を除去した後に再塗装 ・除去方法は,電気サンダー,スクレーパー,リムーバーなどを使用してき裂部の塗膜を除去する。 ・塗装環境,素地は良好なことを確認した後に行う。
	素地(塗装時)―材齢の若いもの / 含水率10%以上(ケット水分計値)	
	塗装―下塗り,パテ,中塗りの使用不良(比率など)	
	塗膜劣化―中塗りの劣化?(>10年)	

4章 塗装材料の種類と分類

　建築における専門工事業のなかで、設計段階での材料の選定および施工段階の管理が難しいもののひとつとして塗装工事が挙げられる。

　その理由としては塗装工事の基本事項で示したように、塗装の用途が多様化していくに従い非常に多くの**塗装材料**が開発され、多種類になっていることがある。

1節　塗装材料の分類

　膨大な種類が存在する塗装材料の種類を分類・整理することは、複雑で困難な面もあり、分類方法も［**表4-1**］に示すごとく種々の切り口がある。

　これらの分類から、建設部門において適切な材料を選定しなければならない。

[表4-1] 塗装材料の分類とその種類

区分	事例
被塗物による分類	鉄鋼用塗料、非鉄金属用塗料、木材用塗料、プラスチック用塗料、セメント、モルタル、プラスター用塗料
各種物体による分類	航空機用塗料、船舶用塗料、重車両用塗料、中・軽車両用塗料、陸上鋼構造物用塗料(橋りょう、タンクなど)、ビルディング・家庭用塗料、地中埋設物用塗料、海洋関係用塗料、木材用塗料(家具、木製品など)、家庭電化製品用塗料、鋼製機器用塗料、特殊塗料(ガラス、皮など)、その他
広義の分類	酒精塗料、油性塗料、瀝青質塗料、水性塗料、水溶性合成樹脂塗料、繊維素誘導体塗料、漆、カシュー樹脂塗料、合成樹脂塗料(フタル酸樹脂塗料、アミノアルキド樹脂塗料、ポリウレタン樹脂塗料、アクリル樹脂塗料、エポキシ樹脂塗料、フェノール樹脂塗料)、タールエポキシ樹脂塗料、塩化ゴム塗料、合成樹脂調合ペイント、アルミニウムペイント、ジンクリッチペイントなど
塗料の性状による分類	調合ペイント、水系塗料、水性塗料、分散系塗料、二分体塗料、粉体塗料、エマルションペイントなど
塗膜の性能による分類	さび止め塗料、エッチングプライマー、防火塗料、耐熱塗料、耐薬品塗料、(耐アルカリ性塗料、耐酸性塗料)、電気伝導塗料、電気絶縁塗料、耐油性塗料、示温塗料、防汚塗料、防かび塗料、殺虫塗料、標識塗料、蛍光塗料、夜光塗料、発光塗料、高日射反射率塗料、耐火被覆塗料など
塗膜の状態による分類	つや有り塗料、半つや塗料、つや消し塗料、透明塗料、不透明塗料など
乾燥方法による分類	熱硬化形塗料(焼付形塗料)、常温硬化形塗料(常温乾燥形塗料)、光重合形塗料、電子線硬化形塗料など

2節 塗料材料を構成する展色剤による分類

　塗膜を形成する主要素である展色剤の種類による分類では、［表4-2］に示す構成が中心になっている。ゆえに、塗装材料の名称も展色剤である各種の合成樹脂名が頭についたものとなっており理解しやすい。

　この場合、注意しなければならない事項は、合成樹脂名においても単独の場合と共重合の場合があり、また「○○樹脂系」という表現が使用されているなど、判断が困難な場合がある。

　たとえば、超耐久性型の塗装材料として代表的な常温乾燥形ふっ素樹脂塗料は、ふっ素樹脂として分類されると理解されがちである。しかし、本来ふっ素樹脂はふっ化ビニリデン樹脂に代表されるように常温では塗膜が形成されないため、常温乾燥形とするためにふっ素樹脂の特性を活用して、ふっ素含有化合物とイソシアネートとのウレタン結合によって常温乾燥するようにしている。つまり、本来はポリウレタン系塗料に分類されるものであるが、ふっ素樹脂の特性をアピールすることからネーミングにおいてふっ素を表面に出した名称になっている。

　これらは、いずれも性能的には基本的な名称の材料と同等、それ以上であることから用いられているが、共重合などの場合、他の合成樹脂を混合する技術もあり、塗装材料を選定する場合に単に名称のみで判断することは危険であり、特に高性能を要求する場合などでは、内容を十分に確認したうえで選択する必要がある。

[表4-2]展色剤の種類による分類

種類	分類

塗料

- **透明塗料**
  - ボイル油
  - 油ワニス
  - フェノール樹脂ワニス
  - フタル酸樹脂ワニス
  - メラミン樹脂ワニス
  - ビニル樹脂ワニス
  - 尿素樹脂ワニス
  - エポキシ樹脂ワニス
  - シリコン樹脂ワニス
  - 酒精ワニス
  - ラッカークリヤー
  - 塩化ゴム樹脂ワニス
  - アクリル樹脂ワニス
  - ふっ素樹脂ワニス
  - ポリウレタン樹脂ワニス

- **有色塗料**
  - 油性調合ペイント
  - 合成樹脂調合ペイント
  - 油性エナメル
  - フェノール樹脂エナメル
  - フタル酸樹脂エナメル
  - メラミン樹脂エナメル
  - 尿素樹脂エナメル
  - エポキシ樹脂エナメル
  - シリコン樹脂エナメル
  - ラッカーエナメル
  - エマルションペイント
  - ポリウレタン樹脂エナメル
  - アクリル樹脂エナメル
  - 塩化ビニル樹脂エナメル
  - 常温乾燥形ふっ素樹脂エナメル
  - 塩化ゴム樹脂エナメル
  - アクリルシリコン樹脂エナメル
  - シリコン系ハイブリッド樹脂エナメル

- **用途による分類**
  - 下塗用
  - 上塗用
  - 内部用
  - 外部用

- **塗装方法による分類**
  - 刷毛塗用
  - 吹付用
  - 浸漬用
  - ローラー塗用
  - 静電塗装用
  - 電着塗装用
  - フローコーター用

- **塗装性能による分類**
  - 一般用
  - 耐水用
  - 木材防腐用
  - 防火用
  - 耐油用
  - 耐薬品用
  - 防錆用
  - 耐寒用
  - 耐熱用
  - 電気絶縁用
  - 発光用
  - 温度指示用
  - X線防汚用
  - 放射線防汚用

- **仕上がり姿による分類**
  - つや有り仕上げ
  - つやなし仕上げ
  - ちりめん仕上げ
  - 透明仕上げ
  - 結晶仕上げ
  - ハンマートン仕上げ
  - メタリック仕上げ
  - 砂壁仕上げ
  - マスチック仕上げ
  - 多彩仕上げ
  - タイル状仕上げ

3節　塗装材料の用途別による分類

　塗装材料の種類が多く、その分類の方法も多いことは先に述べたが、その種類を多くしているのは、展色剤となる油脂や合成樹脂である。建築分野で用いる塗装材料は日本建築学会による『JASS 18 塗装工事』や、これをモデルとして各官公庁等が作成した仕様書に用いられている塗装材料を、建築を構成している素材の種類によって金属系素地（下地）用、セメント系素地および石こうボード素地（下地）用、そして木質系素地（下地）用に分類し、標準仕様書化している［表 4-3、4-4、4-5］。

　ここではその分類を中心に解説を加える。

　また、下地別によって必要となる塗装材料として、金属系素地用の下塗りさび止め塗料、セメント系素地用の各種シーラー・プライマーなどが挙げられる。

　主に、金属系でもっともよく使用される鉄部に用いられるさび止め塗料は、その効果を発揮するさび止め顔料が複数存在し、その種類によって分類されていたが、環境問題により大幅に変更されている。コンクリート系素地におけるシーラーはその合成樹脂の特性によって分類され、木部用は主に下地用としての用途別に分類されている。

　これらの下地用塗料類は塗装工事の基礎づくりに重要なものであり、別項を設けて説明を加える。

[表4-3] 金属系素地面塗装材料の分類・種類

展色剤分類	塗料種類			JASS 18	国土交通省	日本郵政	文部科学省	UR都市機構
油変性展色剤	油性系	ボイル油	さび止めペイント1種	○	○	○	○	○
			油性調合ペイント					
	油性ワニス		さび止めペイント2種		○	○	○	○
			アルミニウムペイント		○		○	
	油変性合成樹脂系	アルキド樹脂系	フタル酸樹脂エナメル		○			
			合成樹脂調合ペイント		○	○	○	○
		油変性エポキシ樹脂塗料						
熱可塑性展色剤	消化綿系		ラッカーエナメル					
	ゴム系		塩化ゴム系エナメル					○
	ビニル樹脂系		塩化ビニル樹脂エナメル		○			
			アクリル―酢ビ共重合樹脂エナメル		○			
			多彩模様塗料		○	○	○	○
熱硬化性展色剤	常温乾燥形	エポキシ樹脂系	2液形変性エポキシ樹脂プライマー	○				
			2液形エポキシ樹脂エナメル	○				
			2液形厚膜エポキシ樹脂エナメル	○				
			2液形クールエポキシ樹脂エナメル	○				
		ポリウレタン系	1液形湿気硬化形ポリウレタンワニス					
			2液形ポリウレタンエナメル	○	○	○	○	
			常温乾燥形ふっ素樹脂エナメル	○	○	○	○	
		アクリルシリコン樹脂系	アクリルシリコン樹脂エナメル	○				
		粉体塗料						
	加熱硬化形		アミノアルキッド樹脂エナメル（メラミン樹脂エナメル）					
			アクリル樹脂エナメル					
			ふっ素樹脂エナメル					

[表4-4] セメント系素地面および石こうボード面素地用塗装材料

展色剤分類	塗料種類		JASS 18	国土交通省	日本郵政	文部科学省	UR都市機構
熱可塑性展色剤	水系樹脂系	合成樹脂エマルションペイント	○	○	○	○	○
		つや有合成樹脂エマルションペイント	○	○	○	○	○
		シリカ系ペイント					
	弱溶剤形樹脂系	NAD形樹脂エナメル(アクリルetc)	○				
	溶剤形樹脂系	アクリル樹脂エナメル	○	○	○	○	
		塩化ビニル樹脂エナメル	○	○	○	○	
熱硬化性展色剤	水系樹脂系	ポリウレタン系エマルションエナメル					
		常温乾燥形ふっ素樹脂エマルションエナメル					
	弱溶剤形樹脂系	NAD形樹脂エナメル(ポリウレタン・常温乾燥ふっ素etc)					
		2液形エポキシ樹脂エナメル	○				
		2液形厚膜エポキシ樹脂エナメル	○				
	溶剤形樹脂系	2液形ポリウレタンエナメル	○	○	○	○	
		アクリルシリコン樹脂エナメル	○	○	○	○	
		常温乾燥形ふっ素樹脂エナメル	○	○	○	○	
[模様塗料]		多彩模様塗料	○	○	○	○	
		合成樹脂エマルション模様塗料	○	○			
建築用仕上塗材		薄付仕上塗材(樹脂リシン・単層弾性・弾性リシン・陶石リシンetc)	△	△	△	△	△
		厚付仕上塗材(セメントスタッコ・樹脂スタッコetc)	△	△	△	△	△
		複層塗材(吹付けタイル・弾性タイル・壁面防水タイルetc)	△	△	△	△	△

ただし△印はJASS 23吹付工事に掲載

[表4-5] 木質系素地面用塗装材料

展色剤分類		塗料種類	UR都市機構	文部科学省	日本郵政	国土交通省	JASS 18
油変性展色剤	油性系	ボイル油					
	油性ワニス	ゴールドサイズ・コーパルワニス・スパーワニス・ボデーワニスetc					
		カシュー樹脂塗料					
	油変性合成樹脂系	アルキド樹脂系 — フタル酸樹脂エナメル	○	○	○	○	
		アルキド樹脂系 — 合成樹脂調合ペイント	○	○	○	○	○
		油変性エポキシ樹脂エナメル					
		1液形油変性ウレタン樹脂ワニス	○	○		○	○
	油性ステイン系	オイルステイン	○	○	○	○	
		木材着色保護塗料					
熱可塑性樹脂系	ビニル系樹脂系	塩化ビニル樹脂エナメル					
		アクリル-酢ビ共重合樹脂エナメル					
熱硬化性展色剤	1液形	湿気硬化形ポリウレタンワニス					
	2液形	2液形ポリウレタンワニス	○	○		○	○
		2液形ポリウレタンエナメル					
		不飽和ポリエステルワニス					
		不飽和ポリエステルエナメル					
		2液形エポキシ樹脂エナメル					
消化系展色剤		クリヤーラッカー	○	○	○	○	○
		ラッカーエナメル	○				
		多彩模様塗料	○	○	○		

4節 特殊塗装材料の種類による分類

塗装材料には、各種の特性・機能を被塗物表面に与えることのできる。そのような特殊塗装材料の種類を［**表 4-6**］および［**表 4-7**］に示す。

[**表 4-6**]特殊塗料の種類

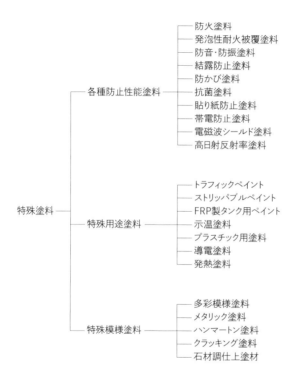

［表4-7］デコレイティブペインティングの種類

種類		内容
グレイジング	①スポンジング	スポンジを使用しグレイズの塗り重ね仕上げ
	②ラギング	ぼろ布（Rag）を使用し着色グレイズする仕上げ
	③コーミング	刷毛・ペイントパット等で着色グレイズを塗り未乾燥の内に櫛で塗膜を削り取る仕上げ
ステンシリング		模様を切り抜いた紙等の上から塗りステンシルする仕上げ
ギルディング		金箔やアルミ箔を塗料で貼りながら仕上げる高級仕上げ
グレイジング（木目描き）		自然の木目を塗装で表現する仕上げ
マーブリング（大理石模様描き）		大理石等の石材の疑似仕上げでデコレイティブ仕上げの代表格
アートペイント	ミューラル	アーティストがその空間の壁・天井等に合う絵を描き仕上げる
	トロンプルイユ	一般的にはだまし絵として有名で，人間の目の錯覚を利用して3次元的に表現したりする仕上げ

5章 塗装材料の特性とその選定

　選定に際して特に配慮しなければならない事項として環境対策がある。日本建築学会が2000年に「地球環境・建築憲章」を制定したことを受け、建築の仕上げの一翼を担う塗装工事においても、高耐久・長寿命・自然共生・省資源・環境・健康・安全・景観などの観点を採り入れた「環境対策基本方針」に基づいて、材料の設定や工法の確立等がなされている。

　具体的には、塗装材料の設定には「ホルムアルデヒド放散等級」「溶剤区分」等の制約が加わり、新たな角度から材料設計がなされている。それを受け、「塗装工事」の設定においてもそれらを組み入れたものとなっている。

　そこで、これら塗装材料を選定し、塗装工程を中心とした仕様書を確立し、また工事の監理をするうえで、最適な塗装工事をするための塗装材料の特性を理解し、選定できるように、塗装の設計・計画の立場より塗装材料の性質を示す。

　建築用塗装材料と塗装系を選定するにあたっては、アッセンブルされる各部位ごとに対応した特性から検討する場合が考えられるが、もう一歩前の各部位の素材に対応した塗装材料・塗装系について把握する必要がある。

1節　金属系素地における塗装材料・塗装系

　建築に用いられる金属には鉄、亜鉛めっき、アルミ等があり、それぞれの素材の特性と要求性能にマッチした塗装材料・塗装系が開発されている。

1　鉄鋼用塗装材料・塗装系

　鉄鋼表面における塗装の目的は、さびからの保護、すなわち防錆が第一となる。鉄鋼面とひとくちにいっても多種類あり、さびない鉄等も存在するが、建物の立地条件によってはさびの進行が生じ、防錆処理が必要となってくる。

(1) 鉄鋼用下塗り塗料

　防錆効果を発揮するのが下地用塗料であるさび止め塗料である。鉄をはじめ金属の腐食現象を防止する基本事項は、以下の2点である。

①鉄面を酸素、水その他腐食成分との接触を断つ

　塗膜、メッキなど被膜で鉄面を覆う（例：塗膜・MIO（Micaceous Iron Oxide：雲母状酸化鉄塗料））。

②腐食電流の値を小さくする

　鉄の表面をミクロン単位でみた場合、それぞれ組成が異なり、水の存在下ではその成分差間に電位差が生じて電流が流れ局部電池ができる。この陽極から陰極に流れる電流を腐食電流といい、この値を小さくしてあげると鉄がイオン化しなくなり、酸素とも反応しなくなり、さびを生成しない。

　この現象は［図5-1］の鉄面にミルスケール（黒皮）が存在する面、溶接部分［図5-2］、そして塗膜が破れ素地の鉄部が露出した場合［図5-3］等において一般鉄面より電位差が生じやすく、鉄部の腐食が急に進行しやすい。

　このことは防錆の目的で塗装した塗膜が劣化すると「はがれ」「傷」が生じ、鉄面が露出した部分でさびの発生とその進行が急速に進み、全体が未塗装の鉄面より進行が激しいものとなる。鉄面の塗装のメンテナンスを計画的に早めに行い、塗り替える必要があるのはこのためである（例：鉛系顔料、クロム系顔料）。

③陽極、陰極の分極を大きくする

　局部電池ができて、腐食電流が流れないように分極を大きくする。インヒビターの働きや鉄面を不動態化する顔料を用いる。

④鉄鋼面をアルカリ性雰囲気にして、さびさせない

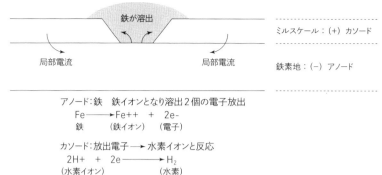

[図5-1] 鉄面にミルスケール（黒皮）が存在する面

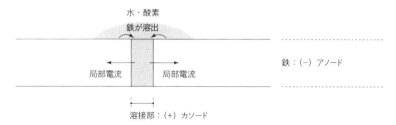

[図5-2] 溶接部分の局部電池とさび発生の関係

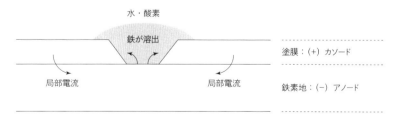

[図5-3] 塗膜が破れ素地の鉄部が露出し局部電池とさびが発生する場合

局部電池をつくらせないようにアルカリ性にする塩基性顔料を用いる（例：鉛系顔料）。

⑤鉄よりイオン化傾向の大きい金属を顔料に用いたり、電気的につなぐ

鉄よりイオン化傾向の大きい亜鉛を顔料に用いたり、メッキ層を形成して局部電池を形成することで、鉄より早くイオン化して防錆硬化を発揮させる（例：亜鉛末（ジンクリッチ）、メタリコン）。

以上の手法を用いて種々のさび止め塗料が開発されており、一般に油性および油変性樹脂を用いた塗料を「さび止めペイント」、合成樹脂系を用いた塗料を「プライマー」という。

(2)さび止め塗料の種類と特性

さび止めペイントの防錆メカニズムとさび止め塗料の発展経過を［表5-1］に示す。

A 鉄鋼面用さび止めペイントの種類と特性

建築に用いられる鉄面に汎用的に用いられる塗装材料は油性、油変性樹脂さび止めペイント＋合成樹脂調合ペイントに代表される。

日本の特許の第1号が「錆止塗料及其塗法」として明治18年に成立したことについては先に示したが、この塗装系に用いられるさび止めペイントは、この時点より金属塩顔料である「鉛丹」が用いられていた。

その歴史ある金属塩顔料が重金属公害成分に指定され、その代表であった「鉛・クロム」顔料が排除されることとなった。具体的には、2007（平成19）年度に「JIS K 5623 亜酸化鉛さび止めペイント」、「JIS K 5624 塩基性クロム酸鉛さび止めペイント」、2010（平成22）年度に「JIS K 5622 鉛丹さび止めペイント」、2015（平成27）年度に「JIS K 5625 シアナミド鉛さび止めペイント」が順次廃止された。その代用として、無公害性のリン酸塩系顔料による「JIS K 5674 鉛・クロムフリーさび止めペイント」を設定・一本化し、2013年改訂の日本建築学会『建築工事標準仕様書 JASS 18 塗装工事』に採用された。これに追従し、国土交通省官庁営繕の『公共建設工事標準仕様書（建築工事編）平成25年度版』『公共建築改修工事標準仕

[表5-1] 防錆のメカニズムとさび止め塗料の発展経過

```
[防錆メカニズムと代表的な塗料例]
(1) さび止め顔料効果
    ①金属塩顔料（主に鉛系）
      顔料と展色剤（油変性）との反応により金属石鹸を形成し、水・酸素との接
      触を防ぎ、アルカリを呈して防錆する
      (例：鉛系さび止めペイント)
    ②イオン化傾向を応用するさび止め顔料効果
      (a) 亜鉛末顔料を用いた塗膜を形成、亜鉛めっき面と同様な効果を得る
          (例：ジンクリッチプライマー)
      (b) 亜鉛溶射により亜鉛を溶解しながら塗膜を形成
          (例：メタリコン)
    ③遮断機能を持たせた顔料による効果
      雲母や鱗片状の結晶を持つ顔料を用いて、塗膜の遮断機能を高め劣化外力
      の浸入を防止する
      (例：雲母状酸化鉄塗料（MIO))
      (エポキシ樹脂雲母状酸化鉄塗料 JASS 18 M-112)
  ↓
(2) 塗膜防錆効果
    ①高性能塗膜による素地との付着性と厚膜による劣化外力遮断効果による
      (例：エポキシ樹脂プライマー)
    ②高性能塗膜であり、けれん不十分素地や異種塗膜接着不良金属（亜鉛めっき）
      に施工できる塗膜
      (例：変性エポキシ樹脂プライマー)
  ↓
(3) 公害防止・環境対応型
    ①さび止め効果顔料に用いた重金属顔料（鉛系・クロム系）による公害問題を
      排除するため、リン酸塩系顔料を用いて防錆顔料を排除した新しいさび止めペ
      イントの出現
      (例：JIS K 5674　鉛・クロムフリーさび止めペイント)
    ②VOC成分による室内等施工時の汚染・第二種有機溶剤問題対応水系化
      (例：JASS 18 M-111　水系さび止めペイント)
  ↓
(4) 耐候性向上型
    ①長期耐久性を向上させることを目的とした塗装系
      (例：JIS K 5551　鋼構造物用さび止めペイントA種・B種・C種)
```

様書（建築工事編）平成25年度版』の改訂においても一本化され
た。

　近年、さび止めペイントに用いるVOC成分の油変性合成樹脂系
塗料より発生するホルムアルデヒド問題、トルエン、キシレン等の
有機溶剤の問題が指摘され、その解決策として水系さび止めペイン
トが開発された。

『JASS 18』では、「M-111 水系さび止めペイント」が設定・適用されている。

B 各種プライマーの種類と特性

各種の金属用の合成樹脂塗料において、それらに用いるさび止めを主流とする下塗り塗料を一般に「プライマー」といい、各種開発されている。

(A) 顔料の特性を生かした各種プライマー

　a ジンクリッチプライマー

　　悪条件下の建造物や部位において高度の防錆力が要求される場合に用いる代表的なプライマーで、亜鉛の粉末を顔料に用いるが、その配合量を多くすることで亜鉛めっきと同様のメカニズムで防錆することができる。高性能の重防食用のさび止めプライマーである。

　　ジンクリッチプライマーはJIS規格において規定されており、より高度な防錆力を発揮するための厚膜を形成する厚膜形ジンクリップライマー(JIS K 5553) と、標準的な膜厚を形成するジンクリッチプライマー(JIS K 5552) がある。

　　いずれのプライマーにおいても1種と2種があり、1種は無機系のアルキルシリケートを、2種は有機系の2液形エポキシ樹脂を展色剤としたもので、その特性は［表5-2］に示す。建築においては、一般にジンクリッチプライマーの有機系の2種がマイルドな性能であることから多く用いられる。

　b 雲母状酸化鉄(MIO)塗料

　　化学反応によって防錆するのでなく、顔料の形状構造によって塗膜への水、酸素の浸入を防止するシーリング効果を向上させることにより防錆力を発揮するプライマーである。

　　雲母状酸化鉄(MIO)は、顔料の形状が鱗片状の結晶となっており、塗膜内に配列することで、塗膜を通過する水、酸素のみならず各種の腐食ガス・紫外線・溶剤等の浸入を遮断する働きをする。形成された塗膜の表面は過度の粗さをもち、上塗りする塗料との層間付着性を保つ役割をする。

　　JIS規格ではフェノール樹脂を展色剤タイプ JIS K 5554 と 2

[表5-2] ジンクリッチプライマーの特性

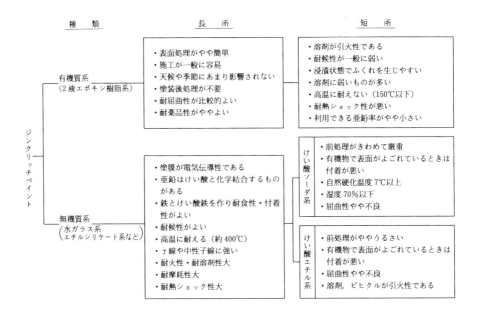

液形エポキシ樹脂を用いた JASS 18 M-112 の2種類がある。欠点としては MIO 特有のダークグレー色を呈することである。

(B) 塗膜の遮断機能により防錆する各種プライマー

　a エポキシ樹脂プライマー

　エポキシ樹脂プライマーは、JIS K 5551 に規定されているエポキシ樹脂塗料の下塗り塗料の品質に位置づけられている。エポキシ樹脂はポリアミドやアミンアダクトといった硬化剤と反応して硬化するもので、一般に2液形となっている。

　鉄をはじめ、あらゆる金属との付着性が良好で、単に防錆効果を求めるだけでなく、中塗り・上塗りの金属との付着性を良好にする重要な役割を持っている。ゆえに中塗り・上塗りがエポキシ樹脂塗料の場合に限らず、常温乾燥形ふっ素樹脂塗料、アクリルシリコン樹脂塗料、ポリウレタン塗料の下塗りにも用いられ、アルミや亜鉛めっき面における塗装にはその効果を発揮する。

エポキシ樹脂プライマーは、鉄面や他の金属に対する塗装においては、塗膜が強靭であるがゆえに、素地面にさびなどが存在してルーズであった場合には付着性が低下して、かえって「はがれ」等の欠陥を生じてしまうことがある。塗装前の素地調整は十分に行い、鉄面などの場合はホワイトメタル状態にまで調整が必要である。

b 変性エポキシ樹脂プライマー・弱溶剤系変性エポキシ樹脂プライマー

① 変性エポキシ樹脂プライマー

エポキシ樹脂塗料のもつ付着性の良好な性質を活用するために、塗膜の強靭性を和らげ、各種の金属系素地や塗り替え工事など旧塗膜の残存している面に用いることができるように変性したのが、変性エポキシ樹脂プライマーである。変性エポキシ樹脂プライマーは、白色タールやロジン誘導体などの低分子量のものを変性樹脂として用いて、塗膜をマイルドにすると同時に、素地への浸透性をよくし、不完全な素地調整面にもエポキシ樹脂塗料の塗装系を用いることを可能にしたものである。

JIS規格は制定されていないが、日本建築学会材料規格において、品質規格が「JASS 18 M-109」変性エポキシ樹脂プライマー（変性エポキシ樹脂プライマーおよび弱溶剤系変性エポキシ樹脂プライマー）と設定された。

② 弱溶剤系変性エポキシ樹脂プライマー

溶剤系塗料においては第2種有機溶剤が主流の溶剤であるが、キシロール、トルオールなど毒性の強いものは大気汚染の観点より避けられるようになった。それに代わって毒性の低い第3種有機溶剤が用いられた弱溶剤系として開発されたタイプで、性能は変性エポキシ樹脂プライマーと同等で品質規格も同一とされている。

(C) 構造物用さび止めペイント

橋りょう、タンク、プラントなど鋼構造物および鋼、ステンレス鋼、アルミニウム、アルミニウム合金など建築の金属部分の塗

装を目的に、超耐久性の鋼構造物用耐候性塗料の下塗り用として開発された塗料である。「JIS K 5551 構造物用さび止めペイント」の品質規格が設定された最も新しい塗装システムの下塗り塗料で、［表5-3］に示す3種類がある。これらの塗料は1液形または多液形があり、内容を下記に示す。

 ① 1液形：単一の製品の形態で潜在性硬化剤を含み、開缶後反応が始まる形態の塗料（例：湿気硬化形ポリウレタン塗料）。

 ② 多液形：二つ以上の容器で構成する塗料で、塗装直前に混合して使用する形態の塗料（例：エポキシ樹脂主剤とエポキシ樹脂用硬化剤からなる塗料）。

 なお、多液形の場合は液体だけでなく、粉体またはペースト状添加剤などが別容器に組み合わせている場合も含む。

2 亜鉛めっき用下塗り塗料の種類と特性

亜鉛めっき面に対する下塗り塗料の役割は、鉄鋼面に対する下塗りのごとく防錆を主目的とするものでなく、亜鉛めっきに対する付着性向上と、その付着性が容易に低下しないようにすることにある。

亜鉛めっきは鉄鋼面の防錆を目的に施してあるが、表面は高い活性をもつため、塗料中の成分と反応して異常に効果が進行したり、表面が平滑なため表面積が少なくアンカー効果が得られないなど、付着性が十分に得られないことがある。

［表5-3］構造物用さび止めペイントの種類

種類		樹脂系および主要用途
A種		反応硬化形エポキシ樹脂塗料で、膜厚が30μmの標準形塗料。主に鋼構造物および建築金属部の防錆に用いるもの
B種		反応硬化形エポキシ樹脂塗料で、膜厚が60μmの厚膜形塗料。主に鋼構造物の長期防錆に用いるもの
C種		反応硬化形変性エポキシ樹脂系または反応硬化形変性ウレタン樹脂形塗料で標準の膜厚が約60μmの厚膜形塗料。次の2種類がある
	1号	常温環境下で施工する、主に鋼構造物の長期防錆に用いるもの
	2号	低温環境下で施工する、主に鋼構造物の長期防錆に用いるもの

＊この塗料の規格には発がん性のおそれのあるタール成分を含まないものとする。

たとえば、最も汎用的に用いられている合成樹脂調合ペイントの代表的な下塗りである鉛系さび止めペイントに対しては、鉛と亜鉛が化学反応を起こし、塗膜が硬化・脆化し、容易に「はがれ」を生じるとして、専用の下塗りが要求され開発されてきた。

2007（平成19）年に鉛系さび止めペイントは廃止されたが、亜鉛めっき面専用の下塗りが開発されている。

(1) エッチングプライマー

塗料は金属の種類によっては、極度に付着性が不良になる場合がある。その代表例は亜鉛めっき面であり、合成樹脂調合ペイントなどの油変性の塗膜を直接塗付すると、亜鉛と反応し亜鉛石鹸を生成する。塗膜と金属との間に生成するため、経時的に塗膜の付着性が低下し、はがれを生ずるまでに進行する。また、亜鉛めっき面の表面が平滑であるため、物理的にも付着力を発揮しにくい状態にある。

このような問題に対応するために、付着性が不良となる金属と塗膜の間に入り、金属表面を化学的に変化させながら塗膜を形成することで付着性を向上させる塗料として、エッチングプライマーが用いられる。エッチングプライマーは金属表面処理塗料の代表的なものであり、エッチングプライマーは「JIS K 5633」に規定されているもので1種と2種が挙げられる。

亜鉛めっき面に用いる下地処理用のエッチングプライマーは、1種の短期暴露型であって、亜鉛めっき面とリン酸が反応して付着性を発揮する化学処理塗膜である。防錆効果はほとんどなく、塗膜の耐水性もあまり良好でない。ゆえに、エッチングプライマーは所定の塗付量を塗装して余分な膜厚にせず、その日のうちに次の工程の塗料を塗装してしまう必要がある。塗装後エッチングプライマーの塗膜のまま放置すると、大気中の湿度などで塗膜の効果が極度に低下してしまう。

また、顔料にジンククロメートを用いているため、重金属フリーに向けて廃止の方向で検討されている。そのため『JASS 18 塗装工事』における亜鉛めっき鋼の素地調整1種からも削除されている。

(2) 鉛酸カルシウムさび止めペイント

公害問題等で廃止された鉛系顔料さび止めペイントに代わって開

発された亜鉛めっき用の油変性のさび止めペイントであり、合成樹脂調合ペイントの下塗りとして用いられている。品質は　鉛酸カルシウムさび止めペイント（JIS K 5629）で規定されている。

　しかし、この下塗り塗料も亜鉛めっき面との付着性があまり良好でなく、必ずエッチングプライマー1種を表面処理塗膜を用いる仕様で設定している。この鉛酸カルシウムも重金属フリーの対象となり、廃止の方向で検討されている。

(3)変性エポキシ樹脂プライマー・弱溶剤系変性エポキシ樹脂プライマー

　変性エポキシ樹脂プライマーは、亜鉛めっき面との付着性も良好で亜鉛との反応成分もなく、亜鉛めっき面の下塗り塗料として活用されている。この変性エポキシ樹脂プライマーはほとんどの種類の上塗り塗料に適用でき、変性エポキシ樹脂プライマーの塗膜のまま放置も可能であるなどエッチングプライマーのごとく施工性の制約が多くなく、塗回数も一工程省略することができるため、多用される傾向にある。

　溶剤区分により弱溶剤系変性エポキシ樹脂プライマーも開発されたが、品質は JIS 規格が設定されていない。日本建築学会規格の「JASS 18 M-109 変性エポキシ樹脂プライマー」の内容が公的機関の仕様書に適用されている。

3　その他下塗り用塗装材料

(1)パテ・サーフェーサー類

　塗装系の性能よりも美装上の仕上げ性を向上させるために使用する塗装材料にパテ、サーフェーサー類が挙げられる。そのため、保護・防錆が重視される金属面の塗装においては、使用を最小限にとどめるべきである。

　①パテ

　　素地の凹凸や不陸を修正するために用いるものであり、その成分は作業時の研磨性を良好とするため、また厚付性を求めるために顔料成分が多く、塗膜性能はあまり期待できない。

　　金属用では、油性および油変性樹脂塗料に対してはオイルパテ、

カシュー樹脂パテ等があり、また各種の合成樹脂塗料に対しては、厚付性が優れるポリエステルパテが多く用いられる。いずれの場合もそれぞれ特性があるが、パテの本質は残るものであるから、使用上の注意をよく確認し、あまり厚づけはせずに最小限の仕様とすべきである。

② サーフェーサー

塗装系のなかでは中塗としての目的で用いる場合があり、パテの保護効果が得られる。サーフェーサーは、パテよりは塗膜性能がすぐれた品質設計がなされているものが多く、下と上との層間付着性の向上、塗装系全体の耐水性、耐久性を向上させると共に、美装性のある仕上げを良好にするものとされている。しかし、塗膜の肉もち及び研磨性の良好さを求めるのが第一であるため、性能面を過信した使用は危険である。

サーフェーサーには油変性樹脂用オイルサーフェーサー、ラッカーエナメル用ラッカーサーフェーサー、そして合成樹脂エナメル用の各種樹脂用サーフェーサーがある。また、サーフェーサーには水とぎ用としてサンジング形と、からとぎ程度の研磨で済むノンサンジング形とがある。

4 金属面用の上塗り塗料

建築においては鋼材をはじめ多種類の金属が用いられており、その表面で塗装は種々の役割を発揮している。金属用の上塗り塗料の種類は、［表 5-4］に示す各種開発されている。日本建築学会『JASS 18 塗装工事』においても標準仕様化されているが、実際に現場施工する塗装系において用いられる国土交通省の『公共建設工事標準仕様書』においては限られた塗装材料のみ標準仕様化されている。

建築をつくるためには加工性に優れた金属素材を活用することがある。その保護と美装表現の役割を塗装に求める場合、金属用塗料と塗装系を理解して選定することが重要である。

(1) 金属面用塗料の特性

金属系素地に対する施工は、塗装系が十分に確立しているため、いずれの種類の塗料も用いることができるが、代表的な種類とその

[表5-4] 金属用上塗り塗料の開発された種類

(1) 油性調合ペイント
　　油変性展色剤(ボイル油)とさび止め顔料と組み合わせによるペイント
　　(例：JIS K 5511 油性調合ペイント)
(2) 合成樹脂調合ペイント(長油性フタル酸樹脂エナメル)
　　油性調合ペイントの改良として乾燥性・光沢・性能等を向上したペイント
　　(例：JIS K 5516 合成樹脂調合ペイント)
(3) フタル酸樹脂エナメル
　　中油性のフタル酸樹脂を用いた主に内部の高級仕上げに用いる上塗り
　　(例：JIS K 5572 フタル酸樹脂エナメル)
(4) 塩化ビニル樹脂エナメル
　　耐薬品性・耐水性の優れた上塗り
(5) アクリル樹脂エナメル
　　透明度が高く、耐候性(耐黄変性)に優れた上塗り
(6) 塩化ゴム系エナメル
　　速乾性・腐食条件下の耐久性向上の塗膜として開発。塩化ゴムから塩素化ポリオレフィン樹脂に至る展色剤を用いている。
　　(例：JIS K 5639 塩化ゴム系エナメル)
(7) つや有合成樹脂エマルションペイント
　　(例：JIS K 5660 つや有合成樹脂エマルションペイント)
(8) エポキシ樹脂系塗料(2液エポキシ樹脂系・厚膜形2液エポキシ樹脂系・変性エポキシ樹脂系)
(9) 鋼構造物用耐候性塗料
　　・1級(促進耐候性：照射時間2000時間)
　　　(屋外暴露：光沢保持率　60%以上　白亜化1または0)
　　　常温乾燥形ふっ素樹脂エナメル
　　　弱溶剤系常温乾燥形ふっ素樹脂エナメル
　　・2級(促進耐候性：照射時間1000時間)
　　　(屋外暴露：光沢保持率40%以上　白亜化2、1または0)
　　　アクリルシリコン樹脂エナメル
　　　弱溶剤系アクリルシリコン樹脂エナメル
　　・3級(促進耐候性　照射時間500時間)
　　　(屋外暴露：光沢支持率30%以上　白亜化3、2、1または0)
　　　2液形ポリウレタンエナメル
　　　弱溶剤系2液形ポリウレタンエナメル
(10) 無機・有機ハイブリッド形塗料(アクリル・シリコンハイブリッド形塗料)
(11) 高日射反射率塗料

特性を示す。

　A 油変性合成樹脂系塗料

　　油変性合成樹脂は多塩基性酸と多価アルコールとの縮合物に油等によって変性したポリエステル系樹脂を加えたアルキド樹脂で、その代表例はフタル酸樹脂が挙げられる。

　　フタル酸樹脂にはその変性に用いられる油の量が多いものと中

程度のものがあり、その程度によって塗料の性能が変化し、[表5-5]に示す例があげられる。

(A) 合成樹脂調合ペイント

油の変性量の多い長油性フタル酸樹脂を用いた塗料で、鉄部用塗料の代表である。その歴史は長く鉄部用塗料の代表で、油を用いた油性ペイント、油性調合ペイントに代わる塗料として開発された。品質的には、JIS K 5516 合成樹脂調合ペイントとして標準品質化されており、次の2種類に分けて設定されている。

1種：建築用
2種：大型鉄構造物の中塗り用・上塗り用

1種と2種の品質の違いは、2種の方が油長がより長い、すなわち油の含有量が多い配合となっていることにある。中塗りは特に超油長を用いる品質となっている。これは、橋りょうなど大型構造物の工事においては工期の関係から中塗り状態で放置されることがあり、数ヶ月後上塗りするような場合にも上塗りとの層間付着性が低下しないように、乾燥速度が遅い組成となっている。

そのため1種と2種で最も異なる品質は、半硬化への時間

[表5-5] アルキド樹脂塗料の種類とその特性

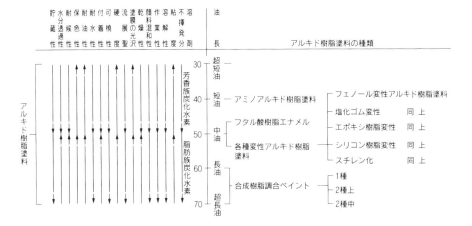

が異なることである。この乾燥時間の関係は、仕上げに用いる鉛・クロムフリーさび止めペイントのJIS規定とは1種と2種が逆であり、注意が必要である。

現在、鉄構造物用塗料として最も多用している代表的な塗料で、設計ではOP塗り、SOP塗りの略号で使用される。性能はマイルドな性質で光沢・耐候性・付着性等に優れているが、欠点として耐アルカリ性が劣るため、コンクリートやモルタル等が直接接する鉄構造物・設備・建具等の鉄面への塗装は避けなければならない。

(B)フタル酸樹脂エナメル

中油性のフタル酸樹脂を用いる塗料で、その品質はJIS K 5572によって規定されている。フタル酸樹脂エナメルは、油成分の変性量が少ない中油性のフタル酸樹脂を展色剤として用いるため、合成樹脂調合ペイントに比較して乾燥が6〜16時間と早く、光沢に優れている。その反面、耐水性が劣るため、建築内部に用いる鋼製建具等の美装用に用いられている。

B 熱可塑性合成樹脂塗料

熱可塑性合成樹脂の代表例は、塩化ビニル樹脂、酢酸ビニル樹脂等ビニル系合成樹脂がある。これらの塗料は、溶剤が蒸発することによって乾燥し、塗膜を形成するもので、化学反応を伴わない。溶剤に溶解させて、適度の粘度の溶液とするため、合成樹脂の重合度に限界がある。そのため性能面では反応硬化形の熱硬化形合成樹脂系塗料より劣るが、現場施工上は有利で、建築用鋼材に用いられる各種塗料が開発されてきた。

(A)アクリル樹脂エナメル

アクリル樹脂はメタアクリル酸メチル、アクリル酸エチル等のモノマーと酢酸ビニル、スチレンとの共重合物である。これらを用いて塗料化したもので、揮発乾燥形と、熱硬化形による焼付乾燥形がある。

アクリル樹脂エナメルの特徴は耐候性にすぐれていることと、樹脂自体が無色透明で耐黄変性にすぐれていることにある。色彩表現の自由度が高く、高度の美装性を発揮する塗料で、建築物の

外壁カーテンウォールの各種金属をはじめ、内外部の各部位に用いられていた。

①揮発乾燥形アクリル樹脂エナメル

酢酸ビニルとの共重合樹脂で、品質は JIS K 5654 によって規定されている。このタイプのアクリル樹脂塗料は本来コンクリート、モルタル等の無機質系素地用塗料を中心に開発されたものであるが、塩化ビニル樹脂エナメルが用いられない外部用として金属素地に多用されるようになった。その後、新規に各種塗料が開発され、『JASS 18』から削除された。

②つや有合成樹脂エマルションペイント

つや有合成樹脂エマルションペイントは溶剤に区分されない非溶剤系の塗料で、つやがある塗膜を形成する。JIS K 5660 に規定された合成樹脂エマルションと、着色顔料・体質顔料・造膜助剤・添加剤等からなる水系塗料である。

塗装された塗料は、先に示した乾燥のメカニズムにより樹脂粒子が融着造膜し、硬度が高く平滑でつやのある連続塗膜となる。

また通常のエマルションに比べ粒子径が小さく、数十分の1程度の微粒子のマイクロエマルションやハイドロゾル等があり、耐水性や耐候性を向上させる対応が採られている。

また最近は、より耐久性を高めるため、エマルションタイプの特性を生かし、架橋形樹脂エマルションによる3次元構造に重合し、性能を発揮するウレタン樹脂系やシリコン樹脂系、ふっ素樹脂系タイプへの移行も促進されている。

(B)塩化ビニル樹脂エナメル

昭和20年代に開発された合成樹脂塗料で、耐薬品性に優れた塩化ビニル樹脂を用いている。耐アルカリ性を要求されるセメント系素地であるコンクリート・モルタルに直接塗装できる塗料として普及し、金属用としても多用されてきたが、塩素化合物の公害性が指摘され、現在では使用されず、JIS化も廃止され『JASS 18』の標準仕様書からも削除された。

(C)ゴム系塗料

ゴム系塗料には、合成ゴム系と、天然ゴムを塩素化した塩化ゴム系とが展色剤として用いられるが、現在は塩化ゴム系塗料がほとんどである。

　塩化ゴム系塗料は、天然ゴムを塩素化することによってできた塩化ゴムを用い、耐薬品性、耐塩水性、耐候性等に優れた揮発乾燥形塗料として開発された。しかし、その後、塩化ゴムに代わり、同等の性能を発揮する塩素化ポリプロピレン樹脂を展色剤として用いる塗料が中心となった。品質もJIS K 5639 塩化ゴム塗料として設定されていたが、現在では塩素の公害問題により『JASS 18』および各種公的標準仕様書等から削除され、ほとんど適用されていない。

C 熱硬化性（反応硬化形）塗料

　塗料の乾燥時に、必ず化学反応を伴って硬化する塗料が熱硬化形塗料である。

　一般に、低分子の合成樹脂が化学反応によって架橋反応により高分子化し硬化するために、塗膜は高性能となるものが多くみられる。

　これらの塗料は一般的に2液形となっており、塗装時に混合して反応を起こさせて用いる場合が多い。近年では2液形を1液形とすべく研究開発がなされ、塗料中の硬化剤などの触媒の反応をマスキングしておき、塗装後の乾燥段階でマスキングがとれると反応が開始し、硬化する技術によって1液化が可能となっている。

　新しい塗装材料の開発では反応硬化形樹脂による可能性が非常に高く、最近開発された超耐久性形塗料においても、従来の反応硬化形樹脂を変形させたり、無機系とのハイブリッド化による新しい樹脂の出現が見られている。

（A）エポキシ樹脂塗料

　反応硬化による熱硬化性樹脂の代表がエポキシ樹脂で、アミン・アミンアダクト・ポリアミド等の硬化剤を用いて架橋反応させて硬化造膜する塗料である。

　硬化剤の種類は各種あり、[表5-6]に示すごとく硬化剤の種類によって塗膜の性能が変化する。

　エポキシ樹脂は耐薬品性など化学性能に優れ、付着性・耐摩耗

[表5-6] 硬化剤の差異による影響

特　　性	単純アミン	内在アダクト	分離アダクト	ポリアミド樹脂
かぶりの傾向	強い	少ない	非常に少ない	非常に少ない
熟成	望ましい	必ずしも必要でない	不必要	不必要
耐薬品性	優秀	優秀	優秀	非常によい（耐溶剤性・耐アルカリ性はややおとるが，耐水性はよりよい）
たわみ性	非常によい	非常によい	非常によい	優秀
乾燥速度	速い	速い	速い	わずかにおそい
可使時間	1～2日	1～2日	1～2日	2～4日
硬化剤の性質	揮発性・刺激性	においの少ない溶液	無臭の固体	においの少ない高粘度液体

性・強靱性などの物理的性能にもすぐれたバランスのとれた性能を有する塗膜となる。特に付着性についてはあらゆる金属との付着性に優れており、先に示したごとく各種塗料の下塗り、中塗りに用いられている。それらの特性を[表5-7]に示す。

欠点としては黄変性、チョーキング（白亜化）が発生しやすいため、外部の美装性を要求される場合、中塗りまでの塗装系に用いられる。

① 2液形エポキシ樹脂エナメル

エポキシ樹脂エナメルの代表的な塗料で、エポキシ樹脂本来の性能を発揮するものである。品質はJIS K 5551の一種に規定され、硬化剤には反応がマイルドに進行し、毒性の低いポリアミドを用いる場合が多い。

② 厚膜形2液形エポキシ樹脂エナメル

地球環境、省資源等の面から塗料中の溶剤の含有量を少なくして有効成分を多くし、1回の塗装で厚膜を形成する塗料の開発手段として、低分子量で低粘度の基材と硬化剤を組み合わせる方法を用いたもので、1回塗りで80ミクロンの膜厚に塗装することができる。低粘度のエポキシ樹脂と低粘度のアミン系硬化剤の組み合わせの厚膜形2液形エポキシ樹脂塗料は、品質をJIS K 5551の2種に規定されている。

厚膜形であり、塗膜が硬く強いため、薄い鉄板や素地調整不

[表5-7] 2液形エポキシ樹脂塗料の特性

種類 項目	2液形エポキシ樹脂塗料		2液形厚膜用エポキシ樹脂塗料			2液形タールエポキシ樹脂塗料	
	プライマー	上塗り	プライマー	上塗り	上塗り(冬期用)	厚膜用	厚膜用(冬期用)
1回当たりの標準膜厚	30μ	30μ	70μ	80μ	80μ	100μ	100μ
標準膜厚を得るための理論塗付量 (g/cm²)	160	130	200	185	185	230	230
標準膜厚を得るためのエヤレス塗装での予定使用量 (気散、膜厚のばらつきなどを含む)	225	180	280	260	260	320	320
加熱反応成分 (%)	65	60	75	80	80	75	75
可使時間(時間) 20℃			20	10	4	12	4
30℃			10	7	2	8	2
乾燥時間(hr) 5℃	40	2日	35	2日	25	28	30
20℃	6	8	9	12	9	10	10
30℃	3	4	6	8	6	5	5
耐水性	◎	◎	◎	◎	◎	◎	◎
耐塩水性	◎	◎	◎	◎	◎	◎	◎
耐アルカリ性 (5%NaOH)	○	◎	○	◎	◎	◎	◎
耐酸性 (5%H_2SO_4)	○−△	○	○−△	○〜◎	○〜◎	○	○
耐油性	◎	◎	◎	◎	◎	◎	◎

十分での施工の場合、塗膜のはがれ、素地の変形を生じてしまう。

③ 2液形タールエポキシ樹脂エナメル

エポキシ樹脂に相容性のあるコールタールを展色剤の50〜70%の割合で含ませ、ポリアミド・ポリアミン等を硬化剤として用いる塗料で、品質はJIS K 5664で規定されている。コールタールを含有しているために耐油溶性、耐熱性は弱く黒色系のみであるが、低価格で、厚膜形のうえ耐薬品性に優れるため、水没部、土中部などの設備関係の保護塗料として使用される。

(B) ポリウレタン塗料

ポリウレタン塗料はエポキシ樹脂エナメルと並び、代表的な反応硬化形塗料である。

ポリウレタンはイソシアネート硬化剤と反応し、ウレタン結合(-O.CO.NH-)によって硬化していく樹脂を塗料にしたものである。ポリウレタンを用いた塗料の種類は[表5-7]に示したように多種類あり、それぞれの特性を有するが、金属系素地に用い

られるタイプは2液形のポリオール硬化剤である。

① 2液形ポリウレタンエナメル

　2液形ポリウレタンは光沢、肉もち感および硬度、耐薬品性に優れている。ポリオール硬化形とも呼ばれ、ポリオール形の合成樹脂の -OH 基とイソシアネートとウレタン結合するもので、開発当初はポリエステルポリオールが中心で黄変性の問題があり、建築では金属系外壁等への用途はほとんどなく、木部への使用が中心であった。

　その後の研究開発の結果、アクリルポリオールが開発され、耐候性の優れた無黄変性のアクリル―ウレタン樹脂塗料が出現し、建築用の耐候性塗料として、その用途は拡大した。代表的な用途として、超高層ビルの金属系カーテンウォール部材、建具類に用いられる。品質は「JIS K 5659 鋼構造物用耐候性塗料3級」に規定されている。また、使用されている溶剤について労働安全衛生法に定められている第3種有機溶剤を用いて有機溶剤公害を低減する方策をとった「弱溶剤系2液形ポリウレタンエナメル」が開発され、多用化されつつある。

(C) 常温乾燥形ふっ素樹脂塗料

　ふっ素樹脂は、元来はふっ化ビニリデン樹脂に代表されるビニル系の熱可塑性樹脂であるが、溶剤に溶解しにくく、軟化する温度も300℃以上と常温では加工困難な樹脂で、塗料としては粉体塗料として特殊なコーティングとして用いられている。

　しかし、ふっ素樹脂の特性を活用すべく研究がなされ、[図5-3] に示す分子構造と特性を有するフルオロオレフィンビニルエーテル樹脂（ふっ素ポリオール）が開発された。このふっ素ポリオールとイソシアネートをウレタン結合することで常温硬化を可能とした。いわゆる常温乾燥形ふっ素樹脂塗料は、ふっ素元素を含有した化合物のウレタン結合による塗料で、ふっ素―ウレタン樹脂ともいえるものである。その品質は「JIS K 5659 鋼構造物耐候性塗料1級」として規定されている。

　性能はふっ素樹脂の特長が発揮され、これまでの合成樹脂では

発揮できなかった超耐久性といえる耐候性を示す。ただし、常温乾燥形ふっ素樹脂塗料の欠点として、ふっ素の特性である撥水性および親油性があり、建築外壁面などの部位において油系成分である廃棄ガスなどが付着すると、バーコード状に規則性のある汚染が生ずることがある。

近年の研究開発は水系化が進められ、低汚染形ふっ素樹脂塗料が開発されてきている。また、労働安全衛生法に定めている第3種有機溶剤をベースとした弱溶剤タイプの溶剤を用いた「弱溶剤系常温乾燥形ふっ素樹脂塗料」が開発されている。

(D) アクリルシリコン樹脂塗料

① アクリルシリコン樹脂塗料

アクリル樹脂の末端および側鎖にアルコキシリル基をもち、反応によってオルガノシロキサン結合を生成するものや、オルガノシロキサン結合を含むポリオールのOH基を主剤として、NCO基を含有するポリイソシアネートを硬化剤とするタイプ等がある。アクリルシリコン樹脂塗料は2液形であるが、基材と硬化剤の組み合わせではなく、樹脂と触媒の2液形である。

耐候性に優れ耐汚染性もよく、コストも常温乾燥形ふっ素樹脂塗料と比較して有利であり、施工時の温度条件も低温硬化が可能である。品質は「JIS K 5659 鋼構造物用耐候性塗料1級及び2級」に規定されている。

② ポリシロキサン系ハイブリッド塗料

ポリシロキサン系樹脂とアクリル樹脂のハイブリッド構造を有する塗料であり、無機・有機ハイブリッド塗料などと呼称されて、一般のアクリルシリコン樹脂塗料とは差別化されている。

その組成の一例として、テトラメトキシシランが理想的に加水分解・脱水縮合反応を起こし、シロキサン結合の網目構造が形成される。シロキサン結合（Si-O-Si）は、炭素結合（C-C）や炭素―水素結合（C-H）等と比較して、結合エネルギーが高い。したがって、シロキサン結合を有する樹脂は、

一般の有機合成樹脂より高い耐候性が期待できる。また、網目構造を有する無機系高分子は架橋密度が高く、硬質の塗料となる。

しかし、紫外線に対する耐久性は期待できても、硬質で柔軟性がないため塗膜が割れやすく、素地への付着性や、塗り重ねた際の塗膜間の層間付着性に乏しい等が欠点となる。これらの欠点を解決する方法として、アクリル樹脂などの有機系高分子とハイブリッド化することにより、耐候性と塗膜の強靭性を両立したのがポリシロキサン系ハイブリッド塗料である。このタイプでは塗膜の可とう性・耐割れ性・付着性が向上する。

D 鋼構造物用耐候性塗料

耐久性を保持する塗装系を構成する上塗り塗では、各種の優れた塗料が開発された。JIS K 5659 鋼構造物用ふっ素樹脂塗料、JIS K 5657 鋼構造物用ポリウレタン樹脂塗料およびシリコンアクリル樹脂塗料等を統合して、目的に応じた新しい耐候性塗料に対する品質基準を「JIS K 5659 鋼構造物用耐候性塗料」として標準化した。

その内容は［表5-8］に示されているように上塗り塗料には耐候性の優れたものから1級、2級、3級と3種類に等級区分し、中塗り塗料は1種類となっている。また、上塗り塗料の原料は、ふっ素系樹脂、シリコン系樹脂およびポリウレタン系樹脂に限定している。

これらの等級は耐候性を評価する促進耐候性と屋外暴露耐候性により［表5-9］に示すように設定し区分されている。これらは一般に、1級が常温乾燥形ふっ素樹脂塗料、2級がアクリルシリコン樹脂塗料、そして3級がポリウレタン樹脂塗料に対応している。

［表5-8］鋼構造物耐候性塗料の種類と等級

種類	等級
上塗り塗料	1級　2級　3級
中塗り塗料	－

*上塗り塗料の原料はふっ素系樹脂、シリコン系樹脂、またはポリウレタン系樹脂とする
*塗料は、上塗り塗料と中塗り塗料とを組み合わせて用いる
*上塗り塗料および中塗り塗料のいずれも、主剤と硬化剤を混合し硬化させて用いる

[表5-9] 鋼構造物耐候性塗料（上塗り塗料）の耐候性に関する品質

	1級	2級	3級
促進耐候性 *1	照射時間2000hの促進耐候性試験に耐える	照射時間1000hの促進耐候性試験に耐える	照射時間500hの促進耐候性試験に耐える
屋外暴露耐候性 *2	光沢保持率が60％以上で白亜化の等級が1または0	光沢保持率が40％以上で白亜化の等級が2、1または0	光沢保持率が10％以上で白亜化の等級が3、2、1または0

*1　キセノンランプ法による。屋外暴露耐候性の評価が終了した場合、試験時間を短縮できる。
*2　暴露期間は24か月

しかし、実際の市場では、アクリルシリコン樹脂塗料や有機―無機ポリシロキサン系ハイブリッド塗料も1級の耐候性能を有する製品が存在している。

2節　金属系素地の塗料の選定

鉄をはじめとする建築に用いられる各種の金属における塗料について代表的な種類の解説を行ったが、これらをいかに選定し、用いるかが重要である。

1　建築金属系素地への塗装設計
(1) 素地への設計
鋼材に対して塗装によって仕上げる設計がなされる場合、その素地に対して設計上の配慮を行うことにより、よい結果を得ることができる。

A　部材の設計

塗装により防錆・美装を行う際には、塗装前の部材の設計段階で次に示す基本事項に配慮し、［図5-4］に示す設計上の改良を行うとよい。

　1　部材の用い方
　2　部材の角度のつけ方
　3　溶接、接合のしかた
　4　水分、ごみの溜まりやすさの改良

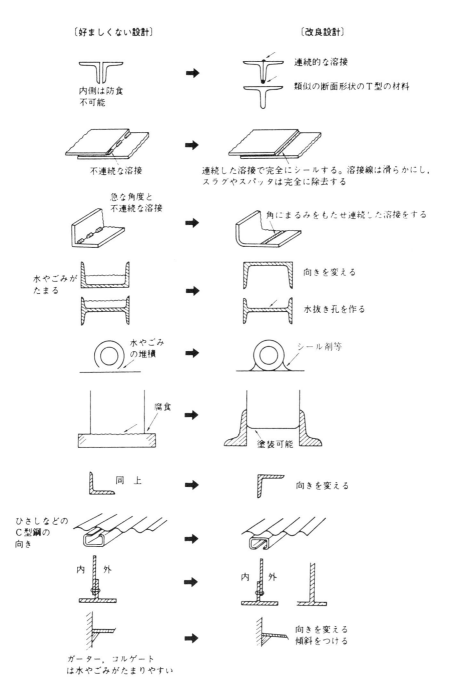

[図5-4] 防錆・耐久性を考慮した設計上の改良

B 素地調整の選定

　適正な塗料を選定する以前に素地調整の選定が重要である。[表5-10]に示すデータは塗膜の耐久性に作用する各種要因の寄与率を示したものであるが、素地調整の重要性がよくわかる。素地調整の方法について物理的手法を[表5-11]に、化学的な処理方法を[表5-12]に示す。

　それらを用いた素地調整は、[表5-13]に示すように、素地表面の程度によってグレーディングされている。これらのグレーディングを用いて、塗装系に組み入れられる素地調整の工程は『JASS 18 塗装工事』において設定されている[表5-14]。

(A)素地調整の種別

　素地調整の種別は[表5-14]に示すようにを素地の種類、工法に応じて設定されており、これらから状況に応じて指定する。

(B)材料

　素地調整に用いる材料は[表5-15]に示すものが設定されており、素地調整の種別によって選定する。これら材料にクロムフリー化成皮膜処理剤が新規に追加され、重金属問題に対応している。

(C)工程

　素地調整の工程は素地の種類によって異なる。[表5-16]に鉄鋼面の調整の工程を示す。このうちより各塗料に適した素地調整を選定して、素地調整がなされなければならない。一般に油変性樹脂塗料以外は2種の素地調整は不適当で、1種の素地調整が必要である。

[表5-10] 各要因の塗膜耐久性に及ぼす影響

要因	寄与率(%)
素地調整(AけれんとBけれんの差)	49.5
塗回数(1回塗りと2回塗りの差)	19.1
塗料の種類	4.9
その他の因子	26.5

[表5-11] けれんの物理的方法の種類とその特性

処理方法			長所	短所	対策	素地の程度*
ブラスト法	サンドブラスト	乾式	ミルスケール、赤さびが完全に取れる 複雑な形状のものも処理できる	砂ぼこりの飛散が著しい	周辺のものにカバーをする。騒音、粉じんなどから夜間に作業をする	A
		湿式	同上 ほこりの飛散が少ない	水を使うので赤さびが出やすい 乾式より能率が低い	水の中にインヒビターを入れ処理後の発錆を防ぐ	B
	ショットブラスト		同上 サンドより衛生的である	ブレード以外処理できない。設備費が高い	一時的さび止めを行う	A
	グリットブラスト		同上	サンドほどではないが、グリットの飛散が多く騒音が大	周辺の物にカバーをする	A
工具法	ディスクサンダー		比較的手軽に能率的な除錆ができる	ミルスケールの除去困難、複雑な形状あり	他の工具を併用する	C
	チューブクリーナー		素材の状態に応じ先端の器具を変え、能率的に除錆できる	能率がやや悪い 複雑な形状あり	部分的施工に用いる	C
	ワイヤーブラシ（パワーブラシ）		デコボコ面を手軽に掃除できる	さびが落としが完全にできない。ミルスケールは落ちにくい	応急的、またはい部分の補修に用いる	D
	スクレーパー ケレンミ		さびやよごれを手軽に落とすことができる	デコボコの多い面では有効でない	同上	D
	ハンマー		きわめて固いさび、旧塗膜の除去に適する	大面積の施工には不適	同上	D
その他	フレームクリーナー		ミルスケール、有機質の汚れ除去が簡単	薄いミルスケールや赤さびは落ちにくい熱源が必要、薄板の場合は歪（ひずみ）を生じる	—	C
	自然放置		ミルスケールが自然に取れる	長期間を必要とする	—	

*素地面の防錆グレードをA-Dに分けた。
A：良 - D：悪

[表5-12] 化学的処理方法の工程例

工程	処理	処理液の成分例	処理例 濃度(%)	温度(℃)	時間(s)	組成	適用
脱脂	アルカリ洗浄	か性ソーダ メタけい酸ナトリウム 炭酸ナトリウム	3～5	60～90	4～5	—	鉄鋼製品全般に適用
	溶剤、溶剤エマルション洗浄	ベンゼン、ガソリン、ケロシン、トリクレン	—	20～30	4～5		
	蒸気洗浄	トリクレン パークロルエチレン	—	87 124	4～5		
さび酸化皮膜などの除去	酸洗	硫酸	5～15	20～30	3～10	—	パイプ、コンテナー用鋼板などにも適用される
		塩酸		60～70			
		りん酸		60～70	1/2～1		
化成皮膜	しゅう酸塩皮膜法	しゅう酸 三酸化ホウ素 亜硫酸カリウム	2～5 1～2 0.2～0.5	50～80	5～10 (min)	$FeC_2O_4 \cdot 2H_2O$	鉄鋼の防錆が乏しいためステンレス鋼への適用が主
	りん酸塩皮膜法	りん酸鉄 NaH_2PO_2 Na_2HPO_2 表面活性剤		45～70	—	$FePO_4 \cdot 2H_2Oa$ $-Fe_2O_3$	
		りん酸亜鉛 $Zn(H_2PO_4)_2$ $Fe(H_3PO_4)_2$ H_3PO_4		30～99	—	$Zn_3(PO_4)_2 \cdot 4H_2O_2$ $(Zn_3Fe(PO_4)_2 \cdot 4H_2O)$	亜鉛メッキ
		りん酸マンガン $Mn(H_2PO_4)_2$ $Fe(H_2PO_4)_2$ H_3PO_4		45～99	—	$Mn_3(PO_4)_2 \cdot 2H_2O$ $2MnHPO_4 \cdot 5/2H_2O$ $FeHPO_4$	

2節 金属系素地の塗料の選定

[表5-13] 素地調整のグレードの種類

素地調整の等級		素地調整面の状態	工具
新設の場合	1種けれん	黒皮およびさびなどは完全に除去し、金属光沢の鉄の地肌が完全に出る程度	ショットブラスト サンドブラスト（化学処理）
	2種けれん	完全に付着したミルスケールは残すが、それ以外の不安定のミルスケール、さびは完全に除去する程度	ディスクサンダー チューブクリーナー
	3種けれん	ワイヤブラシなどで浮きさび、浮ミルスケールを完全に除去する程度	ワイヤブラシ スクレーパー

[表5-14] 素地調整の区別

素地の種類	素地調整の種別		工程
鉄鋼	1種	A	化成皮膜処理
		B	ブラスト処理
	2種		動力工具を主体とした手工具を併用したさび落とし
亜鉛めっき鋼	1種		化成皮膜処理
	2種		清掃および脱脂

[表5-15] 素地調整に用いる材料

材料	規格および組成
アルカリ性脱脂材	アルカリ性界面活性剤
溶剤	トルエン、キシレンなど
化成皮膜処理剤	リン酸化成皮膜処理剤、クロム酸化成皮膜処理剤、クロメートフリー化成皮膜処理剤

(2) 塗料の選定

塗装設計の段階において難しいのは、いかに適性のある塗装材料を選定するかである。塗料の選定は塗料への要求条件によるが、耐久性を求める場合や建物の立地条件、建物の種類、施工部位などは選定の要因として非常に重要である。

A 耐久性を要求される場合の塗料の選定

耐久性が要求される外壁・鉄骨柱等の部位に対する塗装設計においては、国土交通省（旧建設省）総合技術開発プロジェクトの研究成果である「鉄骨造建築物の耐久性向上技術の開発」において、各

[表5-16] 鉄鋼面に対する素地調整の工程

工程	種別			工程間隔時間
	1種A	1種B	2種	
汚れ・付着物除去	汚れや付着物をスクレーパー、ワイヤーブラシなどで除去			
油類除去	アルカリ性脱脂剤で加熱処理後湯または水洗い	溶剤ぶき	溶剤ぶき	
さび落とし	酸洗いによりさび黒皮を除去	ブラストによりさび黒皮を除去	ディスクサンダー、ワイヤーホイールなどの動力工具を主体とし、スクレーパー、ワイヤーブラシ、研磨布などの手工具を併用してさび落とし	直ちに次の工程に移る
化成皮膜処理	リン酸塩化化成皮膜処理後、水洗い乾燥			直ちに次の工程に移る
備考	1種けれん		2種けれん	

塗料による塗装系に対する標準耐用年数が設定されており[**表5-17**]、この中から要求耐用年数に対応して選定することが可能である。また本研究では、建物の立地条件、部位等に対して耐用年数を計算し推定するシステムも開発されている。

B 建築物の種類、立地条件による塗料の選定

建築物の種類、立地条件による要求性能と、それに対応する性能から、適応する塗料を選定することができる。[**表5-18**]に示す例は『JASS 18 塗装工事』に設定された金属系素地面用塗料の塗装系について、建築部位、立地条件、建物の種類における各種鉄部に適性がある塗装系を示したものである。これにより適性な塗料・塗装系を選定することができ、その推定耐用年数は①に示した研究成果から算出できる。

[表5-17] 常温乾燥形塗膜の標準耐用年数・その1　常温乾燥形塗膜

塗料系	塗装系 No.	塗装工程	
		下塗り	中塗り
さび止めペイント系	U-1	一般さび止めペイント2回 (JIS K 5621)	—
	U-2	鉛系さび止めペイント2回 (JIS K 5622〜5625)	—
	U-3	厚膜ジンクリッチプライマー (無機系・有機系)	—
合成樹脂調合ペイント系	P-1	JIS K 5622〜5625 JIS K 5627、5628 JIS K 5629 (鉛酸カルシウムさび止めペイント)	合成樹脂調合ペイント JIS K 5516　1種、2種中塗り用
	P-3	同上	JIS K 5492　1種 アルミニウムペイント
塩化ゴム塗料系	P-16	JIS K 5622〜5625	フェノール樹脂MIO塗料 塩化ゴム系中塗り塗料
	P-13	塩化ゴム系プライマー	塩化ゴム系中塗り塗料
	P-12	ジンクリッチプライマー 塩化ゴム系プライマー	同上
エポキシ樹脂塗料系	P-17	エポキシエステル樹脂プライマー	—
	P-19	2液形エポキシエステル樹脂プライマー	2液形エポキシ樹脂エナメル中塗り
	P-18	ジンクリッチプライマー 2液形エポキシ樹脂プライマー	同上
	P-21	2液形厚膜エポキシ樹脂プライマー	2液形厚膜エポキシ樹脂エナメル中塗り
	P-20	ジンクリッチプライマー 2液形厚膜エポキシ樹脂プライマー	同上
ポリウレタン樹脂塗料系	P-23	2液形エポキシ樹脂プライマー	2液形ポリウレタン樹脂エナメル中塗り
	P-24	2液形厚膜エポキシ樹脂プライマー	同上
アクリル樹脂エナメル系	P-10	アクリル樹脂プライマー	—
非露出専用グループ	P-5	エッチングプライマー JIS K 5622〜5625 JIS K 5627〜5629	オイルサーフェーサー JIS K 5593
	P-6	オイルプライマー(JIS K 5591) または相当品	オイルサーフェーサー JIS K 5593
	P-8	塩化ビニル樹脂プライマー JIS K 5583	—

上塗り	標準耐用年数(年)
―	1
―	2
―	4
合成樹脂調合ペイント JIS K 5516　1種、2種上塗り用	4
JIS K 5492　1種 アルミニウムペイント	4
塩化ゴム系エナメル上塗り	7
同上	10
同上	15
エポキシエステル樹脂エナメル	7
2液形エポキシ樹脂エナメル	7
同上	10
2液形厚膜エポキシ樹脂エナメル	15
同上	15
2液形ポリウレタン樹脂エナメル	15
同上	15
アクリル樹脂エナメル	5
JIS K 5572 フタル酸樹脂エナメル	24
JIS K 5532相当品 ラッカーエナメル アクリルラッカー	12
塩化ビニル樹脂エナメル JIS K 5582	24

[表5-18] 建築物の種類と立地条件による要求性能と鉄面用塗料

塗装種別 \ 条件	使用目的				性能特性				地域区分			
	美装性	一般保護・美装用	防食用	重防食用	天候性	耐水性	耐薬品性	耐食性	山地	盆地	温泉地	田園
合成樹脂調合ペイント塗り	—	○	—	—	—	○	—	—	○	○	—	◎
フタル酸樹脂エナメル塗り	○	—	—	—	—	○	—	—	○	○	—	◎
ラッカーエナメル塗り アクリルラッカーエナメル塗り	○	—	—	—	—	—	—	—	○	○	—	◎
アクリル樹脂エナメル塗り	○	—	—	—	○	—	—	—	○	○	—	◎
金属面用2液形エポキシ樹脂エナメル塗り	—	—	○	○	—	○	○	○	○	○	○	◎
2液形ポリウレタン樹脂エナメル塗り	—	—	○	○	◎	○	○	○	○	○	○	◎
常温乾燥形ふっ素樹脂エナメル塗り	—	—	○	◎	◎	◎	◎	◎	◎	◎	◎	◎
アクリルシリコン樹脂塗料塗り	—	—	○	○	◎	◎	○	○	○	○	○	◎

*適合評価 ◎:非常に適している ○:適している △:適用が可能である —:通常適用不可

2 金属系素地の塗装・施工要領

これまで金属系素地に対する塗料とその選定について解説したが、これら塗料を用いる設計計画は、仕様書に適用される。この仕様書において中心となるのが、塗装工程を示す塗装系である。

(1) 塗装工程の構成

塗装工程の構成は、基本的に素地調整・下塗り・中塗・上塗りの4工程からなり、それぞれの役割がある。これについての解説は3章［表3-6］に示したとおりである。この基本工程に、仕上げ精度に応じて平滑度の調整のための「パテかい」「研磨」等の工程が補助的に付加され、塗装工程が設定されている。

工程の構成は、日本建築学会『JASS 18 塗装工事』を例として、各工程に用いる塗料の使い方を示す。

A 塗装種別

工程の構成内容によって高級的な仕上げと普及的な仕上げ、性能差等のグレードを示すもので、当然そのコストにも違いがある。

				立地・環境							建物部位						部材		
住宅地	市街地	臨海地帯	工業地帯	一般環境	高温多湿	低温寒冷	海塩粒子	結露	酸性ガス	化学性ガス	内部柱系	内部天井部	外部柱系	屋根	カーテンウォール	土台・柱脚	非構造材	準構造材	構造材
◎	○	—	△	◎	—	△	—	—	—	—	◎	◎	○	△	—	△	◎	◎	◎
◎	◎	—	○	◎	—	△	—	—	—	—	◎	◎	◎	—	○	◎	◎	○	—
○	○	—	◎	○	—	△	—	—	—	—	◎	◎	△	—	—	◎	○	○	—
◎	◎	△	○	◎	△	○	△	○	△	△	◎	◎	◎	○	—	○	◎	◎	△
◎	◎	○	◎	◎	○	○	○	○	○	○	◎	◎	◎	◎	—	○	◎	◎	◎
○	○	○	◎	○	○	○	○	○	○	○	◎	◎	◎	◎	—	△	◎	◎	◎
○	○	○	◎	○	○	○	○	○	○	○	◎	◎	◎	◎	△	△	◎	◎	◎

B 塗料その他

　各工程に用いる塗料の種類と施工時に粘度調整に用いる希釈剤、シンナー、水などを示す。官公庁仕様書の場合などでは、この次に規格を表示する欄が設けてあり、それぞれの塗料のJIS規格やJASS規格等が指定されている。

C 希釈割合（質量比）

　塗料の粘度を塗装しやすい状態に調整するのに用いる希釈剤・シンナー・水等の配合割合を規定する欄である。塗装する手段によってその割合が異なって表示され、刷毛塗り、ローラー塗り、吹付け塗りなどについて表示されている。

　この表示された割合より少ない場合は作業性が困難となり、多い場合は規定された塗膜厚を得ることができない。特に防錆を主目的とする鉄部への塗装の場合、塗膜厚管理が重要であり、最も性能に影響する項目である。

D 標準膜厚

　金属系素地の塗装工程に設置された項目で、先に示したごとく、防錆力を発揮するための塗膜厚を確保するため、各塗料の1回塗りによって得られる標準塗膜厚を示し、施工管理上のポイントを設ける。

E 塗付け量（kg/m²）

　所定の膜厚と仕上げを得るため、単位面積に塗り付ける量を示す欄である。ここで表示する量は、塗装時に加える希釈剤等を添加する前の塗料そのものの量であり、また塗装時に生ずる飛散ロスなどを含まずに被塗物に塗り付けた場合の量で示されている。

　表示量は標準的な量を示すため、塗装面の素地は平滑面を設定して設けてある。

　なお、仕上塗材など吹付け操作で塗膜を形成するなど、施工時にロスを多く生ずる工法が中心となる材料は、そのロスも含んだ仕上げに用いる量を表示する「所要量」としており、『JASS 23 吹付け工事』にも明記されている。

　一般によく見かける「塗布量」という表示は『JASS 18』等で規定されておらず、塗布量が塗付量を意味するのか所要量を意味するかを事前に確認する必要がある。

　この項目は積算上からも塗り回数と同様に重要なポイントとなるので慎重に検討すべきである。

F 放置時間（乾燥時間）

　放置時間は各工程に用いる塗料の乾燥・硬化のメカニズムによって設定される時間で、次に示す内容で表示されている。

・工程内間隔時間
　　同一工程内の1回目と2回目の塗り重ねのできる時間
・工程間間隔時間
　　次工程に移るまでの時間を示し、乾燥・硬化のメカニズムによっては、次の工程の塗料との層間付着性に問題が生じるため「工程間間隔時間」の表示がなされている。この「工程間間隔時間」は高品質の塗装系ほど重要となる項目で施工管理において塗付量と同様に重視しなければならない。

・最終養生時間

最終工程における放置時間はハンドリングできる状態までの乾燥時間を表示してある。

これら放置時間はいずれの場合でも、温度25℃、湿度73％の標準状態での設定であるため、実際の施工時期の温度が大きく影響する。低温期では長くなり、高温期は短くなるため、工期設定にとって重要な表示項目である。

(2) 代表的な金属素地用塗料の塗装工程

鉄、亜鉛めっき、アルミ等の各素地に用いる塗料で「5章2節(2) 塗料の選定」に示したうちで、代表的な塗料における塗装工程について解説を加える。

A 油変性合成樹脂系塗料

合成樹脂調合ペイント、フタル酸樹脂エナメル等に代表される塗料で、金属系素地において最も活用される。

(A) 代表的塗装工程

鉄面における塗装材料で最も典型的な合成樹脂調合ペイントの塗装工程が『JASS 18 塗装工事』に示されている。

① 塗装種別

代表的な塗装工程には、[表5-19]に示すA種からB・C・D種まで4種類の塗装種別がある。これらの種別は下塗りに使用するさび止めペイントの種類で分けられ、A、B種は従来主流であった鉛系さび止めペイントが重金属公害で廃止になったため、鉛・クロムフリーさび止めペイントを用いるグループ、C、D種はより性能を向上させる目的で変性エポキシ

[表5-19] 合成樹脂調合ペイント塗りの塗装種別膜

素地の種類	塗装種別	塗り回数		
		下塗り	中塗り	上塗り
鉄鋼	A種	2	1	2
	B種	2	1	1
	C種	2	1	2
	D種	2	1	1

樹脂プライマーを下塗りに用いるグループにより構成されている。

②材料規格

それらに用いる塗装材料の材料規格は［**表5-20**］に示され、下塗り用・中塗り用・上塗り用についてJIS、JASS 18等の規格に規定された材料が指定されている。

③塗装工程

それらにより構成される塗装工程を［**表5-21**］に示す。工程は1の「素地調整」から10の「上塗り2回目」まで10工程が塗装種別においてA、B、C、D種により組まれ構成されている。C種・D種に用いられている変性エポキシ樹脂プライマーは、付着性・耐薬品性等の優れた2液エポキシ樹脂を活用するために2種程度の素地調整でも塗付できるようにマイルドな性質に変性したプライマーを用いる工程である。1「素地調整」、2「下塗り1回目」は、防錆のため工場で加工された時点で直ちに行い、その後、現場に搬入、取り付け等の作業後、次の工程から施工する。この場合、下塗り1回目のさび止め塗料は工場サイドで施工されるため、現場に搬入時の表面状態を確認し、必要に応じて処理する指示が必要である。また、下塗り1回目と2回目に塗装するさび止め塗料が同種類であることも重要である。

次の工程からは美装性を中心とした仕上げが目的となるが、各工程にある「研磨紙ずり」の工程は、表面の汚れを除去し、

［表5-20］**合成樹脂調合ペイント塗りに用いる材料の規格**

種類	材料名	規格
下塗り用塗料	鉛、クロムフリーさび止めペイント	JIS K 5674 1種
	変性エポキシ樹脂プライマー	JASS 18 M-109
中塗り用塗料	合成樹脂調合ペイント	JIS K 5516 1種・2種中塗り用
上塗り用塗料	合成樹脂調合ペイント	JIS K 5516 1種・2種上塗り用

[表5-21] 合成樹脂調合ペイント塗りの工程

工程			塗装種別 A種	B種	C種	D種	塗料その他	希釈割合 (質量比)		標準膜厚 (μm)	塗付量 (Kg/m²)	工程間隔時間
工場における塗装	1	素地調整	●	●			表5-16の1種A、1種Bまたは2種による					
	2	下塗り1回目	●	●			鉛、クロムフリー、さび止めペイント1種	100	刷毛塗り 0〜5 吹付け塗り 5〜10	30	0.10	24h以上 1m以内
					●	●	変形エポキシ樹脂プライマー	100	刷毛塗り 0〜5 吹付け塗り 5〜10	40	0.14	24h以上 7d以内
工場または現場における塗装	3	下地調整	●	●	●	●	現場搬入後、発錆部や塗膜損傷部などは表5-16の素地調整2種を施す。健全部は汚れなどの付着物を除去し清掃する。処置後直ちに次の工程へ					
	4	補修塗り	●	●	●	●	素地の露出面に下塗り塗装を行う					
	5	下塗り2回目	●	●	●	●	下塗り1回目に同じ					
	6	中塗り	●	●	●	●	合成樹脂調合ペイント1種または2種中塗り用 希釈材	100	刷毛塗り 0〜5 吹付け塗り 5〜10	25	0.09	24h以上 1m以内
	7	研磨紙ずり	○	○	○	○	研磨紙 P240〜P320					
	8	上塗り1回目	●	●	●	●	合成樹脂調合ペイント1種または2種上塗り用 希釈材	100	刷毛塗り 0〜5 吹付け塗り 5〜10	25	0.08	24h以上 1m以内
	9	研磨紙ずり	○	—	○	—	研磨紙 P240〜P320					
	10	上塗り2回目	●	—	●	—	上塗り1回目に同じ					

●：実施する工程作業　○：通常実施しない工程作業　—：実施しない

h：時間　d：日　m：月

*1 ●：実施する工程作業　○：通常実施しない工程作業　—：実施しない
*2 工程10の工程間隔時間は最終養生時間
*3 屋外のみ適用する仕様とする
*4 各塗料の工程間隔時間の上限を超えて塗り重ねる時は、塗膜の研磨紙ずりを実施する必要がある

2節　金属系素地の塗料の選定

次の工程の付着性を向上させることが目的であり、あまり強く研磨して塗膜を薄くし、防錆力を低下させてはならない。

B 鋼構造物用耐候性塗料

　耐久性の観点からポリウレタン系樹脂、シリコン系樹脂そしてふっ素系樹脂がそれぞれ開発され、それらの品質は鋼構造物に対しては JIS K 5659「鋼構造物用耐候性塗料」として、また建築物に対しては JIS K 5658「建築用耐候性上塗り塗料」として標準化されている。

　これらの品質規格において、耐候性の評価は促進耐候性と屋外暴露耐候性のグレードでそれぞれに1～3級に区別されている。

　1級：常温乾燥形ふっ素樹脂エナメル・アクリルシリコン樹脂エナメル
　2級：アクリルシリコン樹脂エナメル・2液形ポリウレタンエナメル
　3級：2液形ポリウレタンエナメル

　『JASS 18 塗装工事』においては、鉄面と無機質素地のいずれの場合も上塗りに建築用耐候性上塗り塗料を用いることとして仕様の標準化がなされている。これらの塗装工程について、JASS 18 に設定されている使用材料の規格と適用素地を示す。その内容は、一般的なものと環境対応を考慮した弱溶剤系品種について定めている。

　①2液形ポリウレタンエナメル塗りの場合
　　2液形ポリウレタンエナメル塗りについての規格と適用素地について［表5-22］に、弱溶剤系2液形ポリウレタンエナメルについて［表5-23］に示す。
　②アクリルシリコン樹脂エナメル
　　アクリルシリコン樹脂エナメルにおける工程を構成する材料の規格と適用する素地への組み合わせを［表5-24］に、弱溶剤系アクリルシリコン樹脂エナメルについて［表5-25］に示す。耐候性について、アクリルシリコン樹脂エナメルには1級と2級があり、選定時には注意する必要がある。
　③常温乾燥形ふっ素樹脂エナメル
　　常温乾燥形ふっ素樹脂エナメルは、耐久性が最もすぐれた塗料

[表5-22] 2液形ポリウレタンエナメル塗りに用いる材料の規格および適用素地

種類	材料名	規格	適用素地	
			鉄鋼	亜鉛めっき鋼
下塗り用塗料	有機ジンクリッチプライマー	JIS K 5552 2種	○	―
	構造物用さび止めペイント	JIS K 5551 A種	○	―
	変性エポキシ樹脂プライマー	JASS 18 M-109	○	○
	エポキシ樹脂雲母状酸化鉄塗料	JASS 18 M-112	○	―
中塗り用塗料	建築用耐候性上塗り塗料	JIS K 5658 2級または3級	○	○
上塗り用塗料	建築用耐候性上塗り塗料	JIS K 5658 2級または3級	○	○

* ○:適用する ―:適用しない

[表5-23] 弱溶剤系2液形ポリウレタンエナメル塗りに用いる材料の規格および適用素地

種類	材料名	規格	適用素地	
			鉄鋼	亜鉛めっき鋼
下塗り用塗料	弱溶剤系変性エポキシ樹脂プライマー	JASS 18 M-109	○	○
中塗り用塗料	弱溶剤系建築用耐候性上塗り塗料	JIS K 5658 2級または3級	○	○
上塗り用塗料	弱溶剤系建築用耐候性上塗り塗料	JIS K 5658 2級または3級	○	○

[表5-24] アクリルシリコン樹脂エナメル塗りに用いる材料の規格および適用素地

種類	材料名	規格	適用素地	
			鉄鋼	亜鉛めっき鋼
下塗り用塗料	有機ジンクリッチプライマー	JIS K 5552 2種	○	―
	構造物用さび止めペイント	JIS K 5551 A種	○	―
	変性エポキシ樹脂プライマー	JASS 18 M-109	○	○
	エポキシ樹脂雲母状酸化鉄塗料	JASS 18 M-112	○	―
中塗り用塗料	建築用耐候性上塗り塗料	JIS K 5658 1級または2級	○	○
上塗り用塗料	建築用耐候性上塗り塗料	JIS K 5658 1級または2級	○	○

* ○:適用する ―:適用しない

[表5-25] 弱溶剤系アクリルシリコン樹脂エナメル塗りに用いる材料規格および適用素地

種類	材料名	規格	適用素地	
			鉄鋼	亜鉛めっき鋼
下塗り用塗料	弱溶剤系変性エポキシ樹脂プライマー	JASS 18 M-109	○	○
中塗り用塗料	弱溶剤系建築用耐候性上塗り塗料	JIS K 5658 1級または2級	○	○
上塗り用塗料	弱溶剤系建築用耐候性上塗り塗料	JIS K 5658 1級または2級	○	○

の代表である。鉄構造をはじめ金属素地に用いる場合の組み合わせについて、常温乾燥形ふっ素樹脂エナメルを［表5-26］に、有機溶剤対応の弱溶剤系常温乾燥形ふっ素樹脂エナメルを［表5-27］に示す。

これらの組み合わせの代表例として、亜鉛めっき鋼面の2液ポリウレタンエナメル塗りの工程を［表5-28］に、鉄鋼面のアクリルシリコン樹脂エナメル塗りの工程を［表5-29］に示す。

④つや有合成樹脂エマルションペイント

建築物内部の鋼製、亜鉛めっき鋼製の建具、設備機器など作業環境における安全性を求められる場合、壁面部分の塗装工事と同じように有機溶剤フリーの塗膜として使用されている。これらの工程に用いられる材料とその適用素地を［表5-30］に、工程を［表5-31］に示す。

[表5-26] 常温乾燥形ふっ素樹脂エナメル塗りに用いる材料の規格および適用素地

種類	材料名	規格	適用素地	
			鉄鋼	亜鉛めっき鋼
下塗り用塗料	有機ジンクリッチプライマー	JIS K 5552 2種	○	—
	構造物用さび止めペイント	JIS K 5551 2種	○	—
	変性エポキシ樹脂プライマー	JASS 18 M-109	○	○
	エポキシ樹脂雲母状酸化鉄塗料	JASS 18 M-112	○	○
中塗り用塗料	建築用耐候性上塗り塗料	JIS K 5658 1級	○	○
上塗り用塗料	建築用耐候性上塗り塗料	JIS K 5658 1級	○	○

＊ ○：適用する　−：適用しない

[表5-27] 弱溶剤系常温乾燥形ふっ素樹脂エナメル塗りに用いる材料の規格及び適用素地

種類	材料名	規格	適用素地	
			鉄鋼	亜鉛めっき鋼
下塗り用塗料	弱溶剤系変性エポキシ樹脂プライマー	JASS 18 M-109	○	○
中塗り用塗料	弱溶剤系建築用耐候性上塗り塗料	JIS K 5658 1級	○	○
上塗り用塗料	弱溶剤系建築用耐候性上塗り塗料	JIS K 5658 1級	○	○

[表5-28] 亜鉛めっき鋼面の2液ポリウレタンエナメル塗りの工程

工程		塗料その他	希釈割合(質量比)	標準膜厚(μm)	塗付量(kg/m^2)	工程間隔時間
1 素地調整	●	[表5-14]の1種または2種による				
2 下塗り	●	変性エポⅴキシ樹脂プライマー	100	40	0.14	24h以上 7d以内
		希釈材	刷毛塗り　0〜5			
			吹付け塗り 0〜10			
3 中塗り	●	建築用耐候性上塗り塗料(2級または3級)	100	30	0.10	16h以上 7d以内
		希釈材	刷毛塗り　0〜10			
			吹付け塗り 0〜20			
4 上塗り	●	建築用耐候性上塗り塗料(2級または3級)	100	30	0.10	(72h以上)
		希釈材	刷毛塗り　0〜10			
			吹付け塗り 0〜20			

*1 ●:実施する工程作業
*2 工程4の工程間隔時間は最終養生時間である

[表5-29] 鉄鋼面のアクリルシリコン樹脂エナメル塗りの工程

工程			塗料その他	希釈割合 (質量比)		標準膜厚 (μm)	塗付量 (kg/m^2)	工程間隔時間
工場における 塗装	1	素地調整	[表5-16]の1種のBによる					
	2	下塗り 1回目	有機ジンクリッチプライマー	100		15	0.14	24h以上 6m以内
			希釈材	刷毛塗り	0～10			
				吹付け塗り	0～30			
	3	下塗り 2回目	構造用さび止めペイント	100		30	0.14	24h以上 7d以内
			希釈材	刷毛塗り	0～10			
				吹付け塗り	0～20			
	4	下塗り 3回目	エポキシ樹脂雲母状 酸化鉄塗料	100		40	0.18	24h以上 6m以内
			希釈材	刷毛塗り	0～10			
				吹付け塗り	0～20			
工場または 現場塗装	5	下地調整	現場搬入後、発錆部や塗膜損傷部などは素地調整2種を行う。健全部は汚れなどの付着物を 除去し清掃する。処理後は直ちに次工程に入る					
	6	補修塗り	素地の露出面に変性エポキシ樹脂プライマーを2回塗りする					
	7	中塗り	建築用耐候性上塗り塗料 (1級または2級)	100		30	0.10	16h以上 74h以内
			希釈材	刷毛塗り	0～10			
				吹付け塗り	0～20			
	8	上塗り	建築用耐候性上塗り塗料 (1級または2級)	100		30	0.10	(72h以上)
			希釈材	刷毛塗り	0～10			
				吹付け塗り	0～20			

*1 ●:実施する工程作業
*2 工程8の工程間隔時間は最終養生時間である

［表5-30］つや有合成樹脂エマルションペイント塗りに用いる材料の規格および適用下地

種類	材料名	規格	適用素地 鉄鋼	適用素地 亜鉛めっき鋼
下塗り用塗料	水系さび止めペイント	JASS 18 M-111	○	○
	鉛・クロムフリーさび止めペイント	JIS K 5674 2種（水系）	○	—
中塗り・上塗り用塗料	つや有合成樹脂エマルションペイント	JIS K 5660	○	○

［表5-31］鉄鋼面のつや有合成樹脂エマルションペイント塗りの工程

工程		塗装種別 A種	塗装種別 B種	塗料その他	希釈割合（質量比）	標準膜厚（μm）	塗付量（kg/m²）	工程間隔時間
1	素地調整	●	●	1種A、1種Bまたは2種とする				
2	下塗り1回目	●	●	水系さび止めペイント	100	30	0.11	4h以上 7d以内
				鉛、クロムフリーさび止めペイント2種		30	0.11	
				水	0～10			
3	研磨紙ずり	○	○	研磨紙P180～P240				
4	下塗り2回目	●	●	水系さび止めペイント	100	30	0.11	4h以上 7d以内
				鉛、クロムフリーさび止めペイント		30	0.11	
				水	0～10			
5	研磨紙ずり	○	○	研磨紙P180～P240				
6	中塗り1回目	●	●	つや有合成樹脂エマルションペイント	100	25	0.11	5h以上
				水	0～10			
7	研磨紙ずり	○	○	研磨紙P180～P240				
8	中塗り2回目	●	—	つや有合成樹脂エマルションペイント	100	25	0.11	5h以上
				水	0～10			
9	研磨紙ずり	○	—	研磨紙P180～P240				
10	上塗り	●	●	つや有合成樹脂エマルションペイント	100	25	0.10	(48h以上)
				水	0～10			

＊1　●：実施する工程作業　　○：通常は実施しない工程作業　　—：実施しない
＊2　工程10の工程間隔時間は最終養生時間である

3節 無機質系素地における塗装材料と塗装系

　建築物を構成する素材はセメントを主成分とする無機質系素材が主流であり、被塗物としての存在においても当然同様である。無機質系素地に対する塗装の目的は美装が第一であり、美的表現能力が要求されていたが、「コンクリートクライシス」の社会問題が発生するほどコンクリートの耐久性が表面化してからは、外壁塗装中心に被塗物の保護機能を重視した仕上げが選定されている。

1 無機質系素地の特性と塗装材料の種類
(1)無機質素地の特性
　無機系素地は素地それぞれに個性があり、化学的析出物があったり物理的変形があり、いずれも経時的に変化を生ずる。これらの個性に対応した塗料により、その塗装系を構成していかなければならない。

　無機質系素地の表面を仕上げていく場合には、素地の個性を十分に確認しなければならない。その種類は［表5-32］に示され、大きく分類して、現場施工により作成される湿式工法による素地と、工場で生産された成形加工された乾式工法による素地とがあり、それぞれの特性を生かしたものとしていかなければならない。

A 現場施工(湿式工法)素地の特性と塗装上の管理点

　現場施工素地の代表は、湿式工法によりスケルトンからインフィルまでを構成するコンクリートであり、RC、PCa等がある。それらは組成的に類似しているが、塗装面からみた場合、材齢、アルカリ度、表面状態等においてそれぞれ異なっている。コンクリート表面を仕上げる左官材料のセメントモルタルやプラスターを含めて、湿式工法の素地の特性と塗装上の管理点を［表5-33］に示す。

　これら素地において特に注意すべき点は、素地の含水率と、その水分が材齢とともに移動変化を生じる場合があり、状態が塗装に影響することである。たとえば、工場生産されるプレキャストコンクリート成形品の場合、現場に搬入される段階で十分に強度を発生させた後、移動させ現場に取り付けるが、この場合確認するのはあく

[表5-32] 無機質系素地の種類

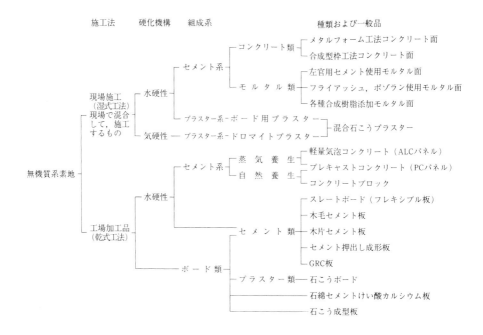

までも強度の発生状況で、含水率については別である。

特に、工場ではコンクリートの未硬化の打設前のスランプが一定に管理できることから、含水率もいつも一定の状態で推移すると考えがちであるが、同じスランプであっても、養生が自然養生と蒸気養生とでは大きく異なった含水率となる。また、配合される骨材が普通骨材の場合と軽量骨材の場合では、初期における材齢の推移による含水率の低下速度に大きな違いがある。

一般に塗装等の表面仕上げをする際の含水率は10%以下とされているが、その状態になるまでの材齢を示したものが[図5-5]である。スランプが同じでも軽量骨材を用いたコンクリートの場合は非常に遅くなり、現場施工のRC造の場合はスランプも大きく、この差はさらに広がる傾向にある。

含水率の多い状態での塗装は塗膜の付着性を極度に悪くする。これは、蒸発をはじめとする内部の水分が表面に移動し、それに伴いコンクリートの内部に存在するセメントが硬化することによって生

[表5-33] 現場施工(湿式工法)素地の特性と塗装上の管理点

特性 \ 下地	コンクリート系下地			モルタルプラスター系下地	
	現場打ちコンクリート(合板型枠面)	プレキャストコンクリート部材	軽量骨材コンクリート	一般モルタル	添加モルタル
1 材齢関係 含水率 (内、平面)	高く、低下が遅い。厚さ、構造、部位の影響を受ける	同左。ただし乾燥材齢が短くなりやすい	高く、非常に遅い。骨材の吸水の影響を受ける	表面乾燥は比較的速いが、下地コンクリートの影響を受ける	
アルカリ度(pH)	強い、内部水pHが高い。中性化に時間かかる	同左	同左	強く、場合によってコンクリートより強い場合あり	
2 表面状態 表面粗さ	平坦であるが巣穴、ピンホールが多く、段差あり	同左。ただし型枠立上がり部分面が特に多い	同左	一般に密である	添加剤の作用で非常に平坦
吸込み程度	吸込みが強く、むらがある	強い	吸込み非常に強く、むらがある	強く、こてむらあり	平坦のわりに非常に強い
ひび割れ	表面ひび割れあり	同左	同左	割合大きなひび割れあり	
表面付着物	型枠はく離剤エフロ、未硬化粉末あり	同左	同左	未硬化セメント、エフロレッセンス粉末あり	
表面強度	良好(ただしレイタンスに注意)	同左	同左	仕上げ方法により異なり、差がある	比較的低い
3 特記事項		PLパネルも軽骨あり	表面含水率が低下しても、内部水分は非常に高く、乾燥が遅い		添加剤の種類により大きな差あり
4 組成例	セメント、骨材、砂	同左	セメント、軽量骨材、砂	セメント、砂	セメント、砂、添加剤

混合石こうプラスター	ドロマイトプラスター	漆喰	管理点	塗装時に発生しやすい事故
乾燥は一般に速い	高く、非常に乾燥が遅い		①表面含水率10%以下 ②材齢管理	色むら、付着性不良、エフロレッセンス発生
弱アルカリ	非常に高く、低下に時間必要		①pH測定9以下 ②材齢管理	変色、付着性不良、エフロレッセンス発生
平坦である	平坦である		①発生状態、大きさ、深さを確認 ②処理材の選択	むら、仕上がり不良発生
あり	非常に強い		①程度の確認 ②シーラーの種類を決定	むら発生
ほとんどなし	表面のひび割れが非常に多い		①程度の確認 ②幅、深さにより処置方法を決定	ひび割れ露出、縮み発生
エフロレッセンスの表面析出する場合あり	エフロレッセンス		①不治薬物の確認 ②完全に除去する	付着性不良
良好	低い(初期)		①程度の確認 ②処置方法を検討	付着性不良
	乾燥、pH低下が非常に遅いため、十分な注意が必要			
焼石こう、消石灰、砂、すさ	マグネシア、石灰、砂、すさ	消石灰、粘着剤、砂、すさ		

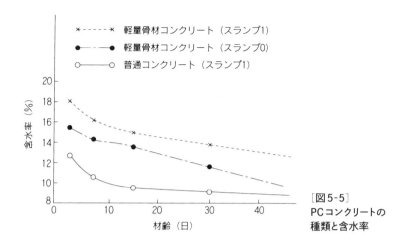

[図5-5]
PCコンクリートの種類と含水率

成するアルカリ成分（$Ca(OH)_2$）がエフロレッセンスをもたらすことや未硬化のポゾランやフライアッシュ等の強アルカリが塗膜に悪作用を生じさせるためである。ゆえに、コンクリート表面の管理は含水率について特に注意し、種々の要因について並行して管理をする。

B 工場加工品（乾式工法）素地の特性と塗装上の管理点

　工場生産され現場に搬入して取り付けるボード・パネルの類はセメントを主成分とする各種のセメント系ボードと、石膏ボードに代表される。セメント系ボード、パネル類はスケルトンから外部、インフィルに用いられ、ALCパネル、スレートボード、GRCパネル等や石こうボードはインフィル仕上げの中心として用いられている。これらの特性と塗装上の管理点を［表5-34］に示す。

　スレートボードの場合は工場生産品であり材齢的に問題なしと考えがちであるが、生産後直ちに積み重ねてストックするため、空気と直接接する部分は一番上のボードと各ボードのコアの部分のみである。また、表面で周辺と内部とではアルカリ成分の中性化の程度や含水率の低下程度に違いがあり、塗装仕上げ面にむらを生ずる原因となる。ただし、ALCパネルの場合、高圧蒸気による生産であるため、中性化されており、含水率は低下している反面、表面吸水性が非常に大きい。

[表5-34] 工場生産(乾式工法)素地の種類とその特性と塗装上の管理点

素地 特性	ポルトランドセメント質系ボード・パネル						管理点	塗装時に発生しやすい事故
	石綿スレート(GRC)	木毛・木片セメント板	パルプセメント類	ALCパネル	けい酸カルシウム板	石こうボード		
1. 表面含水率	非常に高く、低下がおそい。	同左	同左	一般に低い。	非常に低い。	低い	表面含水率10%以下	色むら、付着性不良、エフロレッセンス発生
2. アルカリ度(pH)	非常に高く、低下がおそい。	同左	同左	中性	中性	中性	pH測定9以下	変換性不良 付着性不良
3. 表面状態 表面粗さ	プレス不足の場合に大きな不陸あり、ピンホールあり。	きわめて粗い。	大きな不陸あり。	波状凹凸で粗い。	ボード種類によって表面にサンダーずで発生。	良好	十分状態を確認し、調整方法を決定する。	仕上がりむら発生
吸込み程度	吸込み強く、部分的にばらつきあり。	吸込み差激しく、非常に強い。	石綿スレートに同じ。	石綿スレートに同じ。	非常に強い	強い	程度を確認し、適切なシーラーを選択する。	むら、付着性不良発生
表面付着物	多量粉末の付着あり、表面付着には剝離剤のあり、離剤のあり。	未硬化物	石綿スレートに同じ。	表面もろく粉末の付着多い。	表面粉化性で粉末の付着が非常に多い。	ほとんどなし。	付着物の程度を確認しシーラーで除去、付着可能なボードもあり。	付着性不良
表面強度	高く、水密性に富む。	比較的高い。	比較的高い。	非常に弱くもろい。	全体的に高い粉化性で強い	比較的強い。	程度を確認しシーラーでの補強対策をとる。	付着性不良
4. 特記事項	石綿スレートは工場生産品であるが、塗装上では水分、アルカリのばらつきが多く、十分なチェックし、特に外部用形シーラーを使用する。	木毛、木片を使用するため、水系塗料では仕上げる場合、溶剤形シーラーで水溶性樹脂液を抑える必要あり。	石綿スレートと同様。	表面がもろく、十分適切なシーラーで補強する必要あり。	表面粉化性が強いため、吸込みをきわめて高く押さえた専用に検討されたシーラーで補強すべきである。	両面紙のけば込みを押さえるため、溶剤形シーラーが適している。		

3節 無機質系素地における塗装材料と塗装系

ケイ酸カルシウム板もALCパネルと同様、中性化した表面で十分乾燥しているが、表面が粉化性で吸水性が大きいため、塗膜の付着性が悪く、所定の素地調整と下塗り材料の選定が重要である。石こうボードは、表面が紙製であることからインフィルのみの使用とされているが、表面の特性を十分確認した上で素地調整と塗装系の設定が必要である。

(2) 無機質系素地用塗装材料の種類と特性

　現在の建築物を構成する素材の中心はコンクリートである。2章「5節 昭和30年代」および「6節 昭和40年代の塗装技術」において示したごとく、建築生産工法が大きく変化し、コンクリート壁面の直接仕上げで一般塗料に対して厚膜に仕上げることのできる吹付け塗り工法・ローラー塗り工法が中心とした仕上げ材の研究開発が進み「建築用仕上塗材」を誕生した。

　それにより、無機質系素地における塗装仕上げの分野が拡大し、ミクロン単位の塗料とは異なり、数ミリ単位の比較的厚膜でテクスチャー(立体模様・色)、機能などを多種多様に構成できる仕上げ材料工法として「建築用仕上塗材」が開発されたのである。

　この品質はJIS A 6909 建築用仕上塗材で規定されており、その定義は「この規格はセメント、合成樹脂などの結合材、顔料、骨材を原料とし、主として建築物の内外壁又は天井を吹付け、ローラー塗り、こて塗りなどによって立体的な造形性をもつ模様を仕上げる建築用仕上塗材（以下、仕上塗材という）について規定する」とある。造形的なテクスチャーパターン（模様）の種類は、砂壁状、ゆず肌模様、スチップル模様、凹凸模様、凸部処理模様、クレーター模様、スタッコ状などがある。

　機能面では、壁面等に求められている遮断機能も含めた多目的の機能を要求され、単なる表面仕上げ材としてでなく、総合的なビルディングエレメントとして用いられる。塗装工事の一環として施工が拡大し、湿式工法で仕上げる建築仕上げの中心となっている。

A 無機質系素地用の下塗り用塗料の特性

　無機質系素地への下塗りの役割は、素地からの析出物の遮断、素地表面の吸収性の均一化、脆弱部分の補強、シミ押さえなどがある。

すなわち、素地表面の特性を改質する役割であり、素地をシールする効果から下塗り用塗料は一般に「シーラー」と言われる。

シーラーの種類は展色剤の種類によって分類され、上塗り塗装材に適合した材料によって品質設計されている。

塗装系の選定にあたって、素地の特性にマッチしたシーラーの選定が必要であり、シーラーは原則的には顔料を含まない透明な塗膜を形成するワニスタイプでなければその効果を十分に発揮することができない。

(A) シーラーの種類

顔料は基本的には含有しないが、その有無から次の3種類に分けられる。

① 透明シーラー：合成樹脂エマルションクリヤー、合成樹脂（クリヤー）ワニス（含反応形）
② 着色シーラー：合成樹脂エマルション着色クリヤー、合成樹脂（クリヤー）ワニス（含反応形）
③ 塗料タイプのシーラー：ペイント・エナメルに準じた成分（顔料を10Wt%以上含有）

無色透明タイプは、塗装後の有無が判断しにくいため、シーラー性能を低下させない程度の少量の顔料着色を行うタイプが管理しやすい。一方、塗料タイプはプライマーとサーフェーサーの機能を持たせることができるが、仕上げ中心に用いるには耐水性・耐アルカリ性等の性能が劣る。

代表例：合成樹脂エマルションシーラー（クリヤータイプ）（品質規格：JIS K 5663）、着色合成樹脂ワニス（着色アクリル樹脂ワニスおよび2液形着色ポリウレタンワニス）（品質規格：JASS 18 M-201）

a 溶液の種類

溶液として用いる種類には次の3種類がある。
① 水系シーラー：合成樹脂エマルション系
② 溶剤系シーラー：合成樹脂系もしくは反応形合成樹脂系
③ 弱溶剤系シーラー：合成樹脂系もしくは反応形合成樹脂系
溶剤系素地は浸透性にすぐれているが、安全・衛生面で劣る。

弱溶剤系はそれに配慮し、労働安全衛生法の第3種有機溶剤を用いたものである。

　代表例：弱溶剤系反応形合成樹脂ワニス（弱溶剤系2液エポキシ樹脂ワニス）（品質規格：JASS 18 M-208）

b 樹脂成分の種類

　合成樹脂の種類による区分には次の3種類がある。

　①合成樹脂エマルションシーラー：アクリル樹脂エマルション（または2液反応硬化形エポキシ樹脂エマルション）

　②合成樹脂シーラー：アクリル樹脂・塩化ビニル樹脂・塩化ゴム・合成ゴムなど

　③反応形合成樹脂シーラー：2液反応硬化形エポキシ樹脂系・2液反応硬化形ポリウレタン系・1液湿気硬化形ポリウレタン系

　合成樹脂の種類と上塗り塗装材料の組み合わせを考慮し、適正のシーラーを選定する。

c 特殊機能を有するシーラー

　①素地表層硬化補強含浸シーラー：反応硬化形合成樹脂系
　　反応硬化形の合成樹脂で素地表層部に1mm程度含浸させ、反応硬化により成膜し、素地表層部を改質するタイプである。

B 無機質系素地の下地調整材料

　無機系素地はその表面特性として、凹凸、巣穴、段差、不陸等がある。これらを平滑にするための材料として、パテ・フィラー等と呼ばれる下地調整用材料が用いられる。その種類は、合成樹脂パテ類と下地調整塗材とに区分される。

［表5-35］素地調整の種別

種別	工法
1種	素地全面にパテ、下地調整塗材を塗り平坦に仕上げる（パテ付け）
2種	素地に部分にパテ、下地調整塗材を塗り調整する（パテかい）
3種	素地全面の清掃による汚れや突起物の除去

(A) 一般塗料の塗装の場合の合成樹脂パテ類

素地調整の区分には『JASS 18 塗装工事』において［表 5-35］に示す 3 種において行われる。

この種別において用いられるパテは上塗りされる塗料によって種類が設定される。その種類は大別して次の 2 つがある。

① 合成樹脂エマルションパテ（品質規格：JIS K 5669）

上塗り塗装材料は各種合成樹脂エマルションペイントおよびつや有合成樹脂エマルションペイント類に適用される。

② 合成樹脂パテ（品質規格：JASS 18 M-202(1)(2)）

合成樹脂パテは、さらに合成樹脂パテ（塩化ビニル樹脂パテ）と反応形合成樹脂パテ（2 液形エポキシ樹脂系）に分けられる。

C 塗料・仕上塗材の施工のための下地調整塗材

コンクリート系下地（素地）表面を仕上げる場合、従来はコンクリート表面にモルタル塗りを行い、その表面をパテなどにより調整し塗料類で仕上げていた。仕上塗材はコンクリート壁面に直接仕上げるため、コンクリート表面の調整には所定の厚みと品質が求められる。それに応える新しい素地調整材の開発がなされた。

(A) 下地調整塗材の種類・特性

a セメント系下地調整塗材

従来のモルタルと比較して薄塗りで平滑な素地を構成できるセメント系下地調整材 1 種・2 種が開発された。セメントフィラー・ポリマーセメントフィラー、あるいは下地調整塗材 C-1、C-2 と呼ばれる。

① 組成

セメント系下地調整材の組成は、粉体と混和液から構成され使用時に混合するタイプと、再乳化形粉末樹脂を用いた粉体のみのタイプがある。

粉体成分：ポルトランドセメント、骨材（けい砂、寒水石）、無機質粉体（炭酸カルシュウム、硅石粉、クレーなど）、混和材料（増粘剤、分散剤、繊維など）

混和液：混和用ポリマーディスパージョン（合成樹脂エマルション）、添加剤（増粘剤、消泡剤など）

②種類・特性

セメント系下地調整材は JIS A 6916 において品質規格が設定されており C-1、C-2 の 2 種類に分類されている。その特徴を比較すると［表 5-36］に示すようになる。

b 合成樹脂エマルション系下地調整塗材

ALC パネル用の合成樹脂エマルションプラスターとして欧米で活用されていたタイプが導入され、国内においても急速に発展・普及してきた。

セメント系下地調整塗材 1 種（下地調整材 C-1）とほぼ同様の用途で使われ、合成樹脂エマルションを結合材とする既調合形である。調整後、セメントタイプと異なり、調整表面のアルカリ性に対する配慮の必要がなく、作業性が良好であるため多用されている。下地調整塗材 E、エマルション系フィラー、有機系フィラーと呼ばれる。

①組成

各種の熱可塑性の合成樹脂エマルションと顔料（二酸化チタン・炭酸カルシウム）、細骨材、添加剤（分散剤、消泡剤、増粘剤、防腐剤）よりなる。一般に樹脂固形分が 10 ～ 20% 程度、顔料・細骨材が 40 ～ 60% 含まれる。また、必要に応じて着色することができる。

②種類・特性

品質規格は JIS A 6916 建築用下地調整塗材 E に規定されている。一般に 0.5 ～ 1mm 程度の比較的薄塗りで仕上げ

［表 5-36］セメント系下地調整塗材 C-1 および C-2 特徴比較

項目	下地調整材 C-1	下地調整材 C-2
塗り厚	約 0.5 ～ 1.0mm	約 1.0 ～ 3.0mm
施工方法	吹付け、ローラー、刷毛、こて	こて
施工性	C-2 に比べ施工時間が短い	C-1 に比べ施工時間が長い
適用下地	複層塗材 E、薄塗材 E	全ての仕上塗材
用途・効果	新築下地および仕上塗材の改修下地、模様付き ALC パネルなどの下地、多孔質な下地の目つぶし	コンクリートなどの新築下地、平坦な下地、3mm 未満の段差修正・平滑化

る。同様の性質のセメント系下地調整塗材 C-1 との比較を［表 5-37］に示す。

作業性が良好なため、最近の傾向として各種の下地材に対応して可とう形、微弾性、柔軟性などの性能を付加させるために結合材である合成樹脂エマルションの材質を変えたオプションタイプも開発されている。

c セメント系下地調整厚塗材 1 種・2 種

セメント系下地調整厚塗材は、『JASS 15 左官工事』において次工程のための下地づくり工事として仕様が標準化されている。JASS 15 では既調合モルタルと呼ばれている。品質規格は「JIS A 6916 仕上塗材用下地調整塗材」において、セメント系下地調整厚塗材（呼称：下地調整塗材 CM-1 および下地調整塗材 CM-2）として規定されている。

①組成

下地調整塗材 CM-1 は下地調整塗材 CM-2 に比べると軽量で、骨材にパーライトや有機質骨材などの軽量骨材が用いられているのが特徴である。

(B) 素地調整の種類

多くの種類の素地調整塗材が開発され多用されているが、これらの組み合わせについて『JASS 18 塗装工事』において［表

［表 5-37］下地調整塗材 E と下地調整塗材 C-1 との比較

項目	下地調整塗材 E	下地調整塗材 C-1
結合材	合成樹脂エマルション	セメント、セメント混和用ポリマーディスパージョン（セメント混和用合成樹脂エマルション）
荷姿	1 液石油缶入り	粉体・混和液のセット（粉末樹脂の場合 1 粉体）
調合	既調合（場合により水で希釈）	粉体・混和液および水を混練りし、使用粘度に調整
可使時間	―	60 分
工程間隔	2 時間以上	16 時間以上
その他	下地調整塗材 C-1 よりも乾燥収縮が大きい。造膜後水分を吸収すると強度低下を生じやすい	気象条件によりエフロレッセンスを生ずることあり。調整面直後のアルカリ性が高い。可使時間は気温に左右されやすい

[表5-38] 素地調整の種類および記号

記号	吸い込み止め材料	パテかい、パテ付けの材料
EE	合成樹脂エマルションシーラー	合成樹脂エマルションパテ
RE	反応形合成樹脂シーラーおよび弱溶剤系反応形合成樹脂シーラー	合成樹脂エマルションシーラー
RR	反応形合成樹脂シーラーおよび弱溶剤系反応形合成樹脂シーラー	反応形合成樹脂パテ
EC	合成樹脂エマルションシーラー	セメント系下地調整塗材
ED	合成樹脂エマルションシーラー	合成樹脂エマルション系下地調整塗材

* E：合成樹脂エマルション系
* R：溶剤系2液反応硬化合成樹脂および弱溶剤系2液反応硬化合成樹脂系
* C：セメント系下地調整塗材
* D：合成樹脂エマルション系下地調整塗材

5-38] に示す区分をして適用を図っている。

これらの素地調整材の組み合わせを素地の状況に応じて検討する。素地調整の工程に対応して [表5-39] に示す素地調整の種別が設定されている。

D 無機質系素地の上塗り塗装材料

建築物でもっとも多種類で、最大の面積を占めている素材は、コンクリートに代表される無機質系素材である。その構成部位は、壁・天井・床・柱など、空間の構成上、それぞれの機能と美装性を要求されるものであり、その表面を仕上げる塗装材料は美装性表現とその永続性を保持する耐久性を重視した材料が開発されてきた。その開発経緯は2章に述べたが、壁面仕上げを中心に、現在の代表的な種類を示すと [図5-6] に挙げられる。

塗装材料の種類は一般壁面用塗料と仕上塗材に大別される。ふたつの相違点を示すと [表5-40] のように整理されている。

実際の生産製造・工事では、薄膜の塗料から厚膜を求める塗装工法へ、また左官工法等から吹付け工法が中心になるにつれ、吹付け材の開発がなされた。厚塗仕上げの施工はローラー・刷毛・こて塗り工法等に多様化し、塗装・左官・吹付等の工事業者によって行われている。

（A）一般塗料の場合

一般塗料の種類は、金属系素地の場合と同様に熱可塑性合成樹

[表5-39] 素地調整の工程と素地調整の種別および種類

項目	素地調整の種別	種別1 EE	SE	SS	RE	RS	RR	EC	種別2 EE	SE	SS	RE	RS	RR	EC	種別3 EC
1	汚れ、付着物、突起物の除去	汚れ、付着物、突起物を除去する。														
2	吸込み止め	合成樹脂エマルションシーラー	合成樹脂ワニス	合成樹脂ワニス	反応形合成樹脂ワニス	反応形合成樹脂ワニス	反応形合成樹脂ワニス	合成樹脂エマルションシーラー	合成樹脂エマルションシーラー	合成樹脂ワニス	合成樹脂ワニス	反応形合成樹脂ワニス	反応形合成樹脂ワニス	反応形合成樹脂ワニス	仕上塗材用下地調整塗材	仕上塗材用下地調整塗材
3	パテかい	合成樹脂エマルジョンパテ	合成樹脂エマルジョンパテ	合成樹脂エマルジョンパテ	反応形合成樹脂パテ	反応形合成樹脂パテ	反応形合成樹脂パテ	—	合成樹脂エマルジョンパテ	合成樹脂エマルジョンパテ	合成樹脂エマルジョンパテ	反応形合成樹脂パテ	反応形合成樹脂パテ	反応形合成樹脂パテ	—	—
4	パテ付け	合成樹脂エマルジョンパテ	合成樹脂エマルジョンパテ	合成樹脂エマルジョンパテ	反応形合成樹脂パテ	反応形合成樹脂パテ	反応形合成樹脂パテ	—	—	—	—	—	—	—	—	—
5	研磨	研磨紙で研磨し、清掃する。							研磨紙で研磨し、清掃する。							

素地の種類	1種 EE	SE	SS	RE	RS	RR	EC	2種 EE	SE	SS	RE	RS	RR	EC	3種 EC
コンクリート	可	可	可	可	可	可	可	可	可	可	可	可	可	—	可
セメントモルタル	可	可	可	可	可	可	可	可	可	可	可	可	可	可	可
プレキャストコンクリート部材	可	可	可	可	可	可	—	可	可	可	—	—	—	—	可
ALCパネル	△	△	△	—	—	—	可	△	△	△	—	—	—	可	可
石こうプラスター	可	可	可	—	—	—	—	可	可	可	—	—	—	—	可
石綿スレート	可	可	△	可	可	可	—	可	可	△	可	可	可	—	可
パルプセメント板	可	可	可	—	—	—	—	可	可	可	—	—	—	—	可
石こうボード	可	可	可	—	—	—	—	可	可	可	—	—	—	—	可
石綿セメントけい酸カルシウム板	—	—	—	—	—	—	—	—	—	—	—	—	—	—	可

(注) 素地の種類の欄の可は適用可能。△は特別の事情のない限り適用しない。—は適用しない。

[図 5-6] 壁面用塗装材料の種類

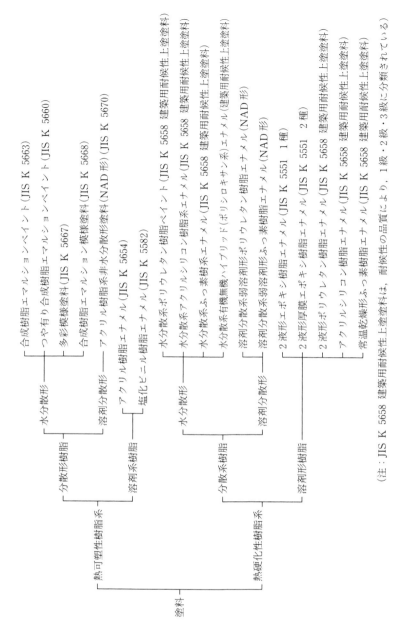

(注：JIS K 5658 建築用耐候性上塗塗料は、耐候性の品質により、1級・2級・3級に分類されている)

[表5-40] 塗料と仕上塗材の相違点

		塗料	仕上塗料
塗り厚		数十ミクロン	数ミリから15mm程度
材料品質		JIS K 0000（化学）	JIS A 6909（建築）
日本標準産業分野 製造区分		F- 製造業 1754　塗料製造業	F- 製造業 3299　その他製造業
日本標準商品分類　分類コード		166 塗料、シンナー及び関連製品	1798　建築用仕上塗材
標準工事仕様書の 工事区分	建築学会	JASS 18 塗装工事	JASS 15　左官工事 JASS 23　吹付け工事
	国交省	塗装工事	左官工事（仕上塗材仕上げ）

脂系と熱硬化性合成樹脂系の2種類に大別される。ただし、金属系素地に用いられている油変性合成樹脂系は、無機質素地の代表であるセメント系素地の特性であるアルカリ成分に対する抵抗力が低く、ほとんど使用されない。

　一方、有機溶剤による大気汚染防止のため、VOC（Volatile Organic Compounds）成分における有機溶剤中毒予防規則の第2種有機溶剤の排除が活発となり、水系化、弱溶剤化（第3種有機溶剤の利用）、NAD化（None Aqueous Polymer Dispersion 非水エマルション）等の活用が進行している。この傾向は反応硬化形合成樹脂系においても同様で、積極的に弱溶剤系化が進められている。

(B)仕上塗材

　建築の生産方式の発展に伴い、コンクリート面を平滑に仕上げる量産工法が開発されたことによって面精度の良好なコンクリート表面が生産されるようになり、直仕上げ工法に拍車がかかった。

　面精度の向上したコンクリート面には、従来のモルタルに代表される左官材料を用いることが性能的にも経済的にも不可能となった。塗料においても従来の膜厚でなく、立体的なテクスチュアを持つ材料の開発ニーズが高まり、塗装と左官の技術・技能を応用した材料工法の開発へと進行して「仕上塗材」という新しいジャンルを形成した。

(C)塗布含浸形仕上げ材

　コンクリートの質感を建物のデザインの重要な要素として用い

る設計が増え、量より質の個性化が活発となっている。この場合、コンクリート地肌の耐久性を向上させる手段として透明性を失わず、汚染防止・防水・中性防止等ができる塗料を用いる。その種類を［表5-41］に示す。

E 無機質素地の部位別塗装の特性

無機質系材料によってつくられている外壁・内壁・天井・床等の各部位に種々の目的で用いられる塗装材料について説明を加える。これらの塗装材料は建築工法、材料の進展に伴いニーズが発生し、それらに対応した各種の塗装材料が開発された。

特に近年は、量より質へと建築へのニーズが変化し、超耐久性、環境、健康住宅等のキーワードのもとに新しい塗装材料が開発されている。またストック建築物への対応が大きなテーマとして発生している。これについては別項を設けて解説する。

(A) 壁面における塗装材料

壁面に用いられる塗装材料の役割は多様かつ重要である。外壁における塗装材料に対する要求は、その建物の立地条件により性能、機能が異なる［表5-42］。

これらの要求条件を大別すると、デザイン面からみた美装性と、コンクリートに代表される無機質系素地の保護、建築物の耐久性の向上の2点となる。以下では、これらの2大性能を有する外壁用の塗装材料がそれぞれいかなる特性をもつかを示し、建築の

［表5-41］コンクリート打ち放し面仕上げ材の種類と分類

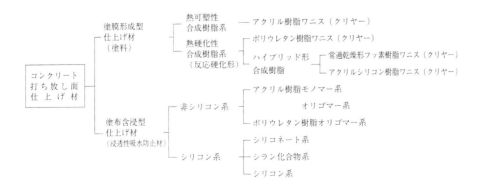

[表5-42] 無機質の下地における建築物の要求性能・機能とその適正塗料

部位		建　築　物	要　求　性　能　・　機　能		適　正　塗　料
			個別（特に要求される）	共　通	
外壁	立地条件	建築物の種類	耐薬品性	①耐久性能 付着性 耐摩耗性 耐候性 耐水性 耐アルカリ性 耐湿性など ②保護性能 防水性 耐湿性 耐薬品性など ③美装機能 パターン 光沢 色	2液形エポキシエナメル，塩化ビニルエナメル，アクリル系エナメル，合成樹脂エマルションペイント，常乾形ふっ素樹脂エナメル，アクリルシリコン樹脂エナメル，ポリウレタンエナメル
	工場地帯	工場 ｛ 化学工場 　　　 一般工場 一般建築物	耐汚染性 耐亜硫酸ガス 耐ガス透過性		
	海岸地帯	各種建築物	耐塩水性 中性化防止性 耐光性		ゴム状アクリル系エナメル，弾性形厚膜塗料，常乾形ふっ素樹脂エナメル，ポリウレタンエナメル，アクリルシリコン樹脂エナメル
	温泉地帯	各種建築物	耐亜硫酸ガス性 耐ガス透過性		塩化ビニルエナメル 2液形エポキシエナメル
	寒冷地帯	各種建築物	凍結防止性		弾性形厚膜塗料，ゴム状アクリル系エナメル，合成樹脂エマルションペイント，ポリウレタン樹脂エナメル，常乾形ふっ素樹脂エナメル，NAD形塗料樹脂エナメル
	田園地帯	各種建築物	耐光性		合成樹脂エマルションペイント，ゴム状アクリル系エナメル，弾性形厚膜塗料，常乾形ふっ素樹脂エナメル，アクリルシリコン樹脂エナメル，ポリウレタンエナメル

設計・計画におけるガイドを示す。

a 無機質系素地の質感を保持する仕上げ材

　質感を保持するために配慮した仕上げを求めるものとして、コンクリートの打ち放し面に対する塗装材料が挙げられる。この場合の塗装材料は、コンクリートの精度を高く打ち上げた面の質感をそのまま活かすために、コンクリート面を隠ぺいすることのない透明仕上げとする材料を用いる。前項でも紹介したが、これらの性能について示す。

　透明に仕上げる材料には、素地の表面に塗膜を形成するタイプと素地内に含侵して硬化するタイプとがある。基本的にはいずれも着色、隠ぺいを目的とせず、塗膜を補強する顔料が配合できないため、塗膜形成成分である樹脂については、性能の優れた種類を選定しなければならない。

(a) 塗膜形成系仕上げ材の種類

　塗膜形成タイプは一般に用いる各種塗料のクリヤータイプを用いるものであり、種類としてはアクリル樹脂クリヤーで

代表される熱可塑性合成樹脂系のものと、アクリル、ポリウレタン、アクリルシリコン系樹脂、常温乾燥形ふっ素樹脂等の反応硬化形合成樹脂タイプがある。顔料の補強添加をすることができないため、一般には反応硬化形合成樹脂系タイプのものが性能が優れている。

塗膜形成タイプの特徴は、透明でありながら色彩的に変化をもたらすための着色が可能であるが、使用できる顔料または染料が限られる。そのため、色の選定は困難で、色によっては耐久性の劣るものもあり注意が必要である。

一方、短所としては、コンクリート表面に透明な塗膜を形成するため光沢が生じることで、一般的に言われる濡れ色となりやすい。

(b) 塗付含浸形仕上げ材の種類

含浸タイプはコンクリート面に塗付するとコンクリートの多孔質内部に含浸し、化学反応を生じて固化したり、吸水防止層を形成し、コンクリートの表面層を改質していくタイプで、主にシリコン系と非シリコン系の2タイプが挙げられる。

シリコン系はケイ素（Si）によるシロキサン結合による高分子で、比較的低分子のシラン化合物がコンクリート成分と化学反応を生じて改質するタイプと、ある程度の高分子のシリコンをコンクリート表面層に含浸するタイプに大別できる。

非シリコン系は塗膜形成系に用いる合成樹脂の低分子段階であるモノマーやオリゴマーを塗り付け、コンクリート内部に含浸して化学反応を生じたり、高分子化して、コンクリート多孔質を封孔・固化するタイプである。

これら含浸形仕上げ材は外部からの水の浸入を防ぐが、内部水は水蒸気として放出し、質感を維持する特性を有する。

(c) 透明仕上げ材の特性と塗装

塗膜形成形仕上げ材および塗布形含浸仕上げ材における特性は、次のように示すことができる。

① 美装性能

コンクリートの質感を失うことなく、コンクリート表面層を保護する美装上の性能について、コンクリート表面層に生ずるエフロレッセンスの防止能力や汚染のつきやすさ、取れやすさなどについて各仕上げ材を評価すると［表5-43］のようになる。

②塗膜性能

透明仕上げ材自体の性能と、コンクリートの質感保持機能をもたらす遮塩性、中性化抑制、透湿性等について示すと

［表5-43］透明仕上げ材の意匠上の特性

仕上がり状態モデル図	コンクリート打ち放し面	塗膜形成型(塗料)仕上げ材面	塗布含浸型仕上げ面 多孔質充填固化仕上げ	塗布含浸型仕上げ面 撥水型仕上げ
	コンクリート素地面	塗膜	コンクリート表面層改質状態	コンクリート成分改質状態
色・光沢	白色（コンクリート色）	光沢色	濡れ色（やや黒味がかる）	白色（コンクリート色保持）
エフロレッセンス発生	しやすい	防止できる	やや防止力あり	コンクリートに近い性質
汚染 しやすさ	2	4	3	2
汚染 とれやすさ	4	2	3	4
汚染 かびやすさ	2（黒かび）	4	3	3
着色	―	可能	不可	不可
代表的仕上げ材	―	ポリウレタン樹脂塗料	非シリコン系	シリコン系シラン化合物

（注）しにくい 4＞3＞2＞1 しやすいを示す。

［表5-44］各種透明塗装材料の性能

仕上げ材の種類			作業性	乾燥性	耐水性	耐アルカリ性	耐温冷サイクル	耐吸水性	撥水性	透湿性	遮塩性	中性化抑制	耐候性標準地区
塗膜形成型（塗料）	熱可塑性	アクリル樹脂塗料(E)	◎	○	△	○	△	○	―	△	○	△	A
		アクリル樹脂塗料(S)	○	◎	○	○	○	○	―	○	◎	○	B
	熱硬化性	ポリウレタン樹脂塗料	○	○	◎	○	○	○	―	○	◎	◎	C
		シリコンアクリル樹脂塗料	○	○	◎	○	○	○	―	○	◎	◎	E
		常乾形ふっ素樹脂塗料	○	○	◎	○	○	○	―	○	◎	◎	E
塗布含浸型	非シリコン系	アクリル樹脂モノマー	○	○	○	○	○	○	―	○	◎	○	A
		ポリウレタン樹脂オリゴマー	○	○	○	○	○	○	―	○	◎	○	B
	シリコン系	シリコネート系	○	○	○	○	○	○	◎	○	○	○	B
		シラン系	○	○	○	○	○	○	◎	○	○	○	B
		シリコン系	○	○	○	○	○	○	◎	○	○	△	B

耐候性（標準耐用年数）　A：3〜5年　B：5〜7年　C：7〜9年　D：9〜11年　E：11年以上

［表5-44］にあげることができる。
　③塗装仕様

　　これらの塗装材料を適用する場合、それぞれ単独で用いる場合と、各種材料を組み合わせる場合がある。近年の傾向として、各種を組み合わせることが多く、より優れた耐久性を発揮する塗装工程が開発されている。その例を示すと、［表5-45］のように下塗りに含浸形仕上げ材である浸透形吸水防止材を用いてコンクリート表面層を改質し、その上の中塗り・上塗りに常温乾燥形ふっ素樹脂クリヤーやシリコンアクリル樹脂クリヤーを塗装する工程が挙げられる。

b 美装表現と色彩、光沢による仕上げ材

　塗装材料の最も基本的な美装表現は色彩によるものであり、その代表的な材料が塗料と言われるものである。

　コンクリート、モルタル等の無機質系素地では、5章4節で説明した金属系素地塗料と同種類の塗料も用いられるが、一番

［表5-45］常温乾燥形ふっ素樹脂ワニス塗りの工程

工程表	塗装種別 A種	塗装種別 B種	塗料・その他	希釈割合（重量比）	標準膜厚（μm）	塗付け量（kg/m^2）	放置時間
1 素地調整	●	●	JASS 18の4.7.3　素地調整に準ずる。特に被塗装面をチェックし、よく乾燥させる。塗装に支障のある付着物・汚れなどは除去し、傷などは補修する。				
2 下塗り	●	●	浸透型吸水防止剤 1回目 2回目	100/0　ローラーまたはスプレー 100/0　ローラーまたはスプレー		0.10～0.12 0.10～0.12	指触乾燥時間（0～数分）16h以上
4 中塗り	●	－	コンクリート用ふっ素樹脂中塗り	100/0～10	30～40	0.15～0.17	16h以上
5 上塗り	●	●	コンクリート用ふっ素樹脂上塗り	100/40～50	15～25	0.10～0.13	3h以上
6 上塗り	●	●	コンクリート用ふっ素樹脂上塗り	100/40～50	15～25	0.10～0.13	

下塗りはコンクリートへのなじみ、浸透性促進のため、2回塗り重ねる塗装法が適切である。
本仕様は、主として打ち放しコンクリートの表面の色・質感を生かしながら、さまざまな色合いを施すことができ、かつ、コンクリート系素材の長期にわたる耐候性および美粧性の維持を目的とする透明塗装仕上げを必要とする箇所に用いる常温乾燥形ふっ素樹脂クリヤ塗りに適用する。
浸透性吸水防止剤は、素材の内部に浸透し、強力で厚い撥水層を形成するため、素材の吸水防止効果に優れ、長期にわたる雨水の浸透を防止し、素材劣化防止・エフロ発生を防止することができる。
本仕様におけるコンクリート系素材の下地条件などはJASS 18に準ずる。

の違いはコンクリート、モルタル等のセメント系硬化物の素地はアルカリ性が強いため、耐アルカリ性の低い油性、油変性合成樹脂を使用できないことである。ゆえに合成樹脂調合ペイント類は用いることができず、［表5-42］に示した熱可塑性合成樹脂なり熱硬化性合成樹脂を用いた塗料が適用される。

これらの塗料は建築物の種類および立地条件からくる外壁における要求性能によって選定され、各条件での適正塗料は［表5-46］に挙げられる。以下では、これら代表的な塗料の特性と近年の開発状況について示す。

(a) 熱可塑性合成樹脂系塗料

熱可塑性合成樹脂の代表として、塩化ビニル樹脂、アクリル‐酢酸ビニル共重合樹脂等が挙げられる。

これらの塗料は溶剤に溶解した溶液タイプと、水に分散したエマルションタイプ、そして溶剤（弱溶剤第3種有機溶剤）に分散したNAD（None Aqueous Polymer Dispersion）タイプに大別される。

① 溶液形塗料

溶液形塗料の代表的なものとしてアクリル樹脂エナメルがある。外壁に用いる場合にも耐候性に優れ、変退色の少ないため活用されている。JIS K 5654として品質が規定された。このタイプは一般的にメタアクリル酸エステルと酢酸ビニルとの共重合樹脂を溶剤に溶解したものを用いる。

アクリル樹脂エナメルは、特に光に対する性質が良好で耐光性に優れ、経時後の変退色が少なく、また樹脂自体が無色透明であることから、鮮やかな顔料本来の色調を表現できる特徴を持っている。

しかし、熱可塑性樹脂を溶解し揮発乾燥のみで塗膜を形成するため、分子量も比較的低分子であり耐久性には限界がある。

また、溶解するのに用いる溶剤には第2種有機溶剤含有量が多く、第3種有機溶剤による弱溶剤系のアクリル樹脂系非水分散形塗料へと移行してきている。

[表5-46] 無機質系の下地における建築物の要求性能・機能とその適正塗料

部位	建築物		要求性能・機能	
	立地条件	建築物種類	個別（特に要求される）	共通
外壁	工場地帯	工場 （化学工場・一般工場） 一般建築物	耐薬品性 耐汚染性 耐亜硫酸ガス 耐ガス透過性	①耐久性能 　付着性 　耐摩耗性 　耐候性 　耐水性 　耐アルカリ性 　耐湿性など ②保護性能 　防水性 　耐湿性 　耐薬品性など ③美装機能 　パターン 　光沢 　色
	海岸地帯	各種建築物	耐塩水性 中性化防止性 耐光性	
	温泉地帯	各種建築物	耐亜硫酸ガス性 耐ガス透過性	
	寒冷地帯	各種建築物	凍結防止性	
	田園地帯	各種建築物	耐光性	

部位	建築物			要求性能・機能	
	分類	種類	部位	個別（特に要求される）	共通
内壁・ 天井	工場	化学工場	壁、天井	耐薬品性 （耐酸・耐アルカリ）	①耐久性能 　付着性 　耐水性 　耐アルカリ性 ②保護性能 　防水性 　耐湿性 　耐エフロレッセンス 　防かび性 　防音など ③美装機能 　パターン 　光沢 　色
				特殊耐薬品性	
		食品工場	壁、天井	耐水、耐湿、防かび	
		一般工場	壁	耐油性	
	ビル	オフィスビル	室内、廊下、階段	耐汚染性	
		マンション	一般居室	耐汚染性	
	一般住宅 （個別住宅）		水がかり部分 （浴室、台所）	耐水、耐湿性	
	学校		教室、廊下、階段	耐汚染性、耐摩耗性	
	病院		病室、廊下、薬品室	耐薬品性	

適正塗料
2液形エポキシエナメル、塩化ビニルエナメル、アクリル系エナメル、合成樹脂エマルションペイント、常温乾燥形ふっ素樹脂エナメル、アクリルシリコン樹脂エナメル、ポリウレタンエナメル
ゴム状アクリル系エナメル、弾性形厚膜塗料、常温乾燥形ふっ素樹脂エナメル、ポリウレタンエナメル、アクリルシリコン樹脂エナメル
塩化ビニルエナメル、2液形エポキシエナメル
弾性形厚膜塗料、ゴム状アクリル系エナメル、合成樹脂エマルションペイント、ポリウレタン樹脂エナメル、常温乾燥形ふっ素樹脂エナメル、NAD形塗料樹脂エナメル
合成樹脂エマルションペイント、ゴム状アクリル系エナメル、弾性形厚膜塗料、常温乾燥形ふっ素樹脂エナメル、アクリルシリコン樹脂エナメル、ポリウレタンエナメル

適正塗料
塩化ビニルエナメル
2液形エポキシエナメル、ポリウレタンエナメル
防かび形塩化ビニルエナメル、アクリルエナメル
塩化ビニルエナメル、有光沢合成樹脂エマルションペイント
合成樹脂エマルションペイント、有光沢合成樹脂エマルションペイント
合成樹脂エマルションペイント
有光沢合成樹脂エマルションペイント、NAD形塗料
有光沢合成樹脂エマルションペイント、塩化ビニルエナメル

[表5-46] 無機質系の下地における建築物の要求性能・機能とその適正塗料（つづき）

部位	建築物		要求性能・機能	
	分類	種類	個別（特に要求される）	共通
床	工場・倉庫	一般廊下	防塵性	①耐久性能 　耐摩耗性 　耐熱性 　耐寒性 　付着性 　引張強さ ②保護性能 　耐薬品性 　耐水性 　耐湿性 　耐衝撃性 　耐アルカリ性 　耐酸性 ③美装機能 　光沢 　色
		薬品工場	耐薬品性	
		食品工場	防水性、滑り止め	
		重量物運搬	耐衝撃性	
		立ち作業	弾力性	
	ビルマンション	駐車場内	滑り止め	
		内廊下	弾力性、防音・防水性	
		外廊下	滑り止め、弾力性、防音	
		バッテリー室	耐薬品性	
	学校	低学年教室、廊下	弾力性、耐水性シームレス	
		特別教室	耐薬品性	
		ちゅう房	滑り止め、耐薬品性	
		プール	耐水性	
		プールサイド	滑り止め	
		体育館	弾力性	
	病院、老人ホームなど	病室、廊下	弾力性、シームレス	
		薬品室、分析室	耐薬品性	
		ちゅう房	滑り止め	

適正塗料
エポキシ系、ウレタン系床用塗料（塗床材）、アクリル系床用塗料
エポキシ系床用塗料
エポキシ系床用塗料（滑り止めタイプ）
同上
ウレタン系床用塗料
エポキシ系床用塗料（滑り止めタイプ）
ウレタン系床用塗料
同上
エポキシ系床用塗料
ウレタン系床用塗料
エポキシ系床用塗料
同上（滑り止めタイプ）
同上
同上（滑り止めタイプ）
ウレタン系床用塗料
同上
エポキシ系床用塗料
同上

②合成樹脂エマルションペイント（EP）

　合成樹脂を乳化重合により高分子化して樹脂粒子を水中に分散させたもので3章2節「(3)分散粒子融合乾燥」において示した乾燥方法をとり、連続した塗膜を形成する。形成した塗膜は高分子の優れた性能を発揮する。

　合成樹脂エマルションペイントの品質はJIS K 5663により設定されており、1種：外部用、2種：内部用となっているが、その主成分である樹脂エマルションはほとんどがアクリル系共重合樹脂である。

　それゆえに、現在では外部、内部ともに1種が用いられ、シーン光沢を嫌う天井等には2種が用いられる。

③つや有合成樹脂エマルションペイント（EP-G）

　美装を目的とした仕上げが多い。素地調整の段階で耐久性を考慮し、外部への適用においては合成樹脂エマルションパテはひび割れ、はがれの発生原因となりやすいため用いない。

　つや有合成樹脂エマルションペイントはアクリル樹脂が主成分で、品質はJIS K 5660に設定されている。塗装工程については『JASS 18 塗装工事』において［表5-47］に示す材料と規格が設定されている。

④ポリウレタンエマルションペイント（UEP）

　ポリウレタンエマルションペイントに用いる合成樹脂エマルションはつや有合成樹脂エマルションペイントに用いる場合と同様に樹脂エマルションの粒子径が小さく、マイク

［表5-47］つや有合成樹脂エマルションペイント塗りを構成する材料および規格

材料	規格
つや有合成樹脂エマルションペイント用下塗り塗料	JASS 18 M-204
合成樹脂エマルションシーラー	JIS K 5663
合成樹脂エマルションパテ	JIS K 5669
つや有合成樹脂エマルションペイント用パテ	JASS 18 M-204
つや有合成樹脂エマルションペイント	JIS K 5660

ロエマルションやハイドロゾル等で優れた造膜性を発揮できるタイプを用いている。

特にポリウレタンの場合は、単に粒子間の物理的結合造膜でなく、粒子間に架橋反応を生じ、化学的反応により造膜するため、耐水性・耐候性・耐溶剤性等の優れた性能を発揮する。

塗装工程を構成する材料は［表5-47］と同じものを用い、最終工程のみポリウレタンエマルションペイントとして構成する。

⑤アクリル樹脂系非水分散形塗料（NADE）

ミネラルスピリット等の溶解力の低い第3種の有機溶剤を用いるもので、アクリル樹脂を溶解させるのではなく重合分散させて液状とする。チキソトロピックな粘度特性により、作業性に優れた耐水性・耐アルカリ性の塗膜を形成する。

品質はJIS K 5670に設定されている。

(b) 熱硬化性合成樹脂系塗料

熱硬化性合成樹脂は反応硬化性合成樹脂ともいわれ、化学反応により硬化していくタイプで、現在の塗料の中心的な存在である。代表的なものとして、エポキシ樹脂・ポリウレタン・常温乾燥形ふっ素樹脂・アクリル・シリコン樹脂等が挙げられる。

これらの塗料は超耐久性を有するものが多い。高耐候性の性能を評価する促進耐候性試験と屋外暴露耐候性試験により評価し、1級・2級・3級のランクによって「JIS K 5658 建築用耐候性上塗り塗料」に設定される。その性能評価の内容を［表5-48］および［表5-49］に示す。

① 2液形ポリウレタンエナメル（2-UE）

ポリウレタン系塗料の代表は2液形ポリウレタンエナメル（2-UE）であり、主剤・硬化剤の組み合わせの2液構成となっている。主剤はアクリルポリオールやポリエステルポリオールによるOH基を含むもので、これに硬化剤と

[表5-48] 建築用耐候性上塗り塗料の適用範囲

建築物のコンクリート、セメント・モルタル面プレキャストコンクリートなどの美装仕上げ上塗りに用いる。建築用耐候性上塗り塗料に（以下塗料）について規定する。
この規格は主原料がふっ素樹脂、シリコーン樹脂、ウレタン樹脂を用いるもので、主剤と硬化剤とを混合し硬化させる塗料に適用する。

[表5-49] 級別すべき耐候性評価の主な品質

	等級		
	1級	2級	3級
促進耐候性	規定照射時間後、塗膜に割れ、はがれおよびふくれがなく、資料の色差が見本品の色差と比較して大きくなく、さらに白亜化の等級が1または0である。		
	照射時間2,500時間後 光沢保持率80%以上	照射時間1,200時間後 光沢保持率80%以上	照射時間600時間後 光沢保持率70%以上
屋外暴露耐候性	光沢保持率60%以上 白亜化の等級が1または0である	光沢保持率40%以上 白亜化の等級が2、1または0である	光沢保持率30%以上 白亜化の等級が3、2、1または0である
塗料種類の事例	常温乾燥形ふっ素樹脂系	ウレタン樹脂系	
	アクリルシリコン樹脂系		

なるポリイソシアネートが反応してウレタン結合による塗膜を形成する。

これらの塗膜性能は建築用耐候性上塗り塗料における3級であり、一部には2級を表示しているタイプも存在する。特にアクリルポリオールタイプによるアクリル―ウレタン樹脂エナメルは無黄変性で光沢保持率が高く、外壁用としては最適とされている。

②弱溶剤系2液ポリウレタンエナメル（LS2-UE）

環境負荷を低減したNADタイプのエナメルとミネラルスピリット等の第3種有機溶剤を用いたもので、主に2級の耐候性に優れた高級タイプの塗料である。

③アクリルシリコン樹脂エナメル（2-ASC）

アクリルシリコン樹脂エナメルは、各種のシロキサンを有するアクリルシリコン樹脂により構成されている。

硬化前に触媒作用により空気中の水分と反応して強固なシロキサン結合を形成するため、低温でも触媒のコントロールによって施工が可能であるため施工性に優れている。

アクリル樹脂の末端および側鎖にアルコキシシル基をもち、反応によってオルガノシロキサン結合を生成する。主剤としてオルガノシロキサン結合を含むポリオールのOH基、硬化剤としてNCO基を含有するポリイソシアネートの組み合わせからなるものなどがある。

④水性有機無機ハイブリッド塗料

無機成分であるシロキサンと有機成分であるアクリル成分や弾性成分とのハイブリッド構造を形成させるもので、無機成分が高耐候性、低汚染性を発揮する一方で、有機成分が良好な作業性と可とう性（柔らかさ）に寄与し、塗装可能な下地の範囲を広げることができる。

これにより1級の性能を発揮している。

⑤弱溶剤系アクリルシリコン樹脂エナメル（LS2-ASC）

溶解力の低い第3種溶剤を用いて樹脂を分散安定化したり、溶解可能な樹脂を使用することで液化に対応し、環境配慮型の塗料として用いられる。品質はJIS K 5658建築用耐候性塗料の1級または2級に該当するように設計されている。

これらの施工に対する塗装仕様は『JASS 18 塗装工事』において設定されている。これらの仕様化に対して、用いる材料および規格を［表5-50］に、またそれらを組み合わせた塗装種別を［表5-51］に示す。

⑥常温乾燥形ふっ素樹脂エナメル（2-FUC）

現在の建築用塗料で最も耐候性・耐久性等に優れた材料の一つとして登場した。

ふっ素樹脂は本来はフッ化ビニリデンによる熱可塑性樹脂であるが、常温乾燥形ふっ素樹脂はその優れた性能を発揮しつつ常温乾燥によって塗膜を形成するように研究開発された。ふっ素からふっ素共重合ポリオール合成を行い、こ

[表5-50] 弱溶剤系アクリルシリコン樹脂エナメル塗りに用いる材料および規格

材料	規格
弱溶剤系反応形合成樹脂シーラー	JASS 18 M-201
2液形エポキシ樹脂パテ	JASS 18 M-202
弱溶剤系アクリルシリコン樹脂塗料用中塗り	JASS 18 M-404
建築用耐候性上塗り塗料	JIS K 5658 1級または2級

[表5-51] 弱溶剤系アクリルシリコン樹脂エナメル塗りの塗装種別

塗装種別	塗り回数				
	下塗り	パテかい	パテ付け	中塗り	上塗り
A種	1	1	(1)	1(2)	2
B種	1	—	—	1	2

* —：実施しない
* （ ）：通常は実施しない工程作業

れに非黄変タイプのイソシアネートとのウレタン結合による硬化反応によって塗膜形成する。

しかし、塗膜自体の疎水性性能が強いため、汚染洗浄性が振るわず、特有の状態の汚染が目立つことがある。外壁等に用いる場合は、耐汚染性が求められるため、この点が改良され、現在は親水性の耐汚染性に優れたものが登場している。品質はJIS K 5658建築用耐候性建築用上塗り塗料1級として設定されている。

設計・施工については『JASS 18 塗装工事』において次に示す前提に基づき塗装工程を設定している。使用する材料については［表5-52］、また塗装種別は［表5-53］に示す。この場合のシーラーは、耐候性以外の性能では優れた耐アルカリ性・耐水性・付着性等の優れた2液形エポキシ樹脂をベースとしたシーラーが用いられる。

中塗りについても、コスト的なメリットも配慮し、耐候性以外は常温乾燥形ふっ素樹脂エナメルと同等以上の性能を示す2液形ポリウレタン系か2液形エポキシ樹脂系が用いられる。これらの材料で構成される塗装種別を［表5-53］に示す。

[表5-52] 常温乾燥形ふっ素樹脂エナメル塗りに用いる材料および規格

材料	規格
反応形合成樹脂シーラー	JASS 18 M-201
2液形エポキシ樹脂パテ	JASS 18 M-202
常温乾燥形ふっ素樹脂塗料用中塗り	JASS 18 M-405
建築用耐候性上塗り塗料	JIS K 5658 1級

[表5-53] 常温乾燥形ふっ素樹脂エナメル塗りの塗装種別

塗装種別	塗り回数				
	下塗り	パテかい	パテ付け	中塗り	上塗り
A種	1	1	(1)	1(2)	2
B種	1	―	―	1	2

* ―:実施しない

* ( ):通常は実施しない工程作業

c 建築用仕上塗材

建築用仕上塗材は、先に解説したミクロン単位の膜厚の各種塗料と比較すると、数ミリ単位の膜厚で仕上げを構成する。塗り作業により色・テクスチュア・機能等を発揮する塗り材である。

(a) 建築用仕上塗材の種類

仕上塗材の開発経緯は2章に示したように建築工法の動向に従い、各工法のニーズに対応して各種の仕上塗材が開発され、現在では[表5-54]に示す種類が開発されている。

これらの建築用仕上塗材の品質規格は、それぞれの開発過程で規格化されていったが、1995年に「JIS A 6909 建築用仕

[表5-54] 仕上塗材の大分類

種類	呼び名	通称
薄付け仕上塗材	薄塗材	リシン
複層仕上塗材	複層塗材	吹付けタイル
厚付け仕上塗材	厚塗材	スタッコ
軽量骨材仕上塗材	軽量塗材	パーライト吹付け
可とう形改修用仕上塗材	可とう形改修塗材	改修用フィラー

上塗材」に整理・統合され、その体制で 2003 年に改訂された。これらに対する施工上の標準仕様は 1977 年に日本建築学会『建築工事標準仕様書・同解説 JASS 23 吹付け工事』として設定され、1979・1989・1998・2006 年度の各年度において改訂作業がなされた。

(b) 薄付け仕上塗材

仕上塗材のルーツともいえるセメントリシンは先に示したが、昭和 3（1928）年に日本建築学会より発行された建築学会パンフレット「コンクリート外壁の表面仕上」において「リシンとは色の種類多く色彩優秀な良い材料である。防水の力なく雨しみはかなり目立つリソイド其他国産品にも同様のものが出来る」と説明されている。当時は輸入品であって国産品がと示され、その施工について「リシンの如き引き掻き仕上げもよく……」とされており、吹付け工法でなく左官工法が用いられていた。

米軍駐留に伴い FS 規格が導入されたことにより「セメントウォーターペイント」の国産化、「セメントリシン」が開発された。公営住宅の建設活発化にのり、国産セメントリシンの吹付け工法がスタートした。

1963 年 ALC が北欧より技術導入されると、柔軟性・防水・湿気透過の機能を持つ厚付け外装材として、合成樹脂エマルションをベースとした「樹脂リシン」の開発がなされた。この材料は日本住宅公団のコンクリート系量産化住宅の建設に必須となり、時代のニーズに基づき研究開発が進み、現代においては［**表 5-55、5-56**］に示す種類までに発展した。それぞれの材料について以下で説明する。

① セメント系薄塗材

セメントリシンとして過去に多量に使用され、吹付け材の代表品であった。

しかし施工時にセメント特有の性質による問題が発生しやすく、施工時の温度・湿度の影響を受けるとエフロレッセ

[表5-55] 薄付け仕上塗材の種類と特徴

種類	呼び名	特徴			通称
		用途	層構成	主な仕上げの形状	
外装けい酸質薄付け仕上塗材	外装薄塗材 Si	主として外部用	下塗材および主材または主材のみ	砂壁状	シリカリシン
可とう形外装けい酸質薄付け仕上塗材	可とう形外装薄塗材 Si			砂壁状	樹脂リシン・アクリルリシン・陶石リシン
外装合成樹脂エマルション系薄付け仕上塗材	外装薄塗材 E			砂壁状・ゆず肌状	弾性リシン
可とう形外装合成樹脂エマルション系薄付け仕上塗材	可とう形外装薄塗材 E			砂壁状・ゆず肌状・さざ波状・凸凹状	単層弾性
防水形外装合成樹脂エマルション系薄付け仕上塗材	防水形外装薄塗材 E				
外装合成樹脂エマルション薄付け仕上塗材	外装薄塗材 S			砂壁状	溶液リシン
内装セメント系薄付け仕上塗材	内装薄塗材 C	内部用		砂壁状	セメントリシン
内装消石灰・ドロマイトプラスター系薄付け仕上塗材	内装薄塗材 L			平坦状・ゆず肌状・さざ波状	しっくい・珪藻土塗材
内装けい酸質薄付け仕上塗材	内装薄塗材 Si			砂壁状・ゆず肌状	シリカリシン
内装合成樹脂エマルション系薄付け仕上塗材	内装薄塗材 E			砂壁状・ゆず肌状・さざ波状	しっくい・珪藻土塗材
内装水溶性樹脂系薄付け仕上塗材	内装薄塗材 W			梨地状・繊維壁状	繊維壁・京壁・珪藻土塗材

[表5-56] 薄付け仕上塗材の種類と特性

種類		外装薄塗材	可とう形外装薄塗材	防水形外装薄塗材	内装薄塗材
低温安定性		塊がなく組成物の分離・凝集がないこと			
軟度変化A法(1)		$-25\sim25\%$	—	—	$-25\sim25\%$
初期乾燥による ひび割れ抵抗性		ひび割れがないこと			
付着強さ N/mm^2 (kgf/cm^2)	標準状態	0.3(3.1)以上(2)	—	—	0.2(2.0)以上
		0.5(5.1)以上	0.5(5.1)以上	0.7(7.1)以上	0.3(3.1)以上
		0.5(5.1)以上	—	—	—
	浸水後	0.3(3.1)以上	—	—	—
		0.3(3.1)以上	0.3(3.1)以上	0.5(5.1)以上	—
		0.5(5.1)以上	—	—	—
温冷繰り返し作用 に対する抵抗性		試験体の表面に、はがれ、ひび割れ及び膨れがなく、かつ著しい変色及び光沢低下がないこと			
透水性	A法(cm)	2.0以下	2.0以下	—	—
		1.0以下	1.0以下	—	—
	B法(ml)	—	—	0.5以下	—
耐洗浄性		はがれ及び摩耗による基板の露出がないこと	—	—	はがれ及び摩耗による基板の露出がないこと
耐衝撃性		ひび割れ、著しい変形及びはがれがないこと			
耐アルカリ性 A法		割れ、膨れ、はがれ及び軟化溶出がなく、浸さない部分に比べて、くもり及び変色が著しくないこと			割れ、膨れ、はがれ及び軟化溶出がなく、浸さない部分に比べて、くもり及び変色が著しくないこと
保水性（％）		—	—	60以上	—
耐摩耗性		—	—	—	はがれ及び摩耗による基板の露出がないこと
耐候性 A法		ひび割れ及びはがれがなく、変色がグレースケール3号以上であること			—
耐変退色性		—	—	—	ひび割れ及びはがれがなく、変色がグレースケール3号以上であること
難燃性		—	—	—	難燃1級表面試験に合格すること
可とう性		—	ひび割れ及びはがれがないこと	—	—
伸び	20℃時	—	—	120%以上	—
	-10℃時	—	—	20%以上	—
	浸水後	—	—	100%以上	—
	加熱後	—	—	100%以上	—
伸び時の劣化		—	—	はく離、反り及びねじれがなく、主材に破断及びひび割れがないこと	—

(注) (1) 2層塗り仕上げ用の薄塗材Cにおいては、下吹材及び上吹材のいずれにも適用する。
薄塗材Siにおいては、硬化剤を使用するものについて適用する。
(2) 結合材料として、セメント混和用ポリマーディスパージョンを併用する場合は、$0.5N/mm^2(5.1kgf/cm^2)$以上とする。

ンスによる白化現象の色むら、ドライアウトによる硬化不良が発生する。そのため、現在はほとんど使用されない。

②合成樹脂エマルション系薄塗材

合成樹脂エマルション系薄塗材は、骨材を添加し顔料で着色するリシンタイプと、着色骨材（陶磁器粉末等）により

多色に着色するスキンタイプとがある。

③樹脂リシン

単に薄塗材としてだけでなく、建築用仕上塗材の全体において最も活用されている一つである。

リシンタイプは施工現場で骨材を混合するタイプと工場で既調合にしたタイプがあるが、JIS においては品質の安定性を考慮し、工場既調合が規定されているので選択時には注意が必要である。

スキンタイプは骨材（陶磁器粉）による着色で施工時に色むらが発生しやすいため、薄塗材としての仕様は少なくなり、現在は組成物を応用開発した「石材調仕上塗材」「タイル調仕上塗材」等がタイル、石材に代わるものとして用いられるようになっている。

④可とう形外装薄塗仕上塗材

可とう形とは一般の薄塗仕上塗材（薄塗材）に比較し塗膜自体に弾性を持たせたものである。下地コンクリートへの付着性を改善し、ある程度ひび割れに対する追従性を高めるように設計されている。

結合材（展色剤）の種類には、合成樹脂エマルション系はゴム弾性を有するアクリルゴム系、アクリル酸エステル樹脂等が挙げられる。

可とう形外装けい酸質系の場合は、アクリルゴムやアクリル酸エステル樹脂にシリカゾルや水溶性シリケート等を配合している。可とう形外装薄塗材 E の組成例を［**表 5-57**］、代表的な可とう形外装薄塗材の仕上げ工程例を［**表 5-58**］に示す。

この例に示されるように、可とう形外装薄塗材 E の下塗り材には、耐水性・耐アルカリ性・耐透水性はもちろん、下地（素地）および主材の伸縮に耐える十分な付着性が要求される。

主材はパターンおよび耐ひび割れ性に重要な役割を果たしており、均一な厚みの塗膜を形成する必要がある。品質は

[表5-57] 可とう形外装薄塗材Eの組成例

結合材	ゴム状弾性を有するアクリルゴム、アクリル酸エステル樹脂など
骨材	弾性を有するプラスチックチップ、ゴムチップまたは寒水砂、けい砂
充填材	重質炭酸カルシウム、クレー、マイカ、珪藻土など
着色剤	着色顔料
添加剤	分散剤、増粘剤、安定剤、消泡剤、防腐剤など

[表5-58] 可とう形外装薄塗材E(さざ波状・ゆず肌状)仕上げの工程(JASS 23による)

工程	材料	調合 (重量比)	所要量 (kg/m^2)	塗回数	間隔時間		最終養生
					工程内	工程間	
1 下塗り	可とう形外装薄塗材E、下塗材専用うすめ液または水	100 製造業者の指定による	0.1〜0.3	1		3h以下	
2 主材塗り	可とう形外装薄塗材E、主材(さざ波状・ゆず肌状)、水	100 製造業者の指定による	1.2〜1.8	1〜2	3h以上	—	24h以上

JIS A 6909に規定されており、「初期乾燥によるひび割れ抵抗性」「可とう性」等が求められている。

⑤防水形外装合成樹脂エマルション系薄付け仕上塗材

防水形外装合成樹脂エマルション薄付け仕上塗材は一般に単層弾性、防水形単層と呼ばれるもので、JIS A 6909において規定されている。

防水形外装用薄塗材Eの層構成は、一般に下塗り層・主材層・上塗り層であり、この構成に用いられる材料は下塗り材・主材であり、主材が上塗りを兼用している。

ゴム状弾性を有する連続した塗膜を形成するために、躯体に発生するひび割れを隠ぺい追従する効果を発揮する。

また、炭酸ガスの透過を抑制する性能をもち、中性化防止に寄与する。施工はローラー塗り工法が中心で、防水形となる。

(c) 複層仕上塗材

複層仕上塗材は通称吹付けタイルといわれ、仕上塗材類の代表的な仕上材料である。

①複層仕上塗材の種類と特徴

複層仕上塗材の種類は主材の結合剤によって分類され、その種類を［表 5-59］に示す。

それらの塗膜の構成は［表 5-60］に示すごとく、各工程がそれぞれの目的をもってそれらを達成し、その複合した性能を発揮するシステムとなっている。

特に高度な建築物に施工される場合は長期耐久性が求められるが、それは仕上げ塗り（上塗り材）の耐候性のグレードによって決定される要素が大きい。耐候性は［表 5-61］に示したごとく、JIS A 6909 において 3 グレードに規定されている。

この内容は促進耐候試験機での照射時間によって品質をグレード化している。

耐候性 1 種に該当する上塗り材は常温乾燥形ふっ素樹脂エナメルやアクリルシリコン系樹脂エナメル、無機・有機ハイブリッド系樹脂（ポリシロキサン系）エナメル、耐候性 2 種はシリコンアクリル樹脂エナメル、無機・有機ハイブリッド樹脂エナメル、そして 2 液アクリルウレタン樹脂エナメル、耐候性 3 種はつや有合成樹脂エマルションペイントなどがある。

②工法

これまで存在した塗装材料の積層システムから新しい価値を生み出した仕上塗材の典型的システムとして複層塗材がある。吹付けタイルの分野より発展開発され、建築物の壁面に化粧のみならず防水・保護の機能を付加させることのできる、塗装技能の重要性を発揮する工法である。

これら複層仕上塗材における工法は施工工程をいかに忠実に行うかがポイントであり、特に防水性等の機能を重視するタイプにおいては重要でその代表的な工程を［表 5-62］に防水形複層塗材 E について示す。設定された各工程の設計・監理のポイントとしては、特に主材と上塗り材にある。

・主材の工法

[表5-59] 複層仕上塗材の種類形状および工法

種類	仕上げ形状	工法	所要量(kg/m²)		塗り回数
複層塗材CE	凸部処理 凸凹模様	吹付け	下塗材	0.1以上	1
複層塗材Si			主材基層	0.7以上	1
複層塗材E			主材模様	0.8以上	1
複層塗材RE			上塗材	0.25以上	2
複層塗材RS	ゆず肌状	ローラー	下塗材	0.1以上	1
可とう形複層塗材CE			主材	1.0以上	1〜2
			上塗材	0.25以上	2
防水形複層塗材CE	凸部処理 凸凹模様	吹付け	下塗材	0.1以上	1
防水形複層塗材E			増塗材	0.9以上	1
防水形複層塗材RE	ゆず肌状	ローラー	主材基層	1.7以上	2
防水形複層塗材RS			主材模様	0.9以上	1
			上塗材	0.25以上	2

[表5-60] 複層仕上塗材の工程とその目的

材料	工程の目的
下塗り材	主に素地の吸収性を均一にし、素地と主材の付着性を高め、水分・アルカリ・エフロレッセンスなどの特性に対応する性質を有するもの
主材	塗膜を形成し、模様を表現することを主目的とし、素地の不陸を充填修正し、性能的には耐ひび割れ性・耐久性の優れたものを形成する。 特に防水機能を付加させるシステムでは、伸長性のあることが求められゴム弾性を有するものとなる。
上塗り材	色・光沢などのデザイン性を担当し、耐久性の面において、耐候性の優れた塗膜によって塗装全体を、雨・光など外力から、耐えるものとする。 上塗りの材質を中心に耐候性のグレード化がなされている。

[表5-61] 複層仕上塗材の耐候性の品質

区分	耐候性1種	耐候性2種	耐候性3種
耐候性B法	照射時間2,000時間	照射時間1,000時間	照射時間500時間
	塗膜に割れ・はがれ・膨れがなく、光沢保持率80%以上で、色の変化の程度が基準の試験体に比べて大きくなく、白亜化度8点以上であること		

[表5-62] 防水形複層塗材E仕上げの工程（JASS 23より）

工程		材料	調合(重量比)	所要量(kg/m²)	塗回数	間隔時間(h) 工程内	間隔時間(h) 工程間	最終養生
1	下塗り	防水形複層塗材E下塗材	100	0.1〜0.3	1	—	3以上	—
		専用うすめ液またはは水	—	—				
2	増塗り	防水形複層塗材E主材	100	0.6〜1.2	1	—	3以上	—
		水	指定による	—				
3	基層塗り	防水形複層塗材E主材	100	1.7以上	2	16以上	16以上	—
		水	指定による	—				
4	模様塗り	防水形複層塗材E主材	100	0.6〜1.2（さざ波状・ゆず肌状）	1	—	24以上（凸部処理の場合は1以内に行う）	—
		水	指定による	0.7〜1.3（凸凹状）				
5	凸部処理	（こてまたはローラーで押さえる）			—	—	—	—
6	上塗り	防水形複層塗材E上塗材	100	0.25〜0.35	2	3以上	—	48以上
		専用うすめ液	指定による	—				

*1 指定による：製造業者の指定による
*2 増塗りは建物の出隅、入隅目地および開口部回りなどへの主材塗りの前に行う

主材の施工は吹付け、ローラー塗りの2種類に大別され、求める造形模様はこれらの施工法により決定づけられる。主材の塗膜の目的は単に造形模様を形成するのみでなく、コンクリートを保護し、防水層を形成する役割を発揮する塗膜を形成しなければならない。

まず「増塗り」の工程で、出隅・入隅・目地・開口部回りなど役もの部分に主材を塗付け、膜厚を確保する。

次にコンクリートのひび割れを隠ぺいし、追従できる塗膜を均一の膜厚で形成する。防水層を形成するためには、「基層塗り」を所定の所要量で行い、均一な厚みで施工しなければならない。

そのためには、施工段階でウエットフィルムゲージ等により乾燥前にチェックし、不足があれば修正しながら施工する。乾燥後に修正することは層間付着性、防水機能に変化を生じやすく、「模様塗り」後では防水層の膜厚の管理は困難となる。

・上塗りの工法

上塗り材の塗膜の目的は、劣化外力である光・雨・湿度等から塗膜全体を守り、耐久性を保持することと、光沢・色彩等の美装表現を維持するためであり、その目的を発揮する施工が求められる。

上塗り材の施工のポイントは塗回数と施工時の温湿度条件である。当然定められている塗回数は施工し、膜厚が一回で得られるとしても必ず所定の塗り回数での施工を行い、塗りむらによる光沢・色彩の不均一を生じてはならない。

(d) 厚付仕上塗材

コンクリート系建築物において最も古くから外壁仕上げとして用いられるものであり、左官工法によって施工される意匠仕上げの代表として「スタッコ仕上げ」がある。昭和初期には、「セメントスタッコ塗」が住宅向きの仕上げとして活用されていた。現代では［**表 5-63**］に示す種類が標準化され、左官工事の一部門として用いられている。

[表5-63] 厚付け仕上塗材の種類および特徴

種類	呼び名	特徴 通称	用途	層構成	塗り厚	主たる仕上げの形状
外装セメント系厚付け仕上塗材	外装厚付塗材C	セメントスタッコ	外装用	下塗材およひ主材	4〜10mm程度	スタッコ状
外装けい酸質系厚付け仕上塗材	外装厚付塗材Si	シリカスタッコ				
外装合成樹脂エマルション系厚付け仕上塗材	外装厚付塗材E	樹脂スタッコ				
内装セメント系厚付け仕上塗材	内装厚付塗材C	セメントスタッコ・珪藻土塗材	内装用	下塗材およひ主材または主材だけ		スタッコ状 搔き落とし状 平坦状
内装消石灰・ドロマイトプラスター系厚付け仕上塗材	内装厚付塗材L	しっくい・珪藻土塗材				
内装せっこう系厚付け仕上塗材	内装厚付塗材G	せっこうプラスター・珪藻土塗材				
内装けい酸質系厚付け仕上塗材	内装厚付塗材Si	シリカスタッコ				
内装合成樹脂エマルション系厚付け仕上塗材	内装厚付塗材E	樹脂スタッコ・珪藻土塗材				

4節 合成樹脂塗床

床も塗工法により仕上げるものもあるが、その取り扱いは日本建築学会の『JASS 18 塗装工事』では未対応である。これを受け、『公共建築工事標準仕様書』においては「19章 内装工事」の床工事の範疇において「合成樹脂塗床」として取り扱われている。

1 合成樹脂塗床の種類と品質

塗床の主な目的は、コンクリートを中心とする床面に対して、防塵・摩耗の防止・侵食の防止・美装性の付与等が挙げられる。塗床の種類は厚膜型塗床材と薄膜型塗床材に分類される。

(1) 厚膜型塗床材

厚膜を形成して、床の保護と機能付加を発揮するタイプであり、2種類が標準化されている。

A 弾性ウレタン塗床材

耐摩耗性・防滑性・クラック追従性に優れているが、耐候性において汚れが付きやすい短所を有しており、内部床に用いられる。弾性ウレタン塗床の品質は［表5-64］JIS K 5970（建物用床塗料）により規定され、［表5-65］に示す硬化後の品質を求めている。

ホルムアルデヒドの放散量は標準はF☆☆☆☆としている。この規格は建築の屋内床面に塗装する塗料について規定したものである。

[表5-64] 弾性ウレタン塗床材の品質

項目	品質	備考
引張強さ(N/mm^2)	6.5以上	JIS K 6251（加硫ゴムおよび熱可塑性＝ゴムの硬さの求め方）による
伸び(%)	200〜400	
硬さ(Hs)	75〜85	JIS K 6253（加硫ゴムおよび熱可塑性＝ゴムの硬さの求め方）による
引張接着強さ(N/mm^2)	1.0以上	JIS K 5536（床仕上げ材用接着剤）に準じ、建研式引張接着力試験機などによる
摩耗質量(mg)	200以下	JIS K 7204（プラスチック—摩耗輪による摩耗試験方法）に準じ、摩耗輪CS-17輪荷重9.8、回転数1,000とする

[表5-65] JIS K 5970 建物用床塗料

項目		種類	
		上塗り	下塗り・中塗り
容器の中での状態	液体塗料	かき混ぜたとき堅い塊がなく一様である	
	ペースト塗料	塊がなく一様である	
	固形物が分離しやすい塗料	練り混ぜたとき一様になる	
塗装作業性		塗装作業に支障がない	
塗膜の外観		塗膜の外観が正常である	
上塗り適合性		―	上塗に支障がない
耐摩耗性		規定回転数当たりの摩耗減量30mg以下	―
対衝撃性		衝撃による変形で割れ、はがれが生じない	―
耐水性		6時間水に浸したとき異常がない	2時間水に浸したときに異常がない
耐アルカリ性（水酸化カルシウム飽和溶液）		6時間アルカリに浸したとき異常がない	2時間アルカリに浸したときに異常がない

B エポキシ樹脂塗床材

　エポキシ樹脂塗床材は接着力・耐摩耗性にすぐれ、硬度バランスのよい耐薬品性にも優れた床面を形成する。耐候性に難があり、施工面では低温硬化性・高温多湿時の養生で白化することがある。

　エポキシ樹脂塗床材の品質は［表5-64］JIS K 5970 建物用床塗料により規定され、ホルムアルデヒド放散量の標準は F ☆☆☆☆ としている。硬化後の品質は［表5-66］に示されている。

[表5-66] エポキシ樹脂塗床材の品質

項目	品質	備考
引張接着強さ（N/mm^2）	1.0以上	JIS K 5536（床仕上げ材用接着材）に準じ、建研式接着力試験機などによる
摩耗質量(mg)	200以下	JIS K 7204（プラスチック―摩耗輪による摩耗試験方法）に準じ、摩耗輪CS-17、輪荷重9.8N、回転数1,000回とする
吸水性(%)	1以下	JIS K 6911（熱硬化性プラスチック一般試験方法）に準じ、23℃蒸留水浸漬1週間とする

4節 合成樹脂塗床

(2) 薄膜型塗床材

薄膜型塗床材に使用する塗料はエポキシ樹脂系であり、品質は［表5-65］JIS K 5970により規定され、ホルムアルデヒド放散量は標準F☆☆☆☆としている。

硬化後の品質は［表5-67］に示す。

2 合成樹脂塗床材の工法

以上の合成樹脂塗床材が仕様化されており、代表的に次の種類の工法について示す。

(1) 厚膜弾性ウレタン樹脂系塗床仕上げの種類と工程

下地調整にはエポキシ樹脂モルタル・エポキシ樹脂パテを用いる。弾性ウレタン塗床の仕上げを［表5-68］に示す。これら種類および工程は特記により選択することになるが、もし特記がなければ平滑仕上げが標準となる。

(2) エポキシ樹脂系塗床材の種類と工程

エポキシ樹脂系塗床材の塗りの工程の種類は「薄膜流し展べ工法」「厚膜流し展べ工法」そして「樹脂モルタル工法」がある。

仕上げには平滑仕上げ・防滑仕上げの2種類がある。これらの種類のうち、エポキシ樹脂塗床材で最も普及している薄膜流し展べ工法について［表5-69］に示す。

［表5-67］薄膜型塗床材の品質

項目	品質	備考
引張接着強さ(N/mm^2)	1.0以上	JIS K 5536（床仕上げ材用接着材）に準じ、建研式接着力試験機などによる
耐水性	異常のないこと	JIS K 5600-6-1（塗料一般試験方法―第6部：塗膜の化学的性質―第1節：耐液体性（一般的方法））の7．方法1（浸せき法）に準じ、水浸漬時間は6時間とする
摩耗質量(mg)	30以上	JIS K 7204（プラスチック―摩耗輪による摩耗試験方法）に準じ、摩耗輪CS-17、輪荷重4.9N、回転数100回転とする

[表5-68] 弾性ウレタン塗床仕上げの種類と工程

工程	仕上げの種類	平滑仕上げ	防滑仕上げ	艶消し仕上げ	使用量 (kg/m²)
1	プライマー塗り	下地面の清掃を行った後、ローラー刷毛、刷毛、金ごてなどを用いて均一に塗布する			0.15
2	下地調整	面のくぼみ・隙間・目違いなどの部分に、液状樹脂に充填材を混入した下塗材を塗付け、下地表面を平らにする			―
3	ウレタン塗床材塗り	ウレタン塗床材を床面に流し、ローラー刷毛、刷毛、金ごてなどを用いて平滑に仕上げる			2.0
4	表面仕上げ		工程3の乾燥後、ウレタン塗床材に弾性骨材(ウレタンチップなど)を混合して、リシンガン・ローラー刷毛・刷毛などで塗り付けた後、トップコートを塗り付ける	工程3の乾燥後つや消し材入りトップコートを塗り付ける	―

[表5-69] 薄膜流し展べ工法(平滑・防滑仕上げ)

工程		面の処理など	平滑仕上げ使用量 (kg/m²)	防滑仕上げ使用量 (kg/m²)
1	プライマー塗り	下地面の清掃を行った後、プライマーを均一に塗り付ける	0.15	0.15
2	下地調整	面のくぼみ・隙間・目違いなどの部分は、エポキシ樹脂モルタルまたはエポキシ樹脂パテで平らにする	―	―
3	下塗り	気泡が残らないように平滑に塗り付ける	0.30	0.50
4	上塗り	気泡が残らないように平滑に塗り付ける	0.80	―
5	骨材散布	工程3が硬化する前にむらがないように均一に散布する	―	1.00
6	上塗り	適度に硬化後、均一に塗り付ける	―	0.05

5節 木質系素地面の塗装

　近年、木造建築が自然材への注目から活発化し、特に最近の傾向として木製で耐火・耐震性能が高く中高層建築に構造材として使用できる新建材直交集成板（CLT）の開発が進んでいる。事例として、国産品の地域活性化政策で採用されている「木造」ビル等がある。

　木部への美装と保護等の求めに対して、各種の塗装材料が開発され用いられている。木部塗装には木部の生地を生かした仕上げをする透明塗装と、木の質感は保ちながら着色し、木部生地を隠ぺいする不透明塗装に分けられる。

1 木質系生地

　木材の塗装では、木材の材質、構造、組織により要求される性能が異なる。［表5-70］は、木材構造と組織が塗装上に生ずる現象を示したものである。また、主な樹種の塗装よりみた特徴を示すと［表5-71］に挙げられる。

2 木部用塗料の種類と性能

　木部用塗料の種類は［表5-72］に示すごとく、展色剤の種類によって分類することができる。これら木造用塗料の品質は展色剤の種類によって異なるが、『JASS 18 塗装工事』では［表5-73］に挙げられる種類が標準化されている。

　これらのうち、透明塗装に用いるクリヤー、ワニス類は一般に展色剤のみの成分による塗膜であるため、顔料等の補強効果が得られず、耐水性・耐候性が不透明塗装のエナメル・ペイント類より劣るため外部用としての適性は認められていない。

3 木質系素地用塗装材料の適用材質と部位

　木質系素地塗装のルーツは漆塗りと言われるぐらい、塗装技能の高さは芸術の域に達するものまであるが、これらは工芸塗装として特殊な建築物以外は用いることはない。多くの木造材料において建築用として適用する素材は、『JASS 18』において［表5-74］のとお

[表5-70] 木材の組織の特性と塗装との関係

組織の名称	説明	塗装との関係
年輪	木口にみえる輪のことで，これは1生長期間ごとに区切りとしてできる材の層で，これを年輪と称し，1生長期間が1年の場合を年輪という。	美観 割れ
早材・晩材	生長輪の中で，生長期のはじめに形成された密度が低く細胞が大きい部分を早材（春材）といい，生長期の後半に形成された密度が高く細胞が小さい部分を晩材（秋材）という。	吸込み差，付着性のばらつき
辺材・心材	樹幹の中心部と外周部とでは，比重・含水量などの性状にも相違がある。外周部の淡い色で含水量が多く軟らかい部分を辺材（白太）といい，中心部の濃い色で含水量が少なく硬い部分を心材（赤身）という。	材色の違いそり 割れ
細胞・導管性[注]	広葉樹だけにあるもので，比較的直径の大きい管状の細胞で，樹液の輸送をつかさどるもの。	目落ちやせ 目割れ
伝導管（繊維）	両端のとがった細長い中空管状のもので，細胞膜には紋孔を備えている。主として針葉樹に存在し，広葉樹の導管と木繊維とを合わせたような働きを兼ねており，樹液の通路となり，また樹体に強固性を与える。	目落ちやせ 目割れ 吸込み差
木繊維	広葉樹にあるもので，細長く，両端のとがった細胞で，膜壁は厚く，紋孔は小さく，また数も少ない。強固性を与える細胞で，針葉樹では仮導管がこの働きを兼ねている。	吸込み差
放射組織	木口面上において，髄心およびそれ以外の材部から年輪を横ぎり，樹皮部に向かって放射状に走っている細長い細胞組織で，樹体中における養分の分配および貯蔵の役目をする。	美観 吸込み差 割れ
樹脂道	樹脂を貯蔵し，またその移動をつかさどる細胞間隙をいう。	やせ 乾燥不良

（注） 木材の導管径
　　　（直径）40～100ミクロン……ぶな，かつら
　　　　　　80～200ミクロン……かば，くす
　　　　　　100～250ミクロン……くるみ，ウォールナット
　　　　　　150～250ミクロン……ちしゃ
　　　　　　200～350ミクロン……なら，チーク
　　　　　　200～400ミクロン……けやき，しおじ
　　　　　　250～450ミクロン……ラワン

[表 5-71] 主要な塗装用木材の樹種の特徴と使用個所

分類	名称	仮設材			型枠パネル	構造材						造作材			装飾	家具	合板	特徴（心材の色／辺材の色／その他の特徴）
		建築一般	矢板	足場丸太		くい	水湿の場所	土台	柱	梁	構造	造作	建具	敷居溝・栓				
国産材 針葉樹	すぎ	◎	◎	○	◎				○			◎	◎					桃～赤褐／淡黄白／木理通直,肌目粗
	ジンダイスギ														○	○		赤褐／淡黄白／くすんだ黒色を帯びた色調
	あかまつ	◎	○	◎	◎	◎				◎								赤褐／淡黄白／木理ほぼ通直,肌目粗
	くろまつ	◎	◎															赤褐／淡黄白／木理ほぼ通直,肌目粗
	からまつ	◎	◎		○													褐／黄白／木理交走することが多い,肌目粗
	ひめこまつ											◎	◎					淡紅／淡黄白／表面仕上げに優れる
	エゾマツ	◎			◎													淡黄桃／淡黄白／木理直通,肌目粗
	トドマツ	◎																白／白／木理直通,肌目粗
	つが	◎						○	○			◎						淡黄／淡黄／木理ほぼ直通,肌目粗
	もみ	◎																白／白／木理直通,臭気
	まき					○		◎										淡褐／黄白／芳香
	ひのき	◎						◎	◎	○		◎	◎					淡黄～紅／淡黄白／芳香
	ひば						◎	◎										淡黄／黄白／木理直通,肌目粗,強臭気
	さわら						◎											黄褐／淡黄白／ひのきのような芳香なし
	こうやまき						◎											淡黄褐／白／臭気
	かや											◎						黄褐／黄白／臭気
	しらかし										◎							淡灰褐／淡灰褐／肌目粗,かし目模様
	あかがし														○			灰褐／灰褐／肌目粗,かし目模様
広葉樹	くり	◎						◎										褐／灰白／木理粗,木理美しい
	けやき											◎			◎	○		黄赤褐／淡黄／美しいもく
	くわ														○	○		黄褐／黄／肌目粗,特殊もく,芳香
	くすのき															○		赤褐／褐灰／肌目粗,芳香
	きり															◎		淡褐／淡白／軽軟
	さくら															○	◎	褐／紅褐／肌目精,暗緑じま
	かえで																○	褐／淡紅白／肌目精,不規則なく
	しおじ																◎	褐／淡褐／肌目粗

分類		樹種									色調・特徴
		たも									褐灰/灰/肌目粗
		なら	◎								褐、淡褐/とらふ模様
		とちのき					○				淡紅白/淡黄色、波もく、しま模様
		えんじゅ					○				暗褐/黄褐/しま模様
		かき									赤橙/淡黄/肌目粗
		ぶな	◎			○					淡黄褐、桃、白/肌目精、まさ目面にとらふ模様
		せん									淡黄褐/淡黄白/軽軟、仕上がり美しい
		ほう					○				緑灰/淡黄白/木理明瞭
		かつら									赤褐/黄白/肌目精
		しなのき									淡黄褐/黄白/肌目精
		まかんば	◎								淡紅褐/しばしば桜の名で使用
外国産材	針葉樹	べいすぎ		○		○					赤褐～赤/木理直通、肌目やや粗
		べいまつ		○	◎	○					黄～赤～白/白～淡桃/肌目粗
		べいひのき		◎	◎	○					黄白/白～淡黄/ひのきに似た芳香
		べいつが		○		○					白～黄白/白～淡黄/木理直通、肌目精
		べいひば					◎				白～黄/白～黄/特有な臭いあり
		べいとうひ		○	◎	○					淡桃褐/淡黄褐/木理明瞭
		べいもみ									白～黄白/黄白/臭気あり
		からまつ			◎						黄褐/淡黄褐/年輪幅狭く、重硬
		えぞまつ		○							淡桃/淡黄白/木理直通
		とどまつ		○		○					淡黄白/淡黄白/木理直通、肌目粗
		タイヒ			◎						紅～黄褐/淡紅黄白色/木理直通、肌目精
		べいひ									淡黄褐/淡桃/木理直通、肌目精
	広葉樹	マホガニー					○				桃～赤褐/黄白/木理やや交錯、肌目やや粗
		チーク		○							褐～赤褐/黄白/紫色しま、ろうけつの感触
		シタン									濃褐淡灰/赤褐/紫色しま、黄色などのしま模様
		コクタン									黒・桃・淡赤/唐木
		タガヤサン									濃褐/淡赤/重硬、唐木
		カリン									赤黄褐・赤褐/淡褐/木理交錯、肌目粗
		レッドラワン	◎								淡黄褐/淡黄/木理交錯、肌目やや粗
		ホワイトラワン	◎								淡黄褐/淡黄/木理交錯、肌目やや粗
		アピトン				○					赤褐/淡黄/赤～褐/木理やや交錯、肌目精
		オーク									暗黄褐/赤褐/木理やや交錯、肌目粗
		ウオルナット(くるみ)					◎				褐、紫褐/灰黄褐/紫色のしま模様

注 木材需要と木材工業の現況などから作成

[表5-72] 木部用塗料の種類

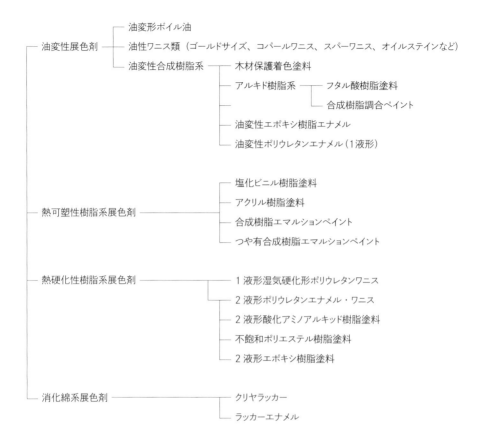

[表5-73] 『JASS 18 塗装工事』における木質系素地への塗装の種類

透明塗装	1液形油変性エポキシ樹脂ワニス塗り(1-UC)、2液形ポリウレタンワニス塗り(2-UC)、クリヤラッカー塗り(LC)、2液形ポリウレタンクリヤラッカー塗り(2-ULC)、ステイン塗り(ST)、木材保護塗料塗り(WP)
不透明塗装	合成樹脂調合ペイント(SOP)、合成樹脂エマルションペイント塗り(EP)、つや有合成樹脂エマルションペイント塗り(EP-G)

[表5-74] 塗装適用素地の種類

素地	材質
製材	製材の日本農林規格（農林水産省告示第1083号（平成19.8.29））に示す製材
集成材・積層材	集成材の日本農林規格（農林水産省告示第1587号（平成24.6.21））に示す集成材、単板積層材の日本農林規格（農林水産省告示第701号（平成20.5.13）に示す単板積層材（ただし、化粧加工材を除く）
普通合板	合板の日本農林規格（農林水産省告示第1751号（平成20.12.2））に示す普通合板
木質繊維板・パーティクルボード	JIS A 5905（繊維板）に示すハードボードおよびJIS A 5908（パーティクルボード）に示すパーティクルボード（ただし化粧加工材は除く）
単層フローリング	フローリングの日本農林規格（農林水産省告示第936号（平成20.6.10））に示す単層フローリング（ただし化粧加工材を除く）

り挙げられている。

　一般に建築における木材への塗装は［表5-75］に示すごとく、各部位における木材と塗料との適性が求められる。適用部位のそれぞれの要求に対応できる塗料の種類は限定される。外部の要求条件のシビアな場合には、合成樹脂調合ペイントの不透明仕上げか木材保護着色塗料の透明着色塗料を選ぶとよい。

4 塗装仕様

　木質系素地の面に塗装を行う場合の塗装仕様書の設定は、不透明塗装と透明塗装の場合によって異なり、特有の塗装工程が構成される。仕様は『JASS 18 塗装工事』木質系素地面塗装工事等で標準化されており、それらの中から選定する。

5 素地調整の工程

　素地調整はほかの素地と同様に重要な工程であり、仕上げの良否は素地調整によって見た目にも性能的にも決定づけられるといっても過言ではない。塗装工程は［表5-76、5-77］に示すごとく、『JASS 18 塗装工事』において標準化されているが、同一工程においても

[表5-75] 素地に適用する塗装の種類（『JASS 18 塗装工事』より引用）

塗装の種類＼素材の種類	製材	集成材 積層材	普通合板	木質繊維版 パーティクル ボード	単層 フローリング
1液形油変性ポリウレタンワニス塗り (1-UC)	○	○	○	△	○
2液形ポリウレタンワニス塗り (2-UC)	○	○	○	△	○
クリヤラッカー塗り (LC) および 2液形ポリウレタンクリヤラッカー塗り (2-ULC)	○	○	○	△	○
ステイン塗り (ST)	○	○	○	△	○
木材保護塗料塗り (WP)	○	○	—	—	—
合成樹脂調ペイント塗り (SOP)	○	○	○	○	—
合成樹脂エマルションペイント塗り (EP)	△	△	○	○	—
つや有合成樹脂エマルションペイント (EP-G)	△	△	○	○	—

*1 ○：適用する　△：特殊な場合のみ適用　—：適用しない
*2 外部の適用についてはワニス、クリヤ類は認められていない。他材料は仕様の記載による

[表5-76] 『JASS 18 塗装工事』における木部素地調整の種別

素地調整の種別	透明塗装・不透明塗装の別	素地調整の工程				
		汚れ・付着物の除去	研磨紙ずり	節止め	パテかい	研磨紙ずり
1種	透明塗装	●	●	○	—	—
2種	不透明塗装	●	●	●	○	○

* ●:実施する工程作業 ○:通常は実施しない工程作業 —:実施しない

[表5-77] 『JASS 18 塗装工事』における木部素地調整の工程

工程		素地調整の種別		塗料その他	面の処置	工程間隔時間
		1種	2種			
1	汚れ・付着物の除去	●	●		汚れ・付着物を清掃する。油類は溶剤拭きをして取り除く	
2	研磨紙ずり	●	●	研磨紙 P120〜P220	かんな目、逆目、けばなどを研磨紙ずりして平滑にする	
3	節止め	○	●	セラックニス	節およびその周辺に1〜2回塗る	2h以上
4	パテかい	—	○	ポリエステルパテ	パテを用いて穴などを埋める	4h以上
5	研磨紙ずり	—	○	研磨紙 P180〜220	穴埋めしたパテの部分を研磨紙ずりし、平滑にする	

*1 ●:実施する工程作業 ○:通常は実施しない工程作業 —:実施しない
*2 工程5の工程間隔時間は最終養生時間である

不透明塗装と透明塗装の場合で異なっている。
　特に、透明塗装の場合は素地である木部の色・木目等を生かした仕上げとすることが目的であり、節止め・パテかい等の着色が伴う材料を必要とする工程は施工できないため、透明塗装を用いて仕上げを計画する場合は、木材の表面の状態、くぼみ、節等の存在を配慮した選定が必要である。

6 塗装の工程

　木質建築物の外部に対する仕上げに関する近年の傾向として、木材の色・肌・質感を生かしつつ、木材の腐食防止や防かび性を求め

た仕上げの塗装仕様の要求が強くなっている。

　透明塗装は使用する塗料の耐久性に問題があり、各種のワニス塗り等の適性は十分でない。特に透明塗膜を形成する2液ポリウレタンワニスは、合成樹脂自体は耐久性を保有する塗膜であっても、塗膜を形成する塗装は木材の変化に追従できず、容易に「はがれ」「ひび割れ」等の欠点を発生する。しかし、透明塗装の仕上げを外壁・柱等の木部に施工する要求が強く、木材住宅・技術センターでは木材保護着色塗料を用いる塗装仕様の標準化が発表されている。以下にその例を示す。

(1) 木材保護(着色)塗料の品質

　木材住宅・技術センター規格では、木材保護着色塗料の品質を、木材着色の先進国であるドイツの連邦材料試験場（BAM）の規格を参考として、耐候性、防腐性、防かび抵抗性および撥水性試験等により設定している。

　これらに用いる木材保護着色塗料は造膜タイプでなく、木材内に含侵して木材表層部を改質・着色するタイプである。『JASS 18 塗装工事』においては独自に、JASS 18 M-307 木材保護塗料として設定している。その内容は［表5-78］に示される。

(2) 塗装仕様

　木材保護着色塗料の塗装工程は素地調整と木材保護着色塗料塗りの工程で標準化されている。

［表5-78］ JASS 18 M-307における木質保護用塗料の品質

項目	内容
容器の中での状態	かき混ぜたとき、堅い塊がなくて一様になるものとする
塗装作業性	塗装作業性に支障があってはならない
乾燥時間(h)	16h以内
塗膜の外観	塗膜の外観が正常であるものとする
促進耐候性	480時間の照射でふくれ、割れ、はがれなく、色の変化の程度が見本品に比べて大きくないものとする
かび抵抗性	試験体の接種した部分に菌糸の発育が認められないこと

＊かび抵抗性はかび抵抗性試験による。試験体の接種した部分の菌糸の発育があってはならない

A 素地調整の工程

素地調整の工程は［表5-79］に示した1種透明塗装を用いて汚れ・付着物の除去、素地研磨を行うもので、素地である木部を着色・パテかい、節止めする工程は設定されていない。

7 木材保護(着色)塗料塗りの工程

木材保護着色塗料塗りの工程は、耐候性の優れた染料や有機顔料を用いて着色できるため半透明仕上げとなる。その工程は［表5-79］に示す3種類により構成されている。

本仕様による大型木造建築の外部保護着色塗装は、多くの実績と良好な成果をあげている。

［表5-79］ 木材保護着色塗料塗りの工程

工程	塗装種別			塗料・その他	希釈割合(重量比)	塗付量(kg/m^2)	工程間隔時間
	A種	B種	C種				
1　素地調整				［表5-76］、［表5-77］		素地調整1種による	
2　下塗り	○	○	○	木材保護着色塗料	原液	0.1以上	6h以上
3　中塗り	○	○	—			0.1以上	6h以上
4　上塗り	○	○	○			0.08以上	6h以上
5　上塗り	○	—	—			0.08以上	72h以上

*1　○:実施する工程　—:実施しない
*2　工程5の工程間隔時間は最終養生時間

6節 特殊目的の各種塗装材料

塗装材料は先に示したごとく、建築物の表面皮膚分において種々の性能・機能を付加し、建物の耐久性を向上させるばかりでなく建築物の存在価値を向上させることができる。塗料材料は、塗装技能の基本である「塗る」「貼る」「詰める」の三要素によって種々の機能を発揮し、発展を続けている。

それらの機能のうち、建物への熱に対応すべく開発が進んでいる機能性塗料を紹介する。

1 高日射反射率塗料

夏場の都市部においてヒートアイランド現象による気温上昇が問題視されている。その一因として、建築物から発生する排熱がある。

この状況下において、夏季の省エネ対策として太陽光のうち熱に関与すると言われている近遠赤外線を塗膜表面で反射させる高機能性塗料が開発され、その効果が期待されている。

(1)高日射反射率塗料の原理

太陽熱を反射させる塗膜における原理には次の2種類がある。

① 太陽熱を透過させる塗料の下に太陽光を反射させる白色の塗料を塗り、熱線を反射させる［図 5-7］。

② 濃い色彩でも熱が籠もらないように、特殊な顔料によって熱線を反射させ、遮熱性能を付与させる［図 5-8］。

高日射反射率塗料と同一の色彩の一般塗料の分光光度計による反射スペクトルを比較したところ、高日射反射率塗膜の方が赤外領域で 780 〜 2100nm において光線を反射していることが判明し、赤外線領域を選択的に反射したものについて効果があると予測している。

(2)品質規格

高日射反射率塗料の品質は 2011 年に「JIS K 5675 屋根用高日射反射率塗料」として設定された。

1種：水を主要な揮発成分とする液状・自然乾燥形の塗料
2種：有機溶剤を揮発成分とする液状・自然乾燥形の塗料

[図5-7]　太陽熱高反射の原理（その1）

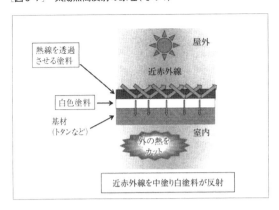

[図5-8]　太陽熱高反射の原理（その2）

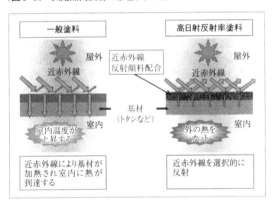

の2種に分けられ、日射反射率（近赤外波長日射反射率）％・全日射反射率％でその性能を規定している。

　その他項目としては耐おもり落下性・鏡面光沢度（60度）・耐酸性・耐アルカリ性・耐湿潤冷熱繰り返し性等があり、耐候性の品質に対しては［表5-80］に示す内容で設定されている。

(3)施工

　施工に対しては標準的なJASS等の取り決めができておらず、一般的には戸建て住宅の屋根部分への適用が主であるが、高度の耐久性が要求される部位であるため、材料は建築用耐候性上塗り塗料に用いられるウレタン系・アクリルシリコン系・ふっ素系が中心と

[表5-80] 高日射反射率塗料の耐候性品質

項目		等級			LG級
		1級	2級	3級	
促進耐候性	照射時間	2500時間	1200時間	600時間	
	観察評価	規定時間照射後、塗膜に割れ、はがれおよび膨れがなく、試料と見本品との変色程度を目視にて比較し、見本品の色変化と試料の色変化とが大差なく、さらに白亜化の等級が1または0である			
	光沢保持率(%)	80以上	80以上	70以上	—*
	色差(ΔE×ab)	基準値は定めないが、試験結果を報告する			
付着性		分類1または分類0である			
屋外暴露耐候性		塗膜に割れ、剥がれおよび膨れがなく、試料と見本品との変色の程度を目視によって比較し、見本品の色変化と試料の色変化とが大差なく、さらに近赤外線波長域の日射反射率保持率の平均が80%以上であること			
		光沢保持率が60%以上で、白亜化の等級が1または0である	光沢保持率が40%以上で、白亜化の等級が2、1または0である	光沢保持率が30%以上で、白亜化の等級が3、2、1または0である	白亜化の等級が2、1または0である

＊適用しない

なっている。

　被塗物の種類は、屋根部材のスレート・セメント系瓦・トタン屋根等となる。現在のところ定まった仕様が確立していないため、参考例としてスレート系屋根および金属系（トタン）屋根に関する仕様を［表5-81］および［表5-82］に示す。

2 耐火塗料

　建築物の構造はコンクリート系・鉄骨系・木造系に大別できる。火災時における対応として、鉄骨構造物における鉄骨を熱による変形・破壊・脱落等から守る耐火被覆工法がある。乾式・準乾式・湿式に分類され、そのなかで近年注目されているのが建築基準法にも定められた耐火塗料（耐火被覆塗料）である。

(1)耐火塗料の構成

　耐火塗料は、下塗り・中塗り・上塗りで構成され、［表5-83］に示すように、それぞれの工程が役割をもっている。

　下塗り・上塗りは一般的な金属用塗装の応用によるもので、下塗りは素地との付着力確保と長期にわたる防食性を目的とし、上塗り

［表5-81］ 高日射反射率塗料スレート屋根仕様

工程		塗料	塗付量 (g/m²·回)
1	下塗り塗料	専用下塗り塗料(スレート系／弱溶剤、水系)	100〜200
2	上塗り塗料	高日射反射率塗料(弱溶剤系・水系)	110〜200
3	上塗り塗料	高日射反射率塗料(弱溶剤系・水系)	110〜200

［表5-82］ 高日射反射率塗料金属系(トタン)屋根仕様

工程		塗料	塗付量 (g/m²·回)
1	下塗り塗料	変性エポキシ樹脂プライマー(弱溶剤系・水系) エポキシ樹脂塗料(弱溶剤系・水系)	130〜200
2	上塗り塗料＊	高日射反射率塗料(弱溶剤系・水系)	110〜170
3	上塗り塗料	高日射反射率塗料(弱溶剤系・水系)	110〜170

＊ 製造所により工程2に専用中塗りを使用する仕様もある

［表5-83］ 耐火塗料の工程の構成と役割

工程	役割	塗料の種類
下塗り (プライマー)	・素地との付着力補強 ・素地表面の保護(防錆) ・素地の吸収性の均質化	ジンクリッチプライマー、エポキシ油脂プライマーなど耐火被覆用専用下塗り塗料
中塗り (主材)	(常時) ・被覆物の耐火機能の保持 ・塗膜厚の確保 ・テクスチュアパターンの形成 (火災時) ・耐火被覆機能の発揮 ・断熱層の形成 ・熱吸収成分の放出(結晶水) ・可燃性ガスの希釈	アクリル系樹脂発泡形耐火被覆塗料
上塗り	・塗膜全体の耐久性保持 ・劣化外力への直接耐久力発揮 ・光沢・色彩など美装性発揮	常温乾燥形ふっ素樹脂系、アクリルシリコン系、ポリウレタン系など耐火被覆専用上塗り塗料

は中塗り（主材）を保護するための塗膜で、耐候性・耐水性・耐薬品性等に優れる。他種類の耐火被覆工法は、あくまでも耐火被覆のみの性能を求めた工法で化粧性はないが、本塗装は仕上げ塗りとして一般塗料と同様に幅広い色彩・光沢等の選択が可能である。

(2) 耐火被覆効果のメカニズム

常時には正常に一般塗装仕上げ面の美装効果を発揮する仕上げ面が、火災時に熱によって変化を生じてしまう。その時効果を発揮するのが「中塗り」である。

中塗りの組成は［表5-84］に示す例が挙げられるが、塗膜表面温度が250℃前後で発泡をしはじめ、塗膜厚1～3mmが最終的には数十倍の断熱発泡層を形成し、耐火被覆効果を発揮する。そのステップのメカニズムを［表5-85］に示す。

また、発生する水蒸気は可燃ガスの希釈の役割も果たす。この状況を図示すると［図5-9］のようなメカニズムとなる。

(3) 耐火塗料の施工

耐火塗料における施工認可条件は下記のとおりである。

① 鋼構造の屋内は1時間耐火（見え掛かり部分は基準法が改正され2時間耐火認定もあり）
② 品質管理・施工管理は認定材料メーカーとする
③ 施工は耐火塗料塗装施工協会に加盟
④ 耐火塗料塗装施工管理技術者2名以上登録の会社

［表5-84］ 耐火塗料中塗（主材）の組成例

成分	役割組織
結合材（展色剤）	合成樹脂（主にアクリル樹脂）
発泡剤	高温時発泡、低温時発泡（ポリリン酸アンモニウムなど）
炭化剤	高温炭化、低温炭化（ペンタエリスリトールなど）
熱吸収剤	結晶水放出（水酸化アンモニウムなど）
ハロゲン化炭化水素	発生熱量抑制（酸化アンチモンなど）
含窒素系化合物	可燃性ガスの希釈
顔料類	着色、その他（体質顔料、充填材、繊維類）
その他添加剤	各種安定剤、顔料分散剤
溶剤	有機溶剤、水

[表5-85] 耐火におけるメカニズム

第1段階 断熱層の形成
熱により塗膜組成物が熱分解し、生成物が窒素ガスを発生し、塗膜成分が炭化層になっていき、そのガスにより発泡させ、断熱層を形成する。
第2段階 可燃ガスの希釈
炭化層を発泡させた生成ガスは展色剤の合成樹脂の熱分解により生成する可燃性ガスを希釈し、燃焼温度を低下させる役割を果たす。
第3段階 熱吸収作用
水酸化アルミニウムなどの結晶水を有する充填剤が配合されており、200℃以上になると結晶水に解離反応し、自己消火性と発煙抑制作用をもたらす。

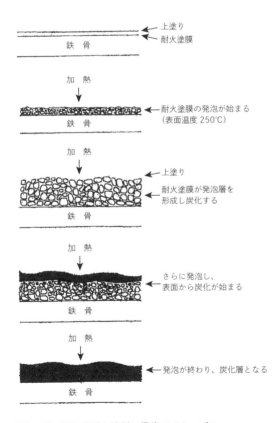

[図5-9] 発泡形耐火塗料の発泡のメカニズム

これらに対応した仕様について認定メーカーの資料による参考仕様を［**表 5-86**］に示す。

3 外断熱仕上材料

建築物の過飽和時代を迎え、ストック建築物への対応が単に改修・修繕のみでなく、それら既存建築を長寿命化・省エネ・耐震・環境対応等のサステナブルビルディング化する手段の一工法として開発された外壁工法。

これまでの日本の断熱工法は、内断熱として内壁壁面のみの断熱であったが、外断熱工法は構造壁体の熱容量を利用して、壁全体を断熱層として断熱することができるものであり、欧米では中心的に活用されている。日本においては『国土交通省建築改修工事共通仕様書（平成 14 年度版）』に「環境配慮（グリーン）改修工事 3 節 外断熱改修工事」が設定され、外断熱工法は 4 種類がある。

・湿式外断熱工法

4 種類の工法のうちの 1 つで、この工法は塗装技能・技術の基本操作＝「塗る」「貼る」「詰める」により完成可能工法で既存の塗装仕上げ層面に施工可能な方法。

・湿式外断熱工法

湿式外断熱工法による断熱層の構成を以下に記す。

・既存仕上げ層の処理
　①ポリマーセメント系接着剤塗付け
　②ビーズ法発砲ポリスチレン系断熱材貼付け
　③ポリマーセメント系接着剤＋グラスメッシュ貼付け
　④下地つくり（ポリマーセメント系接着剤）
　⑤各種専用テクスチャーペイント仕上げ

[表5-86] 発泡形耐火塗料塗装仕様（1時間耐火）例

工程		塗料その他	標準塗付量 (kg/m²・回)	標準膜厚 (μ/回)	塗回数	乾燥時間
1	素地調整	ブラスト（グリット／サンド）でSSPC SP-10（SISSa2.5）までさび落とし				
2	ショッププライマー塗り	無機ジンクリッチプライマー :100 専用シンナー :0〜10%	0.20 （エアレス）	15〜20	1	3日以上 6か月以内
3	下塗り	2液形エポキシ樹脂厚膜プライマー :100 専用シンナー :0〜10%	0.30 （エアレス）	60	1	1日以上 10日以内
4	補修・下地調整	発錆部・劣化部は電動工具を主体にSSPC SP-9（SISS13）までケレンする。 溶接部は著しい凸部をグラインダーで平滑にする				
5	鉄面露出部補修	変性エポキシ樹脂プライマー :100% 専用シンナー :0〜10%	0.20 （刷毛）	50	1〜2	1日以上 10日以内
6	耐火層塗り	特殊アクリル樹脂系耐火塗料主材 :100% 専用シンナー :0〜5%	1.50 （エアレス）	500	別途*	2日以上
7	上塗り	特殊アクリル樹脂系上塗塗料 :100% 専用シンナー :0〜10%	0.15 （刷毛）	20	2	4時間以上

* 耐火層の膜厚は認可された耐火性能、鋼材形状により塗装回数を決定
・現場継手部設定による
・溶接部・現場接合部、下塗塗膜損傷部は、入念な下地調整、補修塗装する
・現場塗装時、下塗塗膜面を入念に清掃してから次の工程を塗装する

6章 塗装工事における
　　　ストック建築物への対応

はじめに

　我が国の建築に塗装が活用された歴史は、2章「建築塗装の変遷」に示したごとく有史以前からといえるが、近代建築と塗装工事のかかわり合いと現在の塗装についての形態は、欧米から建築技術が導入された鎖国下の1857年に3冊のオランダの建築書を蕃書調所が入手したときに始まるとされている。

　現代の日本の建築事情は、1948年に建設省が設置され、本格的な建設行政が開始された。以降は2章に示した変遷により、大きく発展し、現在に至っている。

　現在は東日本大震災復興事業を中心として公共投資改革の背景下、既存建築物・土木構造物への対応については、2009年に新設工事が低迷している市場動向において、建築物のリフォーム・リニューアルの状況が国土交通省総合政策局建設統計室より「建築物リフォーム・リニューアル調査報告」としてまとめられている。

①調査は、総合工事業の業者数2,000社のうち、建築工事業1,408社、職別工事業301社に対して実施。
②すべての元請建築工事に占める建築物リフォーム・リニューアル工事の割合は以下のとおり。
　住宅に係る工事：739中、20％未満257、80％未満340
　非住宅建築物に係る工事：1,025中、20％未満161、80％未満616

　また、一方の調査では、建築（住宅）過飽和時代であり、所帯数4,700万世帯（住宅5,000万戸）時代を迎えている。

　この傾向は完全に日本建設業界は成熟産業化を示しており、2011年3月11日の東日本大震災においても、また過去の阪神大震災に

おいてもマンション等集合住宅の構造的耐震に十分対応できることが立証され、これらストック建築物の「建築物の機能低下速度の抑制・機能向上等による建築物の物理的延命・社会的延命等を中心とする活動により形成される」市場による、サステナブル社会における建築物の長寿命化への傾向が色濃くなってくる。これらの状況下において、建築物のリフォーム・リニューアルは次のことが求められている。

　維持：機能レベルの低下速度を弱める行為
　補修：陳腐化した機能を竣工時点のレベルにまで復興させる行為
　改修：竣工時点を上回るレベルにまで高める、あるいは新たに付加する行為

　これらの背景において、ストック建築物の表層部分からの劣化対応として、その部門に携わる塗装工事のリフォーム・リニューアルは重要な役割を担っている。

1節　塗装材料の劣化・調査診断

1　劣化現象と劣化事例

　ストックされた建築物の外壁や各種鉄骨・鋼製建具等に施工されている塗料材料は、薄い乾燥塗膜となる塗料による仕上げと、各種のテクスチュアや立体模様を構成する建築用仕上塗材とに大別できる。これらの劣化は、いずれの塗装材料も合成樹脂を塗膜形成主要素としていることから同様の傾向を示す。

(1) 劣化現象の進行

　一般的な劣化現象では、塗膜の表面部分より生じた劣化が経時とともに内部へと進行するが、素地の特性により劣化の状況も変化していく。大別すると
　①塗膜表層分表面の劣化現象
　②塗膜形成内部の劣化現象
　③素地を含む塗膜全層の劣化現象
　となり、各段階における劣化現象を［表6-1］に挙げることができる。

[表6-1] 塗膜の経年に伴う劣化現象の進行過程と劣化要因

劣化進行	劣化位置	主な劣化現象	主な劣化要因
↓	塗膜表層表面 (主に上塗面)	汚れ付着 光沢低下 変退色 白亜化 上塗材ふくれ 上塗材割れ 上塗材はがれ 摩耗	気象要因 (日照・雨・風など) 大気汚染因子と外力
	塗膜内部	摩耗 塗膜のふくれ 塗膜の割れ 塗膜のはがれ	大気汚染因子などの外力 気象因子(日照・雨など) 塗装下地からの劣化作用
	素地(下地)を含む 塗膜全層	摩耗 塗膜のふくれ 塗膜の割れ エフロレッセンス さび 素地(下地)よりの ひび割れ	大気汚染因子などの外力 気象因子(日照・雨など) 塗装下地からの劣化現象 素地自らの劣化現象

(2) 塗膜表面に発生する劣化現象

塗料や仕上塗材の塗膜の表面部分に大気汚染因子である塵埃や生物汚染の藻類・かび等の汚れが付着しはじめ、気象因子である紫外線・熱・水分等により塗膜の表面部分の塗膜形成要素が破壊されて [表6-2] に示すような劣化現象が生じる。

[表6-2] 塗膜表面に発生する劣化現象

劣化現象	現象・原因など
汚れ付着	大気汚染物(塵埃・排気ガス)・生物汚染物(藻類・かびなどの繁殖)の付着や素地の劣化現象(さび・エフロなど)の表面への析出などにより発生
光沢低下	塗膜表面が紫外線・熱・水分・酸素などの作用により光沢低下する現象
変退色	顔料が紫外線などの作用で変色したり、退色したりする現象。主に彩度、明度が変化する。また、大気汚染物質の作用による変色がみられる場合がある
白亜化	塗膜表面の樹脂などが紫外線・水分・熱・酸素などの劣化外力により破壊し、顔料が離脱しやすくなり、粉末状になる現象。チョーキング現象ともいう
摩耗	白亜化の繰り返しや塗膜表面への砂塵などの外力の作用により塗膜厚が減少する現象

(3) 塗膜内部の劣化現象

塗膜表面の劣化現象が進行すると、劣化は塗膜の内部へと徐々に影響を与え、種々の劣化現象を呈する。それらの現象と主な原因を[表6-3]に示す。

(4) 塗装素地（下地）を伴う劣化現象

素地を含む劣化現象は、塗装の劣化が素地に影響を与える場合、素地の劣化が塗膜に影響を与える場合など、その因果関係は複雑となる。

A セメント系素地の場合

塗膜の劣化がさらに進行し、塗膜の保護機能が低下し、素地が露出してくると、素地自体の固有の劣化現象が表面化してくる。外壁を構成しているセメント系素地（コンクリート・モルタル）面の場合、塗膜の劣化が進行してくると、[表6-4]に示す素地特有の劣化現象が表面化してくる。

B 鉄鋼面塗装の劣化現象

鉄鋼面素地に対する塗装の目的の第一は素地の腐食を防止するこ

[表6-3] 塗膜内部の劣化現象

劣化現象	現象・原因など
ふくれ（浮き）	塗り重ねた塗膜間や塗膜と素地の間に発生した気体または液体を含んで、盛り上がる現象で塗膜の付着力や凝集力より大きくなった場合に発生する。
割れ	素地（下地）の割れにより発生するもの、凍結融解などの繰り返しなどによる塗膜の内部応力の発生による塗膜の部分的破壊、劣化外力による塗膜の可とう性の低下によるものがある。 割れには大別して次の2種類がある。 浅割れ（checking）：塗膜表面の浅い割れ 深割れ（cracking）：下塗り塗膜や下地が見える程度の深い割れ
はがれ	劣化により塗膜の接着力が低下し、塗膜の一部または全面がはがれること。はがれの種類は次の2つがある。 層間剥離：上塗りと下塗りとの付着力を失い生ずる小面積の鱗片状の剥離 界面剥離：下塗りと素地（下地）との間で生ずるはがれ また、はがれの面積によって次の2種類が挙げられる。 小はがれ（flaking）：塗膜が下層との付着力を失い生ずる小面積の鱗片状の剥離 大剥離（scaling）：塗膜が下層との付着力を失い生ずる部分的に生ずる剥離
ふくれ・割れ・はがれなど混在	上記のような内部応力の現象がある程度の大きさで、混在して生ずる

[表6-4] セメント系素地面の下地を含む劣化現象

劣化現象	現象・原因など
エフロレッセンス	下地の可溶成分(主に水酸化カルシウム)がひび割れなどから析出して大気中の二酸化炭素と反応して、難溶性の白色物質(主に炭酸カルシウム)となって塗膜表面に沈着する現象
ひび割れ	コンクリートなどの乾燥収縮や鉄筋の腐食によるもの、構造的な原因により発生した下地のひび割れから塗膜に生じた割れ(これらのひび割れは漏水・鉄筋腐食・中性化などの劣化現象を伴う場合が多い)。
下地浮き	鉄筋のさびやポップアウトなどにより、コンクリート表面が破壊され剥落しないで浮いている状態、またモルタルが躯体コンクリートより剥離する場合
鋼材のさび	コンクリート内部の鉄筋の腐食、外壁取り付け用釘・付属物の腐食などにより塗膜表面に錆汁が流出し、付着している状態

とで、一般にさび止めとしての役割を果たしている。その塗膜の劣化が進行すると、[表6-5]に示す素地の劣化を含む現象を生じる。

塗装を施した鉄鋼面の場合、塗膜の劣化が表層部分より始まり、それが進行して、5章[図5-3]に示すごとく、水の存在する欠損部がアノード、健全塗膜部がカソードとなって腐食を起こす。特に海水等の電導度の高い水分が存在すると、小面積のアノードと大面積のカソードの組み合わせとなり、電流密度が大きくなるので、局部腐食を起こしやすく、腐食が急激に進行する。

さらにその進行が深くなれば、鉄鋼面の断面欠損となりやすいため、腐食が発生した初期段階での補修が必要となる。

C 亜鉛めっき鋼板素地を含む劣化現象

亜鉛めっき面が露出すると、めっき層が防錆の役割を果たすが、その劣化は亜鉛白さび、鉄鋼面赤さび、断面欠損へと進行する。こ

[表6-5] 鉄鋼面素地を含む劣化現象

劣化現象	現象・原因など
ふくれ・割れ・浮き・はがれ・さび混在	塗膜の劣化が進行し、各種の劣化により、塗膜の機能が低下して素地の部分からさびが発生している状態
赤さび	塗膜が劣化し、金属面が露出して、その表面に水酸化物や酸化物を主成分とする腐食生成物が生じる
断面欠損	金属表面の腐食(赤さび)が鋼材内部まで進行して、鋼材の板厚が減少する。部位によっては構造安全上重大な劣化現象となる

れらの現象を［表6-6］に示す。

D アルミニウム合金製部材の劣化現象

　バルコニー手摺やアルミニウムサッシ、窓格子等のアルミニウム合金製部材の劣化としては、表面処理皮膜あるいは塗膜に汚れが付着したり、シミ、変退色が発生する。また、そうした汚染物質の付着が点食や孔食等の部材欠損へと進行する。［表6-7］にアルミニウ

［表6-6］　亜鉛めっき鋼板素地を含む劣化現象

劣化現象	劣化位置	現象・原因など
白さび	亜鉛めっき層	塗膜の劣化により露出した亜鉛めっき面において亜鉛が水酸化イオンや炭酸イオンと反応して白色の塩基性炭酸亜鉛を生成する
損耗		亜鉛めっき層が白さびとなり、表面から失われていく現象
侵食・損失		損耗が進行し、めっき層の深部まで腐食が進んだ状態やめっき層が失われた状態
赤さび	鉄鋼面	亜鉛めっき層が劣化進行し、損失して鉄鋼面が露出し赤さびを呈する状態
断面欠損		亜鉛めっき面が部分的に消失し、鉄鋼面に局部腐食を生じ、さらに鉄鋼面の深部へと腐食が進行した状態

［表6-7］　アルミ合金部材の劣化の種類

劣化現象		定義
汚れ	付着物	からぶき、または水洗いによって除去されるもの
	軽度の固着物	からぶき、水洗いによって除去されないが中性洗剤によって除去されるもの
	重度の固着物	除去するために溶剤または研磨剤入り洗浄剤を必要とするもの
	しみ	汚れが皮膜、塗膜の内部に浸透し、洗浄によって除去されないもの
変色	白化	表層部が劣化し、粉状を呈した状態
	干渉色	表層部が劣化し、虹色を呈した状態
	白亜化（チョーキング）	皮膜・塗膜の表面が変化し、不透明な白色粉状になった状態
	黄変	クリヤ塗膜が劣化し、黄色味を帯びた状態
傷	ひっかき傷	深みのない表面的な傷
	凹凸	深みのある立体的な傷
腐食塗膜劣化	点食	大気中の汚染物質の付着により生じた点状の腐食
	孔食	貫通孔を生じた腐食
	変形	裏面腐食の生成物により、ふくれを生じたもの

ム合金部材の劣化の種類を示す。

　アルミニウム合金製部材は、紫外線や熱等により表面処理皮膜及び塗膜の表面に腐食や点食が発生して劣化が進行する。

2　調査診断手法と判定
(1)調査の目的
　塗膜の劣化状況の調査では改修対象の建物に関する資料を整備し、発生した劣化現象の種類や進行程度等を確認し、さらに劣化原因を推定することにより改修の要否を判定する。

(2)調査の種類
A 事前調査
　改修対象となる塗装外装等の部位の概要を把握することを目的として、建築物の規模・構造・用途・竣工後の年数・立地地域環境・施工業者・改修工事履歴等について、新築時の設計図書や施工計画書、施工要領書等の調査を行う。［表6-8］および［表6-9］は事前調査の調査表の事例である。

B 現地(本)調査
　事前調査に基づき、現地において目視及び各種の調査機器を用いて改修設計に必要な調査を行う。また、場合によっては一部破壊試験を行うなど、現状をより正確に把握し、改修設計図書を作成できるようにする。記載事項を［表6-10］に示す。

C 施工調査
　施工調査とは、改修工事施工者が施工に先立ち、設計図書に基づいて、現場の状況を確認することを目的として行う調査である。

　この調査結果により、改修工事の範囲や必要数量及び劣化程度に応じた適切な改修工法や材料を検討し、施工計画書が作成される。当該調査の結果が改修設計図書と大きな違いがある場合は、設計者と協議する。

[表6-8] 集合住宅塗仕上げ外壁の事前調査表(例)(その1)

建物名称			調査日			調査員	

敷地条件	所在地						
	気象条件	温度		湿度		降雨	風向
	地域環境	①大気汚染 ②海浜 ③田園 ④市街地 ⑤都市郊外 ⑥山間 ⑦温泉地 ⑧工場地帯 ⑨その他（　　　　　　　）					

建物条件	周辺状況	東		西		南	北
	構造	①RC造 ②S造 ③SRC造 ④PC造 ⑤ALC造 ⑥その他（　　　　）					
	規模				管理形態		
	その他建物特性						

施工概要	施工時期	外壁			施工業者	
		金属部分			施工業者	
	補修塗装履歴	外壁				
		金属部分				

塗装仕様		外壁材	パターン	素地	素地調整	プライマー	下塗り	主材	上塗り
	1								
	2								
	3								
	4								
	5								
		金属部	部位・部材	素地	素地調整	下塗り (さび止め)	中塗り	上塗り	
	1								
	2								
	3								
	4								
	5								

[表6-9] 集合住宅塗仕上げ外壁事前調査表(その2)

外壁塗装材料			建物概要 (平面、立面、写真等)
外壁塗装材料の種類	パターン	素地の種類	
1 塗料 1.1 アクリル樹脂エナメル 1.2 その他塗料 　　（　　　　　　　） 2 薄付塗材 2.1 薄塗剤C(セメントリシン) 2.2 薄塗剤E(樹脂リシン) 2.3 可とう形薄塗材(弾性リシン) 3 複層塗材 3.1 複層塗材C 3.2 複層塗材E 3.3 可とう形複層塗材CE 　　(可とう・微弾性・柔軟性) 3.4 防水形複層塗材CE 3.5 複層塗材S 3.6 可とう形複層塗材S 　　(シリカタイル可とう・微弾性) 3.7 複層塗材E(アクリルタイル) 3.8 複層塗材E(弾性タイル・複層弾性) 3.9 複層塗材RE(水系エポキシタイル) 3.10 防水形複層塗材RE 3.11 複層塗材RS 　　（エポキシタイル） 3.12 防水形複層塗材RS 4 厚付仕上塗材 4.1 厚塗材C(セメントスタッコ) 4.2 厚塗材E(樹脂スタッコ)	1 砂壁状 2 ゆず肌状 3 凹凸状 4 凸部処理 5 クレーター 6 スタッコ状 7 スタッコ凸部処理 8 石材調仕上 9 陶磁器タイル状 10 その他パターン 　　（　　　　　　　） 素地調整の種類 1 モルタル 2 ポリマー入りペースト 3 ポリマーモルタル 4 既調合モルタル 5 既調合モルタル(ポリマー入り) 6 建築用下地調整塗材(セメントフィラー) 7 合成樹脂エマルションパテ 8 エポキシ樹脂パテ 9 その他（　　　　　）	1 コンクリート打ち放し 2 PCパネル 3 モルタル 4 ALC 5 コンクリートブロック 6 その他 　　（　　　　　　　）	金属部・部位・部材 1 ドア 2 サッシ 3 防火扉・消火機器 4 非常階段 5 屋上設備機器 6 高置水槽・架台 7 自転車置き場 8 その他(　　　　　　　) 金属部素地の種類 1 鋼材 2 溶融亜鉛めっき 3 電気亜鉛めっき 4 アルミニウム合金 5 その他(　　　　　　　) 下塗り(さび止めペイント) 1 鉛系さび止めペイント 2 鉛酸カルシウムさび止めペイント 3 エポキシ樹脂プライマー 4 変性エポキシ樹脂プライマー 5 その他(　　　　　　　) 中塗り・上塗り 1 合成樹脂調合ペイント 2 フタル酸樹脂エナメル 3 アクリル樹脂エナメル 4 2液形ポリウレタンエナメル 5 2液形エポキシ樹脂エナメル 6 常温乾燥形ふっ素樹脂エナメル 7 焼付乾燥形 8 その他(　　　　　　　)

[表6-10] 現地調査表の事例

方位	部位	部材	No	使用材料						劣化現象																施工時期		[備考]・当該部分の特記事項・性能試験結果・推定原因	全般に関する特記事項
				外壁		金属部			全種類				仕上げ面				外壁			金属部						新規	塗替え		(1) 経時変化に伴う変化発生状況
				種類	色ベタン	光沢	下地（素地）種類	下塗種類	上塗種類	変退色	汚れ	光沢	白亜化	摩耗	ひび割れ	ふくれ	はがれ	ひび割れ・混凝在れ	エフロレッセンス	ひび割れ	発錆状況			腐食状況		付着性	劣化発生層			(2) 材料選定時の状況・適否
																					点さび	塗膜下さび	白さび	下地表面	断面欠損	クロスカット					(3) 施工時の素地・素地調整の適否
東																														(4) 施工時の状況・適否
西																														(5) 維持管理の状況・適否
南																														(6) 環境条件・部位状況
北																														

外壁部分・部位番号
①一般外壁 ②塔屋外壁 ③パラペット ④廊下壁 ⑤廊下軒裏 ⑥窓まわり ⑦庇軒裏 ⑧庇軒裏手すり ⑨階段手すり ⑳階段段裏 ⑪手すり脚部 ⑫目地まわり ⑬斜壁 ⑭グリルまわり ⑮バルコニー ⑯バルコニー軒裏 ⑰鼻先 ⑱手すり壁上端 ⑲手すり壁 ⑳バルコニー軒裏手すり 内壁

金属部分・部位番号
①ドア ②サッシ ③防火扉 ④消火器置 ⑤非常階段 ⑥手すり (a.バルコニー b.屋上) ⑦手すり支持金物 (a.バルコニー b.屋上) ⑧屋上アンテナ支持金物 ⑨屋上設備点検用タラップ ⑩屋上設備機器 ⑪高置水槽 ⑫高置水槽架台 ⑬自転車置場 ⑭雨樋 ⑮鉄骨 ⑯その他 ( )
下地 (素地) ①鋼材 ②亜鉛めっき ③アルミニウム ④ステンレス ⑤その他 ( ) 種類番号

[劣化発生層]
外壁 1. 下地 (素地) 2. 下地調整材層 3. シーラー 4. 下塗材 5. 主材 6. 上塗材 注) 異層の場合1,2,3,4のように表示
金属部 1. 下地 (素地) 2. めっき層 3. さび止め塗料 (プライマー) 4. 中塗 5. 上塗

[劣化現象の評価]
① 塗膜自体の劣化

汚れ

判断基準	デグリー
汚れなし	CT0
ほとんどない	CT1
認められる	CT3
顕著に認める	CT5

変退色

判断基準	デグリー
変退色なし	CD0
ほとんどない	CD1
認められる	CD3
顕著に認める	CD5

光沢低下

判断基準	デグリー
なし	CD0
ほとんどない	CD1
認められる	CD3
顕著に認める	CD5

白亜化

判断基準	デグリー
つかない	CD0
粉化物がほとんどつかない	CD1
粉化物がつく	CD3
粉化物が顕著につく	CD5

摩耗

判断基準	デグリー
下地の露出がない	CD0
ほとんどない	CD1
認められる	CD3
顕著に認める	CD5

割れ

判断基準	デグリー
ない	C0
ほとんどない	C1
認められる	C3
顕著に認める	C5

ふくれ

判断基準	デグリー
ない	B0
ほとんどない	B1
認められる	B3
顕著に認める	B5

はがれ

判断基準	デグリー
ない	S0
ほとんどない	S1
認められる	S3
顕著に認める	S5

ふくれ・はがれ・割れ等の混在

判断基準	デグリー
ない	M0
ほとんどない	M1
認められる	M3
顕著に認める	M5

さび (膜下さび・点さび・白さび・面さび)

判断基準	デグリー
発錆なし	R0
さびの発生率 0.03%以下	R1
0.03～0.3%	R2
0.3～1%	R3
1～3%	R4
3～10%	R5

付着性 (クロスカット)

判断基準	デグリー
異常なし	CC0
パターン1	CC1
パターン2	CC2
パターン3	CC3
パターン4	CC4
パターン5	CC5

② 外壁面の劣化

ひび割れ

判断基準	デグリー
ない	CF0
ほとんどない	CF1
認められる	CF3
顕著に認める	CF5

エフロレッセンス

判断基準	デグリー
ない	E0
ほとんどない	E1
認められる	E3
顕著に認める	E5

③ 金属面の劣化

腐食の発生状況

判断基準	デグリー
断面欠損はない	DR0
表面にあばた状態に腐食	DR1
孔食散在	DR3
著しい断面欠損	DR5

(3) 調査診断手法

A 塗膜の調査

塗膜の劣化現象に対する調査方法は［表6-11］に示す方法がある。これらの調査は一般的には［表6-12］に示すように、簡単な一次診断から高次診断へとその要否を判断しながら移行するものであるが、集合住宅の場合などは高度診断を含めたかたちで調査されることが多い。

集合住宅などの場合は、劣化原因の究明というより、改修工事を行うための既存仕上げに対する下地調整方法や塗り替え工法の選定を目的としている。

B 主な診断方法と機器

塗膜の劣化状況の調査の多くは目視によるものであるが、劣化の度合いによって機器や判定基準などを用いる場合もある。

(A) 変色・退色

目視により、紫外線・雨水・熱などの外力により生じた塗膜の色調変化を評価する。変退色は使用されている着色顔料に起因するものと、仕上げ材に用いられている樹脂等の劣化によるものがあり、汚れや白亜化とは区別する。

(B) 光沢度低下

主に目視により健全部との比較をする。塗膜表層の樹脂が、紫外線・雨水・熱等の劣化外力により分解し粉状となるために光沢が低下して見える。光沢計を用いて数値化することもできる。

(C) 白亜化

光沢低下が進行すると樹脂の劣化により顔料の把握力が低下し、歯が抜けるように脱落する。手で塗膜表面をこすると白い粉末が付着し、その程度で評価する。

(D) 付着力

試験方法はJIS K 5600-5-7「一般試験方法第5部塗膜の機械的性質第7節付着性（プルオフ法）」に規定されている。

一般的な建築用仕上塗材の付着力試験には、建研式接着試験器が使われることが多く、［表6-13］および［表6-14］に示す例のごとくJIS A 6909に各材料の標準時の付着強さが示されており、

[表6-11] 劣化現象に対する調査方法の具体例

項目	調査手法	調査方法
光沢	目視	調査個所を選び、保存板または光沢の低下していない個所との光沢程度を比較評価
	計測	ポータブル型の光沢計を用い、保存板または光沢の低下していない個所との光沢保持率で評価する
変退色	目視	調査個所を選び、保存板または変退色の少ない個所との色の差を比較評価する。またはグレースケール(JIS Z 8723)による
	計測	ポータブル型の色差計を用い、保存板または変退色の少ない個所との色差(ΔE)で評価する
白亜化	目視	調査個所を選び、指触によって付着している粉状物の量によって評価
	計測	白亜化試験機(JIS Z 5600-8-6)を用い、白亜化度を調査する
汚れ	目視	調査個所を選び、目視によって全体を評価し汚れ状況および汚れの種類を判定する
ふくれ	目視	調査個所のふくれの有無を確認し、発生している場合は標準パターンに合わせて目視評価する
	計測	皮すきなどで塗膜を剥がし、ふくれの内部を評価する。劣化の著しいときは付着力試験を行う
割れ	目視	調査個所の割れの有無を確認し、発生している場合はそのはがれている位置を示し、標準パターンに合わせて目視評価する
	計測	著しい場合は付着力試験を行う
はがれ	目視	調査個所のはがれの有無を確認し、発生している場合はそのはがれている位置を示し、標準パターンに合わせて目視評価する。 皮すきやハンマーなどを用いて、塗膜が新たにはがれるか否かを調査する
	計測	劣化が著しい場合は付着力試験を行う
摩耗	目視	調査個所の塗膜の摩耗状態を保存板または標準パターンに合わせて目視評価する。劣化が著しい場合は付着力試験を行う
ふくれ・割れ・はがれ	計測	碁盤目テープ法(JIS K 5600-8-2)やXカットテープ法(JIS K 5600-8-4)や付着力試験(JIS K 5600-8-5)などを用いて付着力の測定を行う
さび	目視	調査個所のさびの発生状況を標準パターンを用いて、目視評価する

[表6-12] 塗膜の段階的劣化診断方法

劣化現象	一次診断法	二次診断法	三次診断法
変色・退色	目視診断 (一様な変退色、局部的な変退色)	目視診断 (色見本カラーチャートによる評価)	測色色差計による診断
光沢低下	目視診断	目視診断	光沢計による診断
白亜化	指触診断 (塗膜面を指で強くこすり、粉状物の付着状況で評価)	払拭診断(塗膜面を黒色または白色の布で強くこすり、粉状物の付着状況で評価)	白亜化度による JIS K 5600-8-6 一般試験法 (「白亜化の等級」などにより評価)
汚れ	目視診断	目視診断	目視診断 (色見本、カラーチャートによる評価)
ふくれ	目視診断	目視診断 (ふくれ層のチェック)	目視診断(ふくれ層チェック) 付着力試験
われ	目視診断	目視診断(割れ層のチェック、下地のクラックの診断、割れの進行度、進行性診断) 付着力試験(建研式接着力試験器、アドヒジョンテスター、クロスカット試験法)	
はがれ	目視診断	目視診断(はがれ層チェック) 付着力試験(建研式接着力試験器、アドヒジョンテスター、クロスカット試験法)	
ふくれ・割れ・はがれの混在	目視診断	目視診断 付着力試験(建研式接着力試験器、アドヒジョンテスター、クロスカット試験法)	
さび	目視診断 (さび(赤さび、白さび)の発生、断面欠損)	目視診断 (さび(赤さび・白さび)の発生) さびの深さ (ポイントマイクロメーター、ノギスなど)	目視診断 (さび(赤さび・白さび)の発生) 付着汚染物質および JIS K 0101によるさびの化学分析

[表 6-13] JIS A 6909 による仕上塗材塗膜の品質基準(標準時付着強さ)

塗膜の種類	薄付仕上塗材 外装薄塗材				可とう形外装薄塗材			防水形外装薄塗材	
	C	Si	E	S	Si	E	RS	E	Si
付着強さ (N/mm^2) (Kgf/cm^2)	0.3(3.1)以上	0.5(5.1)以上	0.5(5.1)以上	0.5(5.1)以上	0.5(5.1)以上	0.5(5.1)以上	1.0(10.2)	0.7(7.1)以上	0.7(7.1)以上

塗膜の種類	複層仕上塗材 複層塗材					可とう形複層塗材	
	C	CE	Si	E	RE	CE	Si
付着強さ (N/mm^2) (Kgf/cm^2)	0.5(5.1)	0.5(5.1)	0.5(5.1)	0.7(7.1)	1.0(10.2)	0.5(5.1)	0.7(7.1)

塗膜の種類	防水形複層塗材		
	CE	E	RE
付着強さ (N/mm^2) (Kgf/cm^2)	0.5(5.1)	0.7(7.1)	1.0(10.2)

[表 6-14] JIS A 6916 による仕上塗材用下地調整塗材の品質基準(標準状態の付着強さ)

下地調整塗材の種類	下地調整塗材 セメント系下地調整塗材		合成樹脂エマルション系下地調整材	セメント系下地調整厚塗材	
	1種(c-1)	2種(c-2)	E	1種(CM-1)	2種(CM-2)
付着強さ (N/mm^2) (kgf・cm^2)	0.7(7.1)以上	1.0(10.2)以上	0.7(7.1)以上	0.7(7.1)以上	1.0(10.2)以上

試験時の破断個所が塗膜なのか、あるいは下地調整塗材・下地によるものかもその判定要素となる。

　薄い膜厚のものについては JIS K 5600-5-6 の付着性（クロスカット法）に規定された付着力を評価する方法を応用する。クロスカット法は、塗膜に対して単一刀切込み工具（カッターナイフ）を用いて、素地に貫通する切込みを直角に格子状に入れ（1~2mm 程度）、その部分に透明感圧付着テープ（セロハンテープ）を貼り付けた後、テープを引き剥がして剥離した塗膜がテープに付着している状況から判断する。

(E) さび

　さびは鉄鋼素地面、亜鉛めっき素地面、アルミニウム合金製部材のほか、最近では塩化ビニル樹脂被覆鋼板（玄関扉等）などにも生じ、部材ごとにその発生形態は様々である。

　特に集合住宅の場合には、雨掛かり部分と非雨掛かり部分とで劣化程度に差があり、経年によるものか、または特殊要因によるものかを目視で判断する。特殊要因（温泉場や化学薬品等）が考えられる場合には、付着汚染物質の化学分析を行う方法もあり、測定方法は付着汚染物質やさび等を採取し、これらを蒸留水に溶かし、濾液を JIS K 0101 に従って分析する。

C 調査診断結果の評価

　踏査結果に基づいた改修設計を実施するにあたっては、劣化の進行程度を客観的に評価するため、「劣化の進行程度を示す尺度＝劣化デグリー(Degree)」という考え方が定義されている。

　しかし、実際の建築物調査診断の現場では、躯体の劣化に対する改修要否が第一の目的となることが多いことから、2次発生的な塗装仕上げの診断評価としては、塗膜個々の劣化現象の評価というよりは、全体的な下地調整方法の選定や塗り替え塗装材料の選定のために行うケースが多くある。

(A) 評価方法

　塗装工法の目的となる躯体保護を重視する場合と、外観（美装性）を重視する場合に分け、その劣化程度（デグリー）により判断する。

①劣化現象のデグリー

　劣化現象の進行過程を劣化程度（デグリー）で段階的に評価し、客観的な判断指標とする。［表6-15］に示すごとく、劣化現象によって4～6段階の評価となっている。

②修繕要否の判定

　劣化現象は、塗膜全体に生じている場合や部分的に生じている場合がある。また、劣化現象が単独で生じている場合はほとんどなく、種々の劣化が混在していることが多いため、劣化グレードに対する劣化現象の発生面積や混在種類等に応じて、大規模修繕するか、部分的に修繕するかの判断が必要である。それらの修繕範囲の例を［表6-16］および［表6-17］に示す。

［表6-15］劣化程度（デグリー）の評価基準

劣化程度（デグリー）	程度
劣化程度0	劣化が発生していない
劣化程度1	ほとんど劣化していない
劣化現象2	劣化がわずかに認められる
劣化現象3	劣化が認められる
劣化現象4	劣化がかなり認められる
劣化現象5	劣化が顕著に認められる

［表6-16］外装塗仕上材の劣化による補修・修繕の要否の判定

塗装材	要求性能		躯体の保護性能を重視する場合の補修・修繕規模		外観を重視する場合の補修・修繕規模	
	劣化現象	修繕規模	部分修繕	大規模修繕	部分修繕	大規模修繕
全塗膜	変退色・光沢低下・白亜化・汚れ		—	—	デグリー3以上 面積20%以上	デグリー3以上 面積20%以上
全塗膜	ふくれ・割れ・はがれ・それらの混在		デグリー3以上 面積20%以上	デグリー3以上 面積20%以上	デグリー2以上 面積20%以上	デグリー2以上 面積20%以上
複層・厚塗材	（上塗りの変化） ふくれ・割れ・はがれ・それらの混在		デグリー2以上 面積20%以上	デグリー2以上 面積20%以上	デグリー2以上 面積20%以上	デグリー2以上 面積20%以上
複層・厚塗材	（主材の変化） ふくれ・割れ・はがれ・それらの混在					
全塗膜	層間付着					
全塗膜	下地との付着性（素地から）					

[表6-17] 金属部材部分塗装の劣化による補修・修繕の判定

要求性能＼劣化現象	素地の保護機能を重視する場合の補修・修繕規模		外観を重視する場合の補修・修繕の規模	
	部分補修	大規模修繕	部分補修	大規模修繕
変退色・光沢低下・白亜化・汚れ	—	—	デグリー3以上 面積20%未満	デグリー3以上 面積20%以上
ふくれ・割れ・はがれ・それらの混在	デグリー3以上 面積20%未満	デグリー3以上 面積20%以上	デグリー2以上 面積20%未満	デグリー2以上 面積20%以上
さび発生(さび発生率)*	デグリー1以上 面積3cm^2/m^{2}以上	デグリー2以上 面積30cm^2/m^{2}以上	—	—

*さびデグリーの発生の診断基準

さび発生率	デグリー
発錆なし	0
0.03%以下	1
0.03〜0.3%以下	2
0.3〜1%	3
1〜3%	4
3〜10%	5

3 修繕設計と施工のポイント

　塗装材料（塗料・仕上塗材）による仕上げは、施工後の経年による美装・保護・機能付加等の低下は避けられず、適切な時期に修繕することが必要である。

　前項までに行った劣化および調査診断の結果を受けて、修繕が必要となった場合には、その劣化に応じ修繕（塗り替え）の方法を適切に選定する。検討作業の例を［図6-1］に示す。

(1)仕様選定時の検討事項

A 既存塗膜の役割の確認

　既存塗膜がどのような役割を果たしているかは、重要な確認事項の一つである。その例を示すと以下のようになる。

　①外装仕上げの場合
　　美装性：テクスチャー・質感・光沢・色彩
　　機能：耐候性・防水性・中性化防止・ひび割れ追従性・遮塩性

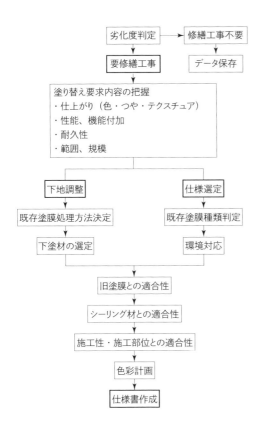

[図6-1] 塗り替え仕様選定のフロー

　　湿気透過性・ガス透過性・耐透水性・耐汚染性・断熱性
②金属仕上げの場合
　　美装性：光沢・色彩
　　機能：防さび性・耐薬品性・耐湿性・遮塩性・耐候性
B 既存塗膜の種類の判定

　既存塗膜の種類を的確に判別し、塗り替え塗膜を選定することが非常に重要であり、新築時の設計・施工記録等で確認することが必要である。しかしながら、それらの記録が残存されていることは少なく、その場合は調査診断段階で判別することとなる。その方法を[図6-2]および[表6-18]に示す。

[表6-18] 既存塗膜の種別判定方法

同一の塗料種別でも溶解性が場合によって差異を生じることがある。

項目		旧塗膜 塗料							薄塗剤 (リシン)					
外観評価	形状	薄膜（平坦）							砂壁（リシン）状					
	膜厚	薄い（0.2mm以下）							薄い（0.2mm以下）					
	硬さ	硬							硬			軟	硬	
	光沢	無	無	無	無	無	有	有	—					
燃焼試験	状態	B	B	B	B'	B	B	B	IB	B'	B	B	B	B'
	臭気				※									
溶剤試験	塗料用シンナー	S	S	S	S	S	ID	S	ID	S	S	S	S	S
	塩化ゴム系シンナー	D	D	D	D	D	ID	S	ID	S	S	S	S	S
	エポキシ系シンナー	D	D	D	D	D	S	D	ID	S	D	D	D	S
	はく離剤	D	D	D	D	D	S	D	ID	D	D	D	D	D
塗料名		合成樹脂エマルションペイント	つやあり合成樹脂エマルションペイント	アクリル樹脂塗料	塩化ビニル樹脂塗料	けい酸質塗料*	ポリウレタン樹脂塗料・ふっ素樹脂塗料	リシンベース	セメント系薄塗剤（セメントリシン）	薄塗剤E（樹脂リシン）	薄塗剤E（陶石樹脂リシン・スキン）	可とう形薄塗剤E（弾性リシン）	薄塗剤S（溶液リシン）	薄塗剤Si（シリカ系リシン）*

マスチック塗材			厚付け材 (スタッコ)			複層塗材 (吹付けタイル)					伸長形複層塗材 (ゴム状弾性仕上材)				
さざなみ状			凸凹状、凸部処理状			ゆず肌状、凸凹状、キャスト状、クレーター状					ゆず肌状、凸凹状、キャスト状、スチップル状				
2〜3mm			厚い(スタッコ)			厚い(1〜5mm)					厚い(1〜5mm)				
硬			硬			硬					軟				
—			—			—					—				
B'	IB	IB	IB	B'	B'	IB	B'	B'	B	B	B	B	B	B	B' ※
S	ID	S	ID	ID	ID	ID	S	ID	ID	ID	S	S	S	S	S
S	ID	S	ID	S	S	ID	S	ID	S	ID	S	S	S	ID	S
S	ID	ID	ID	S	S	ID	S	ID	ID〜S	S	S	S	S	S	S
D	ID	D	ID〜S	D	D	ID〜S	D	ID〜S	D	D	D	D	S	S	D
マスチック塗材A	マスチック塗材C	マスチック塗材B	厚塗材C(セメントスタッコ)	厚塗材Si(シリカ系スタッコ)*	厚塗材E(樹脂スタッコ)	複層塗材C(セメント系吹付けタイル)	複層塗材E(アクリル系吹付けタイル)	複層塗材RE(エポキシ系吹付けタイル)	複層塗材RS(エポキシ溶液系吹付けタイル)	複層塗材Si(シリカ系吹付けタイル)*	伸長形複層塗材E-2(連続主材層あり弾性リシン)	伸長形複層塗材E-2(単層弾性材)	伸長形複層塗材E-1(アクリルゴム)	伸長形複層塗材RS(ウレタンゴム)	伸長形複層塗材RS(クロロプレンゴム)

(注) 略号　IB:燃えない、B':燃えにくい、B:燃える　　ID:不溶、S:膨潤又は軟化、D:溶解

※:塩素臭

*シリカ系は当分類では合成樹脂エマルション変成タイプとして評価した。

・複層塗材及び上塗材のあるマスチック塗材、厚塗材については、上塗材をのぞいた主材の識別である。上塗材については、塗料の項を見る。

・つやなし塩化ビニル樹脂塗料、半つやアクリル樹脂塗料については、それぞれのつやあり塗料の項を参照する。

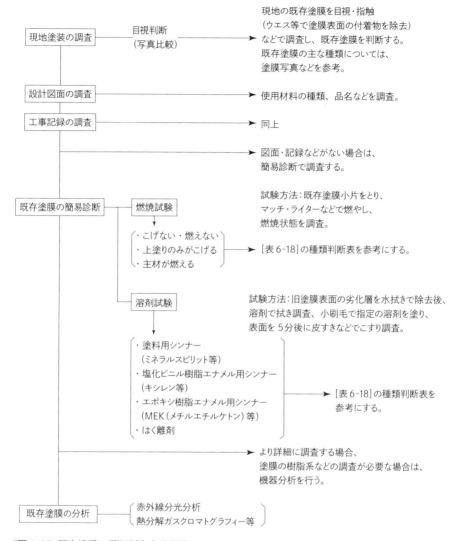

[図6-2] 既存塗膜の種別判定方法（例）

C 下地調整

　塗装仕上げのクレーム発生原因は、50％以上が素地と下地に関する事項となっていることが［表6-19］からもわかるように、塗装の修繕設計における下地調整方法の選定は、非常に重要なポイントといえる。

[表6-19] 塗装クレームの発生とその要因

発生要因	発生率
1 コンクリート・モルタルなどの素地調整	35.5
2 既存仕上の下地調整	15.3
3 塗装材料の品質	18.7
4 塗装条件	16.6
5 塗装方法	10.3
6 その他	3.6

　既存仕上げ材の劣化程度に応じて、また、修繕に用いられる塗装材料との最適化を図るために、処理方法を適切に選定していかなければならない。素地および既存仕上げ面の処理は、清掃、除去、固定の3種類に分けられる。

(A) 洗浄・けれん処理方法

　洗浄・けれん処理は、既存仕上層表面に付着している「汚れ」を除去して既存塗膜を活性面とする処理方法である。代表的な汚れの付着状況と清掃方法を[表6-20]に示す。

[表6-20] 代表的な「汚れ」の付着状況とその清掃方法

汚れの付着状態	汚れの種類	清掃方法	注意事項
のる・吸い付く状態	じんあい： 塗膜表面に静電気等で引きつけられているほこり・泥等 析出した付着物： 風化物・エフロレッセンス	はたく・払う・ふく・吸い取る・水洗いする	・吸水性の大きい既存面は水洗の後に乾燥が必要となる． ・高圧水洗は150～200 kgf/cm²とし，ワイヤブラシやデッキブラシ等の併用が有効である．
吸い込んでいる状態	しみ：手あか 結露による汚れ モルタルのアルカリ さび汁	水洗, 中性洗剤等 同上 漂白・削り取り等 水洗, ブラッシング除去	浸み込んだ汚れはすべて落ちない場合がある．再塗装に際し, 汚れが塗膜上にしみ出ないようにプライマーを選択する．
べとつく状態	油染み：廃棄ガス汚染付着 表面に固まった油分 浸透した油染み	溶剤洗浄・洗剤洗浄 薬品洗浄・削り取り等	残存した油分は塗膜の付着を著しく妨げるので, 十分除去する．
はえる状態	かび：微生物による汚れ 藻：植物の繁殖による汚れ	かび取り剤による洗浄 中性洗剤洗浄 次亜塩素酸ソーダ洗浄 溶剤洗浄等	かびの発生状況, 種類によって洗浄法を選定する．洗浄した後, 必ず水洗する．

(B)塗膜除去方法

塗膜除去は既存塗膜の劣化状況に応じて、「削る」「破砕する」「溶解・膨潤させる」など[表6-21]に示す方法が挙げられ、これらのなかから脆弱化した劣化した既存塗膜を適切に除去する方法を選定する。

(C)固定

既存塗膜の脆弱部分を除去し、活膜として残存させた部分に対して露出した素地を含めて補強し、新規の塗膜との付着性を確保

[表6-21] 既存塗膜の除去方法の種類

基本の操作		工具	処理機構	特徴
機械的処理	手工具	皮すき・スクレーパー	鋼の先を曲げた刃物で局部的に除去する	局部的な処理に適合 軽度なさび・塗膜・汚れ等の除去に適合
		ワイヤブラシ	ワイヤ真鍮等製ブラシでこすりながら削る	
		研磨紙	研磨紙で研磨する	
	電動工具	ディスクサンダー	電動・エアモーター等の回転により削り取る 研磨材料の種類・硬度により選択する	外壁・鉄面等に広範囲に用いられ普及している
	加圧水方式	高圧洗浄	高圧水(70～150kgf/cm^2)を噴射させ除去する 脆弱化した既存塗膜除去に効果的	旧塗膜の表面の汚染物・脆弱塗膜の除去に最適で多用される
		超高圧洗浄	超高圧水(1000～2000kgf/cm^2)を噴射させ除去する ほとんどの種類の既存塗膜除去可能	既存塗膜の全面除去、脆弱素地除去等に威力発揮
		ウォーターブラスト	高圧水に砂を混合して噴射させ除去する	効果大であるが騒音・水等に問題
	ブラスト方式	サンドブラスト	けい砂・石英砂等を高圧空気で塗面に噴射させ削り除去	除去効果は高いが騒音・飛散ダスト等の問題が大きく、使用できる現場が限られる
		ショットブラスト	鋼球を高圧空気で塗面に噴射させ削り除去	
		グリットブラスト	鋼材を粉砕鋭角にしたグリットを高圧空気で塗面に噴射させ削り除去	
化学的除去	溶解方式	はく離剤	溶解力の強い溶剤を主成分とする物で塗膜を膨潤・溶解させはがす	非水系・水系があり、塩素系溶剤は問題あり
		溶剤ふき	溶解性の高い溶剤で溶解・膨潤させ除去する	施工環境に問題あり
	加熱方式	トーチランプ	火炎によって有機質塗膜を燃焼させ、炭化除去	火災危険等取扱い困難

できるよう既存塗膜の表層部分を改質する目的で、一般にはシーラーが用いられる。この場合、シーラーは顔料や充填材等の配合されていないクリヤータイプであることが前提となる。

また、シーラーの種類によっては［表6-22］の5段階評価（5：最適～1：不適）に示すように素地や既存塗膜等の下地に対する処理能力が異なり、既存塗膜の種類と新規に用いる塗装材料に適合した種類を選定しなければならない。既存塗膜の劣化に対して適用できるシーラーの種類を［表6-23］に示す。

(D) コンクリート系外壁面における劣化程度（デグリー）と下地調整

コンクリート系外壁面の既存塗膜に対する処理は、塗膜表面のみの劣化の場合と塗膜層内へ進行している劣化の場合とで異なり、それぞれ［図6-3］および［図6-4］に示すフローになる。また、劣化程度（デグリー）による処理方法の目安を［表6-24］に示す。

(E) 金属面塗膜の補修グレードと下地調整

集合住宅等の建築物に用いられる金属は鉄鋼および亜鉛めっき鋼に代表され、塗装にはそれらの防錆を主とし、美装を兼ねたものが用いられている。

塗り替えについては付着性やさびの発生状況を中心に、塗膜の劣化程度（デグリー）［表6-24］を、補修の要否を含めた補修グレードに変換する。その内容例を［表6-25］に示す。鉄鋼面塗装

[表6-22] シーラーの種類と下地調整機能

調整機能系 \ シーラーの種類	合成樹脂エマルション系シーラー	合成樹脂溶液系シーラー	反応硬化形合成樹脂シーラー 弱溶剤系	反応硬化形合成樹脂シーラー 変性エポキシ樹脂形
下地吸収性均一化	3	4	5	5
下地特性遮断機能	3～4	4	5	5
付着性向上機能(脆弱補強)	3	4	5	5
上塗りへの適応性	3	3	4	4
施工性	5	2	4	3
耐久性	3	4	5	5
安全衛生性	5	2	4	3
経済性	5	4	3	3

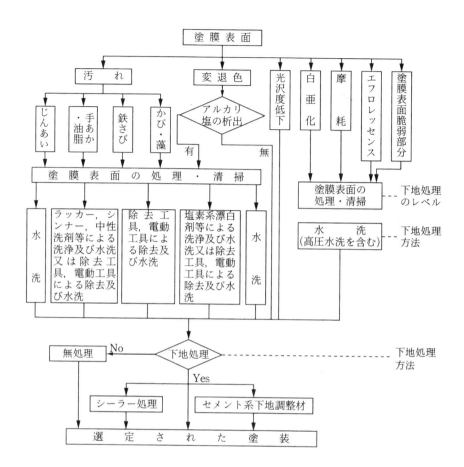

[図6-3] 既存塗膜表面劣化の処理

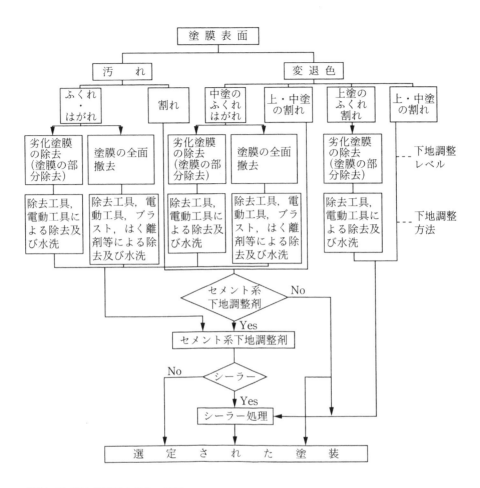

[図6-4] 既存塗膜層内劣化の処理

[表6-23] 既存塗膜への修繕用シーラーの種類と適合性

代表的な既存塗膜の種類			Eタイプ	SMタイプ	Sタイプ	REタイプ	RMタイプ	RSタイプ
外装用薄塗材Si(シリカリシン)			○	○	△	△	○	—
外装用薄塗材E(樹脂リシン)			○	○	△	△	△	—
可とう形外装用薄塗材E(弾性リシン)			○	△	△	△	○	△
防水形外装用薄塗材(単層弾性)			○	—	△	—	○	△
複層塗材E(アクリルタイル)	上塗り	耐候形3種(アクリル系)	○	○	○	△	△	—
		耐候形2種(ウレタン系)	—	△	△	△	○	○
複層塗材RE(水系エポキシタイル)	上塗り	耐候形3種(アクリル系)	○	○	○	△	△	—
		耐候形2種(ウレタン系)	—	△	△	△	○	○
		耐候形1種(ふっ素系)	—	—	—	—	△	○
防水形複層塗材E(弾性タイル)	上塗り	耐候形3種(アクリル系)	—	—	○	△	△	—
		耐候形2種(ウレタン系)	—	—	—	△	○	○
外装厚塗材E(樹脂スタッコ)	上塗り	耐候形3種(アクリル系)	△	○	○	△	△	—
		耐候形2種(ウレタン系)	—	△	△	△	○	○
アクリル樹脂エナメル塗り			△	△	○	△	△	—
2液形ウレタン樹脂エナメル塗り			—	—	—	△	△	○

Eタイプ：合成樹脂エマルション系シーラー
SMタイプ：合成樹脂弱溶剤系シーラー(アクリル系NAD形シーラー)
Sタイプ：熱可塑性合成樹脂溶剤系シーラー(例塩化ビニル系シーラー)
REタイプ：熱硬化性水系シーラー(2液形エポキシ樹脂エマルション系シーラー)
RMSタイプ：熱硬化形合成樹脂系弱溶剤系シーラー(2液形エポキシ樹脂弱溶剤系シーラー)
RSタイプ：熱硬化性合成樹脂系溶剤系シーラー(2液形エポキシ樹脂系シーラー)
○：適　△：条件付き(特記により)使用可　空欄：使用不可または通常使用しない場合

[表6-24] 既存塗膜の劣化程度（デグリー）と下地調整の目安

項目		調整方法Ⅰ	調整方法Ⅱ	調整方法Ⅲ
旧塗膜の劣化程度（デグリー）	汚れ・変退色・光沢低下・白亜化	1～2	3～5	—
	摩耗・白華	1～2	3～4	5
	ひび割れ・浮き・ふくれ・はがれ・付着低下	1	2～3	4～5
メンテナンス内容		部分補修程度 外観重視	塗膜主体の全面修繕 躯体保護性能重視	建物自体の全面改修 躯体保護性能重視
下地調整方法	清掃	ブラシ・ウェス・エアブロワーなどによるじんあい除去	—	—
	けれん（脆弱塗膜および素地）	—	皮すき・けれん棒・ワイヤブラシ・電動サンダー等により脆弱旧塗膜除去	皮すき・けれん棒・ワイヤブラシ・電動サンダー等で旧塗膜を原則全面除去
	高圧水洗（付着異物の除去とけれん）	必要に応じ水圧30～70kgf/cm²程度で表面汚染物除去	水圧100～150kgf/cm²とし表面汚染物の除去とともに脆弱な旧塗膜おおよび素地を除去	上記けれん作業の代わりに超高圧水洗（1500kgf/cm²以上）し、旧塗膜および素地脆弱部を完全に除去
	段差修正*	建築用下地調整塗材（C-1）での段差修正	2～3mm以内の段差修正を行う。表面模様合わせはブラシ・ローラー等を用いる	2mm以内の段差修正を行う
		パテ・主材による段差修正	パテまたは塗替材に適したパテを用いて巣穴・ひび割れ・段差を埋める	薄膜平坦な仕上げで塗り替える場合、主材（下地調整塗厚材2種（下地調整塗材C-2）またはエポキシ樹脂モルタル）を使用する
		必要に応じ部分的に塗材に適したパテを使用する		

*2mm以上の段差を修正する場合：セメント系下地調整塗厚材2種（下地調整塗材C-2）またはエポキシ樹脂モルタルを使用

[表6-25] 劣化程度(デグリー)から補修グレードへの変換

劣化区分	素地	部位	デグリーに対するグレード						
塗膜の付着性	表面無処理鋼材	層間付着性	デグリー	0	1	2	3	4	5
			グレード	0	1	2	2	2	3
		素地との付着性	デグリー	0	1	2	3	4	5
			グレード	0	1	2	3	4	4・5
	亜鉛めっき	層間付着性	デグリー	0	1	2	3	4	5
			グレード	0	1	2	2	2	3
		素地との付着性	デグリー	0	1	2	3	4	5
			グレード	0	1	2	3	4	4・5
さび	表面無処理鋼材		デグリー	0	1	2	3	4	5
			グレード	1	2	3	3	4	4・5
	亜鉛めっき		デグリー	0	1	2	3	4	5
			グレード	1	2	2(3)	3	4	4・5

＊亜鉛めっきで赤さびの場合グレード3とする

の補修グレードによる下地調整の目安を［**表6-26**］に、亜鉛めっき鋼板の補修グレードと下地調整の目安を［**表6-27**］に示す。

D 外壁面における塗り替え塗膜の選定

(A) 修繕に用いられる塗装材料と期待性能の関係

修繕に用いられている塗装材料の種類と期待される性能は［**表6-28**］に示すように多様な内容になっており、これらのなかから最適な材料・工法を選定しなければならない。

(B) 既存塗膜に対する塗り替え塗膜の選定

外壁に用いられている既存の各種塗装材料に対して、改修工事で適用可能な塗装材料を示すと［**表6-29**］および［**表6-30**］のとおりである。

(C) 改修専用塗装材料の種類と特性

住宅を中心に既存建築物が過飽和現象を迎えているストック建築物の時代に入り、塗装材料を中心とする建築物の仕上げ部門においては、これらストック建築物の維持・保存にどのように対応すべきかの研究開発が活発化している。最適な時期に改修するには、これら既存塗膜の損傷・劣化程度と密接な関係がある。

外壁部門においては、下地にまで劣化がおよぶケースが多発しており、新設工事では求められなかった補修材料の開発がなされ

[表6-26] 鉄鋼面塗膜の補修グレードと下地調整

グレード	下地調整区分 (旧塗膜の処理)		下塗りの塗装水準		下地調整程度	作業方法
			部分下塗り	全面下塗り		
1	4種		—	—	清掃度4種 (4種けれん)	粉状物および付着物を落とし活膜を残す	ディスクサンダー、ワイヤホイルなどの動力工具と手工具の併用
2	3種	C	1回塗り	—	清掃度3種C (3種けれん)B	さび、劣化塗膜を除去し鋼面を露出させる。ただし劣化していない塗膜（活膜）は残す	同上
		B	2回塗り	—			
3		A	1回塗り	1回塗り	A		
4	2種		—	2回塗り	清掃度2種 (2種けれん)	さび、塗膜を除去し鋼面を露出させる。くぼみ部分や複雑部分のさびも十分除去する	同上
			—	2回塗り			
5	1種		—	2回塗り	清掃度1種 (1種けれん)	黒皮・さび・塗膜を十分に除去し、正常な鋼面にする	ブラスト法

[表6-27] 亜鉛めっき鋼板塗装面の補修グレードと下地調整

グレード	下地調整区分 (旧塗膜の処理)		下塗りの塗装水準		下地調整程度	作業方法
			部分下塗り	全面下塗り		
1	4種		—	—	清掃度4種 (4種けれん)	粉状物および付着物を落とし活膜を残す	ディスクサンダーなどの動力工具と手工具の併用
2	3種	C	1回塗り	—	清掃度3種 (3種けれん)	白さび、赤さび、劣化塗膜を除去し、白さび部分は亜鉛めっき面を赤さび部分は鉄面を露出させる。ただし劣化していない塗膜は残す	同上
		B	2回塗り	—			
3		A	3回塗り	—			
4	2種		1回塗り (鉄面部のみ)	2回塗り	清掃度2種 (2種けれん)	白さび、赤さび、劣化塗膜を除去し、白さび部分の亜鉛めっき、赤さび部分の鉄面を露出させる	同上
5	1種		—	2回塗り	清掃度1種 (1種けれん)	さび、亜鉛、塗膜すべてを十分に除去し、清浄な鉄面とする	ブラスト法*

*特記とする。ブラスト法が現場で活用できる場合に限る

[表6-28] 修繕に用いられる塗装材料の種類と期待される性能

仕上塗材の種別		テクスチュア	仕上面の状態 光沢	色	標準改修用後の耐用年数	塗膜の機能 遮温性	ガス透過性	耐透水性	透湿性	ひび割れ追従性	中性化抑制	耐候性 耐汚れ性	光沢保持性
塗料系	合成樹脂エマルションペイント	A	消し	淡・中・濃	A	△	◎	△	○	—	×	○	—
	つやあり合成樹脂エマルションペイント	A	あり	淡・中・濃	B	○	△	○	△	—	○	△	△
	アクリル樹脂ペイント	A	あり	淡・中・濃	B	○	△	○	△	—	○	△	△
	非水分散形弱溶剤形アクリル樹脂エナメル	A	なし	—	B	△	△	△	△	—	○	○	○
	2液ポリウレタン樹脂エナメル	A	自由	淡・中・濃・鮮	C	△	△	△	△	—	○	○	○
	アクリルシリコン樹脂エナメル	A	自由	淡・中・濃・鮮	E	△	△	△	△	—	○	○	○
	常温乾燥形ふっ素樹脂エナメル	A	自由	淡・中・濃・鮮	F	△	△	△	△	—	○	○	○
	リフレッシュペイント (RP)	A	消し	淡・中	A	△	△	△	△	—	○	○	△
薄塗材仕上げ	外装薄塗材 Si	B・C	消し	淡・中	B	—	○	△	○	—	△	—	—
	外装薄塗材 E	B・C	消し	淡・中	B	—	○	△	○	—	△	—	—
	外装薄塗材 S	B	消し	淡・中	B	—	○	△	○	—	△	—	—
	可とう形薄塗材 E マスチック A	C	消し	淡・中	C	△	○	△	○	○	△	—	—
厚塗材仕上げ	厚塗材 C・CE	エマルション系	E	消し	淡・中・濃	C・D	△	△	△	△	—	△	—	—
		アクリル系 上塗りなし	E	あり	淡・中・濃	D	△	△	△	△	—	○	—	△
	厚塗材 E	GP系	E	あり	淡・中・濃	C・D	△	△	△	△	—	△	△	△
		アクリル系 上塗りなし	E	あり	淡・中・濃	D	△	△	△	△	—	○	△	△
	厚塗材 Si	GP系	E	あり	淡・中・濃	D	△	△	△	△	—	△~○	△	△
		アクリル系 シリカ系塗材	E	あり	淡・中・濃	C・D	△	△	△	△	—	○	△	—
複層塗材 C・CE (マスチック C)	耐候系3種 (GP系)	C・D	あり	淡・中・濃	C・D	△	○	△	○	—	○	△	△
	耐候系3種 (アクリル系)	C	あり	淡・中・濃	C	△	△	△	○	—	○	△	△
	耐候系2種 (ウレタン系)	C・D	あり	淡・中・濃	E	△	△	△	○	—	○	△	—
複層塗材 E	耐候系3種 (GP系)	C・D	あり	淡・中・濃	C	△	○	△	◎	—	○	△	△
	耐候系3種 (アクリル系)	C・D	あり	淡・中・濃	C・D	△	△	△	◎	—	○	△	△
	耐候系2種 (ウレタン系)	C・D	あり	淡・中・濃	E	△	△	△	◎	—	○	△	○

仕上げ	材料	種類	光沢	テクスチャー	色						
複層塗材仕上げ	複層塗材 RE	耐候形3種（アクリル系）	C・D	あり	淡・中・濃	D・E	○	—	◎	◎	○
		耐候形2種（ウレタン系）	C・D	あり	淡・中・濃	D・E	○	—	◎	◎	○
		耐候形1種（シリコン系）	C・D	あり	淡・中・濃	E	○	—	◎	◎	○
		耐候形1種（ふっ素系）	C・D	あり	淡・中・濃	F	○	—	◎	◎	○
	防水形複層塗材 CE	耐候形3種（GP系）	C・D	あり	淡・中・濃	C・D	○	—	◎	◎	△
		耐候形3種（アクリル系）	C・D	あり	淡・中・濃	D	○	—	◎	◎	○
		耐候形2種（ウレタン系）	C・D	あり	淡・中・濃	E	○	—	◎	◎	○
		耐候形1種（シリコン系）	C・D	あり	淡・中・濃	E・F	○	—	◎	◎	○
		耐候形1種（ふっ素系）	C・D	あり	淡・中・濃	F	○	—	◎	◎	○
	防水形複層塗材 E	耐候形3種（GP系）	C・D	あり	淡・中・濃	C・D	○	△	◎	◎	△
		耐候形3種（アクリル系）	C・D	あり	淡・中・濃	D	○	—	◎	◎	○
		耐候形2種（ウレタン系）	C・D	あり	淡・中・濃	E	○	—	◎	◎	○
		耐候形1種（シリコン系）	C・D	あり	淡・中・濃	E・F	○	—	◎	◎	○
		耐候形1種（ふっ素系）	C・D	あり	淡・中・濃	F	○	—	◎	◎	○
	防水形複層塗材 RE	耐候形3種（GP系）	C・D	あり	淡・中・濃	D・E	○	—	◎	◎	△
		耐候形3種（アクリル系）	C・D	あり	淡・中・濃	E	○	—	◎	◎	○
		耐候形2種（ウレタン系）	C・D	あり	淡・中・濃	E・F	○	—	◎	◎	○
		耐候形1種（シリコン系）	C・D	あり	淡・中・濃	F	○	—	◎	◎	○
	可とう系改修用仕上塗材 E・RE・CE	耐候形3種（GP系）	C	あり	淡・中・濃	D	○	—	◎	◎	△
		耐候形3種（アクリル系）	C	あり	淡・中・濃	E	○	—	◎	◎	○
		耐候形2種（ウレタン系）	C	あり	淡・中・濃	E・F	○	—	◎	◎	○
		耐候形1種（シリコン系）	C	あり	淡・中・濃	F	○	—	◎	◎	○

（凡例）

テクスチャー	光沢	色	改修後の標準耐用年数
A：ペイント仕上げ平滑 B：リシン（砂壁）状 C：ゆず肌状・さざ波状 D：玉吹き凹凸状及び凸部処理 E：スタッコ状の大きい凹凸状	なし：光沢がないもの あり：60度鏡面光沢度70以上のつやが出せるもの 消し：85度鏡面光沢度20以下のもの 自由：光沢の調整ができるもの	淡：明度N7.5程度の淡彩色 中：明度N7.5～5.0程度の中彩色 濃：明度5.0度以下の高い色の濃彩色 鮮：鮮やかな彩度の調整の可能なもの	A：3～5年 B：5～7年 C：7～9年 D：9～11年 E：11～13年 F：13年以上	標準的な立地環境条件で自然劣化により次回の改修を行うに至るまで標準的年数

［表6-29］ 建築用塗料の既存塗膜と改修塗装系の適合表

既存塗膜 \ 改修塗装系	アクリル樹脂系非水分散形塗料塗り(つや消し)	弱溶剤系2液形ポリウレタンエナメル塗り	弱溶剤系アクリルシリコン樹脂エナメル塗り	弱溶剤系常温乾燥形ふっ素樹脂エナメル塗り	ポリウレタンエマルションペイント塗り	合成樹脂エマルションペイント塗り	つや有合成樹脂エマルションペイント塗り	弱溶剤系2液形ポリウレタンワニス塗り	弱溶剤系アクリルシリコン樹脂ワニス塗り	弱溶剤系常温乾燥形ふっ素樹脂ワニス塗り	アクリルシリコンエマルションペイント塗り	ふっ素樹脂エマルションペイント塗り
塩化ビニル樹脂エナメル	△	△	△	△	○	○	○	×	×	×	△	△
アクリル樹脂系非水分散形塗料(つや消し)	◎	×	×	×	○	○	○	×	×	×	○	○
2液形ポリウレタンエナメル	─	○	○	○	─	─	─	○	○	○	─	─
アクリルシリコン樹脂エナメル	─	○	○	○	─	─	─	○	○	○	─	─
常温乾燥形ふっ素樹脂エナメル	─	○	○	○	─	─	─	○	○	○	─	─
ポリウレタンエマルションペイント	─	△	△	△	○	○	○	─	─	─	○	○
アクリルシリコンエマルションペイント	─	△	△	△	○	○	○	─	─	─	○	○
ふっ素樹脂エマルションペイント	─	△	△	△	○	○	×	─	─	─	○	○
合成樹脂エマルションペイント	◎	△	△	△	○	○	○	×	×	×	○	○
つや有合成樹脂エマルションペイント	△	○	○	○	○	○	○	×	×	×	○	○
2液形ポリウレタンワニス	─	○	○	○	─	─	─	△	△	△	─	─
アクリルシリコン樹脂ワニス	─	○	○	○	─	─	─	△	△	△	─	─
常温乾燥形ふっ素樹脂ワニス	─	○	○	○	─	─	─	△	△	△	─	─
アクリル樹脂エナメル	△	○	○	○	─	─	○	○	○	○	─	─

◎：適用可（シーラーなしで可）
○：適用可（シーラーを要する）
△：条件付き適用可（製造所への確認）
×：不適
─：一般には適用しない

[表6-30] 仕上塗材の既存塗膜と改修材料の適合性

既存塗膜＼改修塗材	上塗材 水系上塗材	上塗材 弱溶剤系上塗材	薄塗材 外装薄塗材E	薄塗材 外装薄塗材S	薄塗材 可とう形外装薄塗材E	薄塗材 防水形外装薄塗材E	厚塗材 外装厚塗材C	厚塗材 外装厚塗材CE	厚塗材 外装厚塗材E	複層塗材 複層塗材Si	複層塗材 複層塗材E	複層塗材 複層塗材RE	複層塗材 防水形複層塗材E	複層塗材 防水形複層塗材RE	可とう形改修塗材 可とう形改修塗材E	可とう形改修塗材 可とう形改修塗材RE
外装薄塗材E	○	○	○	—	○	—	○	—	—	○	—	—	○	○	○	◎
外装薄塗材S	○	—	—	○	○	—	○	—	—	○	—	—	○	○	○	◎
可とう形外装薄塗材Si	○	—	—	—	○	—	—	—	—	—	—	—	—	—	○	◎
可とう形外装薄塗材E	○	—	—	—	○	—	—	—	—	—	—	—	—	—	○	◎
防水形外装薄塗材E	▲	▲	×	×	—	○	×	×	×	×	×	×	○	○	○	◎
外装厚塗材C（上塗材なし）	○	—	—	—	○	—	○	—	—	—	—	—	—	—	○	◎
外装厚塗材C（上塗材：アクリル系）	○	—	—	—	○	—	○	—	—	—	—	—	—	—	○	◎
外装厚塗材E（上塗材なし）	○	—	—	—	○	—	—	—	○	—	—	—	—	—	○	◎
外装厚塗材E（上塗材：アクリル系）	○	—	—	—	○	—	—	—	○	—	—	—	—	—	○	◎
複層塗材C、複層塗材CE（上塗材：アクリル系）	○	—	—	—	○	—	—	○	—	—	—	—	—	—	○	◎
複層塗材Si（上塗材：アクリル系）	○	—	—	—	○	—	—	—	—	○	—	—	—	—	○	◎
複層塗材Si（上塗材：シリカ系）	○	—	—	—	○	—	—	—	—	○	—	—	—	—	○	◎
複層塗材E（上塗材：アクリル系、ポリウレタン系）	○	—	—	—	○	—	—	—	—	—	○	—	—	—	○	◎
複層塗材RE（上塗材：アクリル系、ポリウレタン系）	○	—	—	—	○	—	—	—	—	—	—	○	—	—	○	◎
防水形複層塗材E（上塗材：アクリル系、ポリウレタン系）	▲	▲	×	×	—	○	×	×	×	×	×	×	○	○	○	◎
マスチックAE、AS（上塗材あり）	○	—	—	—	○	—	—	—	—	—	—	—	—	—	○	◎
マスチックCE、CS（上塗材あり）	○	—	—	—	○	—	—	—	—	—	—	—	—	—	○	◎

◎：適用可（下塗材なしで可）　　▲：条件付き適用可（改修用の上塗材が硬質系の場合は不可、軟質系の場合は可）
○：適用可（下塗材を要する）　　×：不適
△：条件付き適用可（試し塗りの確認）　　—：一般には適用しない

1節　塗装材料の劣化・調査診断

ている。
① 下地調整材

補修に用いる下地調整材は、劣化表面の不陸直しやかぶり厚さ不足を補う目的で、下地調整を兼ねた保護層として利用される。その種類にはセメント系と樹脂系があり、断面修復材の基本性能のうち中性化防止効果・遮塩性・接着耐久性等が重要である。

ポリマーセメント系材料においては鉄筋と接触する使用法があり、これにより特徴的に防錆効果を持たせている。

② 仕上塗材

下地劣化に適用性の高い、改修専用の可とう形改修用仕上塗材が開発された。通称「微弾性フィラー」として多用されているもので、複層塗材（吹付けタイル）等の主材に生ずる微細なひび割れへの充填補強や、防水形複層塗材（壁面防水材）の劣化により硬化した塗膜面への付着性を保持することを目的としている。

JIS A 6909によって［表6-31］に示すような品質を規定している。また、可とう形改修用仕上塗材と既存塗装材料への適合性を［表6-32］に示す。

E 金属面等の塗り替え塗料の選定

(A) 既存塗膜に対する塗り替え用塗料の選定

既存塗膜の種類や劣化の程度によるが、既存塗膜を残した状態で修繕されることがほとんどである。その場合には、既存塗膜と塗り替え用塗料の相性が最も重要であり、工場塗装された焼付形塗装への適合性も含めて［表6-33］に示す。

鉄鋼面の塗装で最も普及した鉛・クロム等の重金属をさび止め顔料として用いたさび止めペイントが既存塗膜内で劣化している場合は、塗り替えの際、既存塗膜の処理段階の除去時に大気中に飛散させないなどの特別な方法で対応する必要がある。特にアルキド系合成樹脂を用いた合成樹脂調合ペイント・フタル酸樹脂エナメル・アルミニウムペイント等の下塗りが代表例である。

[表6-31] 可とう形改修用仕上塗材の種類と品質

種類 品質	可とう形合成樹脂エマルション系改修用仕上塗材	可とう形反応硬化形合成樹脂エマルション系改修用仕上塗材	可とう形ポリマーセメント形改修用仕上塗材
呼び名	可とう形改修材E	可とう形改修材RE	可とう形改修材CE
低温安定性	塊がなく組成物の分離や凝集がないこと	—	—
軟度変化B法			$-15 \sim 15\%$
付着強さ (N/mm²) 標準状態	0.7以上	1.0以上	0.5以上
付着強さ (N/mm²) 浸水後	0.5以上	0.7以上	0.5以上
温冷繰り返し	試験体の表面にひび割れ、はがれおよびふくれがなく、かつ著しい変色および光沢低下がない		
浸水法B法(ml)	0.5以下		
耐衝撃性	ひび割れ、ふくれおよび著しい変形がないこと		
ひび割れ充填性	基板の溝の部分に塗膜のひび割れおよび穴のないこと		
耐候性A法	ひび割れおよびはがれがなく、黄変の程度がグレースケール3号以上であること		
可とう性	ひび割れがないこと		
初期硬化によるひび割れ抵抗性	ひび割れがないこと		

[表6-32] 外壁仕上げ下地面への可とう形改修用仕上塗材の適合性

改修塗装材料＼下塗り上塗り 代表的な既存塗膜の種類	可とう形改修用仕上塗材（微弾性フィラー）												
	Eタイプ						REタイプ						
	耐候形3種		耐候形2種		耐候形1種		耐候形3種		耐候形2種		耐候形1種		
	AE	AS	UE	UMS	US	SiE	SiMS	SiS	AE	AS	UE	UMS	US	SiE	SiMS	SiS
外装薄塗材Si（シリカリシン）	○	○	―	―	―	―	―	―	―	―	―	―	―	―	―	―
外装薄塗材E（樹脂リシン）	○	○	△	△	△	―	―	―	―	―	―	―	―	―	―	―
可とう形外装薄塗材E（弾性リシン）	○	○	―	―	―	―	―	―	△	△	△	△	―	―	―	―
防水形外装薄塗材E（単層弾性）	―	―	―	―	―	―	―	―	―	―	―	―	―	―	―	―
複層塗材E（アクリルタイル） 上塗り 耐候系3種（アクリル系）	○	○	―	―	―	―	―	―	―	―	―	―	―	―	―	―
上塗り 耐候系2種（ウレタン系）	―	―	―	―	―	―	―	―	○	○	○	○	○	○	○	○
複層塗材RE（水性エポキシタイル） 上塗り 耐候系3種（アクリル系）																
上塗り 耐候系2種（ウレタン系）																
上塗り 耐候系1種（ふっ素系）																
防水形複層塗材E（弾性タイル） 上塗り 耐候系3種（アクリル系）																
上塗り 耐候系2種（ウレタン系）	―	―	△	△	△	―	―	―	―	―	―	―	―	―	―	―
外装厚塗材E（樹脂スタッコ） 上塗り 耐候系3種（アクリル系）																
上塗り 耐候系2種（ウレタン系）	―	―	―	―	―	―	―	―	―	―	―	―	―	―	―	―
アクリル樹脂エナメル	○	○	―	―	―	―	―	―	―	―	―	―	―	―	―	―
2液形ウレタン樹脂エナメル	―	―	―	―	―	―	―	―	○	○	―	―	―	―	―	―

(注) ○:適用可　△:条件付き適用可　―:不適または通常使用しない。
AE:水系アクリル樹脂タイプ、　AS:溶剤系アクリル樹脂エナメル、UE:水系ウレタン樹脂エナメル、UMS:弱溶剤系ウレタン樹脂エナメル、US:溶剤系ウレタン樹脂エナメル、SiE:水形アクリルシリコン樹脂エナメル、SiME:弱溶剤系アクリルシリコン樹脂エナメル、SiS:溶剤系アクリルシリコン樹脂エナメル

(B) 使用条件による選定

既存塗膜への適合性を確認した後、[表6-34]に示す各種の条件を勘案して最適な塗料を選定する。

F 内装仕上げ面の塗り替え

(A) 既存住宅等内装ビニルクロス貼り塗り替え工法

住宅を中心に、日本における内装仕上げの80％以上を占める塩化ビニル樹脂系クロス（壁紙）は年間約6.4億 m^2 以上が出荷

CE タイプ							
耐候形3種		耐候形2種			耐候形1種		
AE	AS	UE	UMS	US	SiE	SiMS	SiS
○	○	○	○	○	—	—	—
○	○	△	△	△	—	—	—
○	○	△	△	△	—	—	—
○	○	△	△	△	—	—	—
△	△	△	△	△	△	△	△
○	○	○	○	○	○	○	○
○	○	○	○	○	○	○	○
△	△	△	△	△	△	△	△
—	—	—	—	—	△	△	△
△	△	△	△	△	△	△	△
—	—	△	△	△	△	△	△
—	—	—	—	—	—	—	—
—	—	△	△	△	△	△	△
○	○	○	○	○	○	○	○
—	—	△	△	△	△	△	△

（2013年度一社日本壁装協会発）されており、そのうちの約30%に当たる約3億m^2が既存住宅のビニルクロスの張り替え用と言われている。

　現在、日本の住宅用の内装工事はセッコウボードが主流で、この傾向は欧米においても同様であるが、その内装仕上げ状況を日本とアメリカ・ヨーロッパで比較すると［**表6-35**］に示す結果となる。

[表6-33] 金属下地面塗膜の適合性

既存塗膜＼改修用塗料	合成樹脂調合ペイント塗り	アルミニウムペイント塗り	フタル酸樹脂エナメル塗り	ラッカーエナメル塗り	アクリル樹脂エナメル塗り	2液形エポキシ樹脂エナメル塗り	2液形ポリウレタンエナメル塗り	JIS K 5659 3級 アクリルシリコン樹脂エナメル塗り	JIS K 5659 2級 アクリルシリコン樹脂エナメル塗り	JIS K 5659 1級 常温乾燥形ふっ素樹脂エナメル塗り
油性調合ペイント塗膜	○	○	○	—	—	—	—	—	—	—
合成樹脂調合ペイント塗膜	○	○	○	—	—	—	—	—	—	—
アルミニウムペイント塗膜	○	○	○	—	—	—	—	—	—	—
フタル酸樹脂エナメル塗膜	○	○	○	—	—	—	—	—	—	—
ラッカーエナメル塗膜	—	—	—	○	—	—	—	—	—	—
塩化ビニル樹脂エナメル塗膜	—	—	—	—	○	—	—	—	—	—
アクリル樹脂エナメル塗膜	—	—	—	—	○	—	—	—	—	—
塩化ゴム系エナメル塗膜	—	—	—	—	—	—	—	—	—	—
エポキシエステル樹脂エナメル塗膜	○	○	○	—	—	—	—	—	—	—
2液形エポキシ樹脂エナメル塗膜	—	—	—	—	—	○	○	○	○	○
2液形厚膜エポキシ樹脂エナメル塗膜	—	—	—	—	—	○	○	○	○	○
タールエポキシ樹脂塗料塗膜	—	—	—	—	—	—	—	—	—	—
2液形ポリウレタンエナメル塗膜	—	—	—	—	—	—	○	○	△	△
アクリルシリコン樹脂エナメル塗膜	—	—	—	—	—	—	—	△	△	△
常温乾燥形ふっ素樹脂エナメル塗膜	—	—	—	—	—	—	—	△	△	△
焼付けアミノアルキド樹脂エナメル塗膜	○	○	○	○	○	—	—	△	△	△
焼付けアクリル樹脂塗料塗膜	○	○	○	○	○	—	—	△	△	△
焼付けポリエステル樹脂塗料塗膜	○	○	○	○	○	—	—	△	△	△
焼付け塩化ビニル樹脂ゾル系塗料塗膜	—	—	—	—	—	—	—	—	—	—
焼付けふっ素塗料塗膜	—	—	—	—	—	—	—	△	△	△
焼付け電着塗料塗膜	○	○	○	—	—	○	○	○	○	○
焼付け塩化ビニル樹脂粉体塗料塗膜	—	—	—	—	—	—	—	—	—	—
焼付けアクリル樹脂粉体塗料塗膜	○	○	○	—	—	○	○	○	○	○
焼付けエポキシ樹脂粉体塗料塗膜	○	○	○	—	—	○	○	○	○	○

(注) ○：適　△：注意　—：不適

[表6-34] 金属面用塗料の選定要因

条件 塗装種別	使用目的			性能特性				地域区分						立地・環境					建物部位				部材	
	美装用	一般保護・美装用	重防食用	天候性	耐水性	耐薬品性	耐食性	山岳地	盆地	温泉地	住宅田園地	市街地	臨海地帯	工業地帯	一般環境	高温多湿	低温寒冷	結露	海塩粒子	酸性ガス	化学性ガス	内部柱系	内部天井系	外部柱系	屋根	カーテンウォール	土台・柱脚	非構造材	準構造材	構造材
合成樹脂調合ペイント塗り	○	○	—	—	—	—	—	○	○	○	○	○	△	△	○	—	—	—	△	△	—	◎	—	○	△	△	△	◎	○	—
フタル酸樹脂エナメル塗り	○	○	—	—	○	○	—	○	○	○	○	○	△	△	◎	—	—	—	△	△	—	◎	—	○	—	—	—	◎	○	—
ラッカーエナメル塗り	○	—	—	—	—	—	—	○	○	○	○	○	—	—	○	—	—	—	—	—	—	○	△	—	—	—	—	○	—	—
アクリルラッカーエナメル塗り	○	—	—	○	—	—	—	○	○	○	○	○	—	—	○	—	—	—	—	—	—	△	△	—	—	—	—	○	—	—
アクリル樹脂エナメル塗り	○	—	—	○	—	—	—	○	○	○	○	○	—	—	◎	—	—	—	—	—	—	△	△	—	—	—	—	○	△	—
金属面用2液形エポキシ樹脂エナメル塗り	—	—	○	—	◎	◎	◎	○	○	○	○	○	○	○	◎	○	△	△	○	○	○	◎	◎	◎	◎	◎	◎	◎	◎	◎
2液形ポリウレタン樹脂エナメル塗り JIS-K-5659-3級	—	—	○	◎	○	○	○	○	○	○	○	○	○	○	◎	○	△	△	○	○	○	○	○	◎	◎	◎	○	◎	◎	○
常温乾燥形ふっ素樹脂エナメル塗り JIS-K-5659-1級	—	—	○	◎	○	○	○	○	○	○	○	○	○	○	◎	○	△	△	○	○	○	○	○	◎	◎	◎	○	◎	◎	◎
アクリルシリコン樹脂塗料塗り JIS-K-5659-2級	—	—	○	◎	○	○	○	○	○	○	○	○	○	○	◎	○	△	△	○	○	○	○	△	◎	◎	◎	○	◎	◎	◎

(注) 適合評価　◎：非常に適している　○：適している　△：適用が可能である　—：通常適用不可

[表6-35] 日本とアメリカおよびヨーロッパにおける内装仕上げの比較

項目		日本	アメリカ(ヨーロッパ)
内装下地材		石こうボード(ベベルボード)	石こうボード(テーパーボード)
下地材の目地処理	種類	簡易目地処理工法	ドライウォール工法
	特性	容易に目地処理が切れやすい	強固な目地処理を維持
仕上げ材	種類	ビニルクロス張り(80〜90%)	ペイント仕上げ(90%以上)
	特性	経済性・施工が容易	
仕上げの比較		ビニルクロス張り仕上げ	水系塗装仕上げ(平滑・テクスチュア仕上げ)
仕上げ性		クロス幅毎に継ぎ目あり、可塑剤のVOCで開き拡大・硬化。はがれ	漆喰調・プラスター調シームレス仕上げ
居住性		多湿時結露・可塑剤移行、家具類ベタつき発生しやすい	壁面調湿作用あり・可塑剤添加なし
メンテナンス		張り替え(はがしたクロス発生)	塗り替え・模様替え可能が容易

(B)ビニルクロス面塗り替え用塗料の品質

　塩ビ系クロスは、塩化ビニルが主成分で多くの可塑剤を含むため、これら産業廃棄物の発生を防ぐ対応として、既存の内装面から塩ビ系ビニルクロスを剥がさずに再生する方法がある。これは合成樹脂エマルションをベースとした「ビニルクロス面塗り替え工法」と呼ばれており、当初UR都市再生機構により開発され、現在は一般住宅全般に多用化し普及している。

　塩化ビニル系クロス用の塗り替え用塗料においては、室内環境問題対策として次に示す役割を果たす品質が求められている。

①ホルムアルデヒド吸着、分解、固定化

　　ビニルクロス面のみならず、各種建材の接着剤より放出されるホルムアルデヒドを化学的に吸着・分解、再放出を防ぐ。

②非トルエン・キシレン塗料

　　有害な化学物質の代表であるこれら溶剤を組成内に含有しない。

③VOCフリー

　　(社)日本塗料工業会が策定した「健康リスクに対する目標値」をクリアした合成樹脂エマルション系塗料である。

④塩ビ系クロス面の可塑剤移行防止

塩ビ系ビニルクロスの含有する可塑剤の移行防止の成分の配合されたタイプとし、塗膜のべたつきを防止する。

⑤超低臭気

塗り替えた塗料から残存するモノマーやその他の添加剤等が悪臭を発揮しない塗膜を形成する。［表6-36］にこれらに対応する塗膜性状を示す。

(C) ビニルクロス面塗り替え工法仕様例

a 旧ビニルクロス面下地調整

①剥がれ等に対する下地調整

旧ビニルクロスが剥がれている場合は［表6-37］に示す処理を行う。

②汚れ種類による下地処理

既存のビニルクロス面に生じている汚れ類については、その種類に応じて［表6-38］のとおり処理をする。

[表6-36] ビニルクロス面塗り替え用塗料性状（例）

試験項目	ビニルクロス面塗り替え用塗料（FEP）	一般合成樹脂エマルション塗料	備考
塗装作業性	◎	◎	2回ローラー塗りで支障がない
付着性	◎	◎	クロス面上25マス碁盤目テープ法
乾燥時間	◎	◎	20℃ 2時間以内　5℃ 4時間以内
隠ぺい性	0.96	0.97	0.95以上
耐アルカリ性	◎	◎	18時間浸漬
耐清浄性	◎	◎	ブラシの往復100回
耐結露性	◎	○	
臭気	150	470	ニオイセンサー計測指数
脱HCHO効果	◎	×	ホルムテクター計測
可塑剤移行	◎	○	FEP可塑剤移行試験

[表6-37] 剥がれ等の下地処理

ビニルクロスの状態	処理方法
はがれ	エマルション系ボンドをはがれている部分に塗り付け圧着する
浮き	カッターナイフで目立たないように切り込みを入れてエマルション系ボンドを塗り付け圧着する
破れ、傷	範囲が小さい場合は合成樹脂エマルションパテで補修する

*1 ボンドやパテがはみ出した場合はウエスなどできれいに拭き取る
*2 入隅部やビニルクロスの継ぎ目は目視ではわからないが、はがれている場合が多いので、ヘラなどを入れてみて、はがれの有無を確認する。塗装後、塗料の乾燥収縮によりこれらの部分が捲れることがあるので注意すること
*3 ビニルクロスと他部材との取り合い部分などで隙間がある場合はシーリングで充填補修する

[表6-38] 汚れ種類による下地処理

汚れの種類	処理方法
ヤニ汚れ*1	ヤニによる汚れが規定値以上の場合はビニルクロス塗り替え専用シーラーを塗付する
水性汚れ*2	中性洗剤を用いて除去後、ウエスなどで水拭きする
油汚れ	溶剤拭きする
かび汚れ*3	かびは漂白剤を使用し水拭き後、防かび剤を散霧する

木部を塗装する場合は、研磨紙(P180)ずりを行う
*1 ヤニによる汚れの測定値はU19-85Fによる(日本塗料工業会塗料用見本帳1997年U版)
*2 軽微な水性汚れは水拭きとする。中性洗剤使用後は十分に水拭きをする。汚れ処理後はビニルクロス表面を十分に乾燥させる
*3 漂白剤および防かび剤を使用する場合は換気に十分注意する

b 塗装工程

　ビニルクロス面塗り替え塗料塗りの工程は次に示す。

　① 1回塗り仕上げの場合

　　1回塗り仕上げの工程は[表6-39]に示す。

　② 2回塗り仕上げの場合

　　2回塗り仕上げの工程は[表6-40]に示す。

　③ ヤニ・落書き等による汚れが規定以上の場合

　　ヤニ・落書き等による汚れが規定以上に汚れている場合は

　　[表6-41]による処理を行う。

[表6-39] 1回塗り仕上げの場合の工程

工程	塗料	希釈剤	希釈率(%)	塗付量(kg/m²)	放置時間(h)(20℃)
1 下地処理	[表6-37]、[表6-38]による				
2 上塗り	FEP	水	0〜3	0.25〜0.30	―

＊FEP：ビニルクロス塗り替え用上塗り塗料

[表6-40] 2回塗り仕上げの場合の工程

工程	塗料	希釈剤	希釈率(%)	塗付量(kg/m²)	放置時間(h)(20℃)
1 下地処理	[表6-37]、[表6-38]による				
2 下塗り	FEP	水	0〜3	0.13〜0.15	3以上
3 上塗り	FEP	水	0〜3	0.13〜0.15	―

[表6-41] ヤニ・落書き等による汚れが規定以上の場合の工程

工程	塗料	希釈剤	希釈率(%)	塗付量(kg/m²)	放置時間(h)(20℃)
1 下地処理	[表6-37]、[表6-38]による				
2 素地押え	FEP専用シーラー	水	0〜3	0.13〜0.17	2以上
3 上塗り	FEP	水	0〜3	0.25〜0.30	―

G 塗り替え工事の環境への配慮

　環境対応を見据えた研究開発は多方面より進められており、それらのシステムは[表6-42]のように示すことができる。
　改修工事における塗装は有害化学物質を使用する代表的な工事であり、それぞれの材料成分に対する環境衛生面では、単に作業担当者のみならず、居住者をはじめとした第三者への配慮も必要であり、仕様選定において重要な項目となる。
　これら塗装材料の有する組成上からくる環境側面について示すと[表6-43]が挙げられる。

[表6-42] 環境対応を見据え研究開発された塗料塗装技術システム

	環境対応	技術的手段	塗料・塗装システム
①環境破壊対策	有機溶剤対応	水系化・弱溶剤化・ノンソル化	水系(エマルション)塗料システム 1液形反応硬化形エマルション塗料 NAD型塗料システム
	鉛・クロム等重金属対応	フリー鉛・クロム系さび止め顔料	りん酸塩系さび止めペイント
	不快臭対応	VOC(ノンモノマー)フリーエマルション	内装用無臭エマルションペイント
	発がん性物質対応	ノンターフルフリー	ノンエポキシ樹脂塗料
②環境劣化対策	酸性雨・CO_2対策	耐酸性・中性化防止	コンクリート構造物保護塗装システム
	汚れ防止対応	排気汚染・雨水汚れ等防止	低汚染形塗装システム (超親水性シリコン系ハイブリッドタイプ等) 光触媒チタン系塗装システム
	院内感染対応	抗菌・殺菌	抗菌性塗装システム 光触媒チタン系塗装システム
	化学物質過敏症対応	ホルムアルデヒド等VOC吸着分解	室内汚染空気吸着塗装システム
	ダイオキシン発生対応	塩素系化合物非使用対応	新内装用塗仕上げシステム ビニルクロス面塗り替え用塗装システム
②環境改善	省エネルギー対応	省エネルギー対応	外断熱塗装システム 高日射反射率塗料
		超耐久・耐候性対応	常温乾燥形ふっ素樹脂塗装 アクリルシリコン樹脂塗装
	安全衛生向上	生物(かび・藻類)汚染防止	防かび・防藻塗装システム
		木材腐朽菌・虫害対応	木材着色保護塗装システム
		Nox・Sox分解・消臭対応	光触媒チタン塗装システム
	省資源		
住環境安全性向上	鉄骨構造耐火	鉄骨耐火被覆対応	発泡形耐火塗料システム
	耐震対応	耐震向上対応	耐震向上被覆システム

[表6-43] 塗装材料の組成における環境側面

			溶剤における側面			樹脂・顔料・添加剤における側面	
	施工段階による状態の変化		有機溶剤によって生じる問題点	法的対応		樹脂・顔料・各種添加剤で生じる問題点	法的対応
1	塗装状態	a 保管	火災	消防法			
		b 盗難	シンナー悪用	刑法			
2	塗装作業	a 作業中	毒性	特化則		各種樹脂硬化剤作用	
				有機則		エポキシ樹脂アミン硬化剤：皮膚障害	特化則
		b 乾燥過程	臭気	悪臭予防法		ポリウレタンイソシアネート系硬化剤：感作性物質	特化則
			大気汚染	公害防止法令			
3	工事完了	a 残塗料	リサイクル	PRTR法		塗膜VOC：塩ビ・ビスフェノールなど残存モノマーおよび添加剤：生殖毒性・発がん性・悪臭	特化則
		b 廃棄物		産業廃棄物処理法 マニフェスト制度		鉛・クロム顔料入り塗料・粉塵：発がん性	特化則
		c 塗膜残存 VOC	室内汚染			剥離剤中含有塩素系溶剤	有機則

[注] 特化則：特別化学物質防止規則
　　有機則：有機溶剤中毒予防規則
　　PRTR法：Pollution Release and Transfer Resister
　　「特定化学物質の環境への排出量の把握等及び管理の改善の促進に関する法律」（化管法）

1節　塗装材料の劣化・調査診断

(A) VOC成分に対する規制

　塗装材料の塗膜形成助要素である有機溶剤をはじめとする揮発性有機化合物（Volatile Organic Compounds）に対しては［表6-44］に示した使用上の側面に対しての法規制がされている。［表6-45］に代表的なVOC成分である有機溶剤について例を示す。

　有機溶剤による作業中の中毒を防止するため、労働安全衛生法には有機溶剤中毒予防規則が定められている。有機溶剤は3種類に分類され、なかでも第一種有機溶剤は最も毒性の強い塩素系溶剤が中心となっており、一般の塗装材料には用いられていない。しかし、修繕工事の場合既存塗膜を剥離するために用いる剥離剤（リムーバー）に用いられているものが存在するために十分注意

［表6-44］塗装工事時の有機溶剤（VOC）成分における法規制

工事段階	有機溶剤による問題点	法規制
①塗料作業 a.保管時 b.作業中 c.乾燥過程	火災 毒性 臭気 大気汚染（光化学スモッグ）	消防法（危険物取扱い） 特別化学物質等障害予防規則（特化則） 有機溶剤中毒予防規則 悪臭予防法 大気汚染防止法
②工事完了 a.残材 b.廃棄物 c.塗膜残存溶剤	リサイクル 産業廃棄物 室内汚染 シックハウス症候群	産業廃棄物法 マニフェスト制度 厚生労働省指針値

［表6-45］有機溶剤中毒予防規則により規定されている溶剤

法的分類	分類	種類
第一種有機溶剤 （合計7種類）	含塩素系溶剤	クロロホルム・トリクロロエタンなど6種類
	含硫黄系溶剤	二硫化炭素1種類
第二種有機溶剤 （合計40種類）	アルコール系溶剤	メタノール・イソプロピルアルコールなど6種類
	ケトン系溶剤	アセトン・メチルエチルケトンなど5種類
	エステル系溶剤	酢酸エチル・酢酸ブチルなど8種類
	エーテルアルコール系溶剤	エチルエーテル・セロソルブなど5種類
	炭化水素系溶剤	トルエン・キシレン・スチレンなど8種類
	その他溶剤	パークロルエチレンなど8種類
第三種有機溶剤 （合計7種類）	石油系混合溶剤	石油ナフサ・ミネラルスピリットなど7種類

が必要である。

　溶剤系塗料に用いられる溶剤は第二種有機溶剤が主流であり、作業中ばかりでなく、作業終了後においても塗膜に残存して、第三者に対してシックハウス症候群の原因となるため、その管理には十分に注意が必要である。

　a ストック建築物への改修工事における有機溶剤

　　VOCはその使用をゼロにするか最小限とし、毒性の低い第3種有機溶剤を中心に代用する対応で解決がなされている。これら有機溶剤対応の各種の塗料の比較を［**表6-46**］に示す。

(B) 顔料・添加剤等における挙動

　塗料の成分には有機溶剤以外に種々の添加剤や顔料等があり、塗装材料においては先に示した添加材類の安全衛生管理面が重要になる。特に修繕工事では、既存塗膜を除去する過程でさび止め塗膜に含まれる鉛類やクロム等が研磨除去される際に粉塵となって飛散し、［**表6-47**］に示すような健康上の問題を発生する可能

［**表6-46**］　有機溶剤対応各種塗料の特徴

項目	溶剤系	弱溶剤系	水系
溶剤の種類	第2種有機溶剤 (トルエン・キシレンなど)	第3種有機溶剤 (ミネラルスピリットなど)	水
液化状態	溶解状態	NAD状態*	エマルション状態
揮発性成分	有機溶剤多い	第3種有機溶剤多し	ほとんどなし
大気汚染	影響多し	影響少ない	ほとんど影響なし
引火性	あり	あり	なし
有機溶剤中毒	影響あり	影響が少ない	ほとんどなし
乾燥性	速い	速い(溶剤系より遅い)	温度・湿度の作用あり
運搬	危険物の制約	危険物の制約	制約なし
指定数量(保管)	制約あり	制約あり	制約なし
上塗り塗料	建築用耐候性上塗り塗料 (JIS K 5658)	弱溶剤系建築用耐候性塗料 (JIS K 5658)	つや有合成樹脂 エマルションペイント (JIS K 5660)
	2級または3級 2液ポリウレタンエナメル	2級または3級弱溶剤系 2液ポリウレタンエナメル	
	1級または2級 アクリルシリコン樹脂エナメル	1級または3級弱溶剤系 アクリルシリコン樹脂エナメル	
	1級常温乾燥形 ふっ素樹脂エナメル	1級弱溶剤系常温乾燥形 ふっ素樹脂エナメル	

＊NAD＝None Aqueous Polymaer Dispersion (非水エマルションタイプ)

[表6-47] 重金属系顔料における問題点と法規制

種類	健康被害	法規制
鉛系顔料 (鉛丹・亜鉛化鉛・ クロム酸鉛・ シアナミド鉛など)	倦怠感・食欲不振・中毒症状	大気汚染防止法・水質汚濁防止法・水道法・下水道法・土壌環境法・地下水環境基準・公共水域環境基準・グリーン購入法・化学物質の子供ガイドライン・鉛ガイドライン塗料編(東京都環境局)
クロム系顔料	吐き気・頭痛・肺がんなど	

性があり十分な養生対策が必要である。

特に、改修工事の場合は重金属系さび止めペイントは使用できないため、必ずJIS K 5674 鉛・クロムフリーさび止めペイント、およびJASS 18 M-109 変性エポキシ樹脂プライマーを使用しなければならない。

(C)建築基準法におけるシックハウス対策

2003(平成15)年7月1日に「建築基準法等の一部改正する法律」が施工され、ホルムアルデヒドとクロルピリホスに関する規制が設けられた。クロルピリホスを含む木質系建材の内装が使用禁止となり、ホルムアルデヒドについては放散量に応じて内装の使用面積が制限されている。

建築基準法施行令において、ホルムアルデヒド発散建築材料に区分される建築用塗装材料の種類は[表6-48]に示すとおりである。

これらは、同一JIS品種であっても製品によりホルムアルデヒドの放散量が異なり、放散量に応じて「F☆」マークを表示することが義務づけられている。「F☆☆」「F☆☆☆」は居室の種類と換気回数に応じて内装使用面積に制限があり、「F☆☆☆☆」は使用面積の制限を受けない。

鋼製扉に用いるさび止めペイントや合成樹脂調合ペイント、共通廊下に用いる建築用床塗料等を室内に使用する場合は「F☆☆☆☆」が表示された「規制対象外品」を選択することが推奨される。「規制対象外品」の塗料を[表6-49]、仕上塗材を[表6-50]に示す。

[表6-48] ホルムアルデヒド発散速度(放散量)を分類するJIS規格塗料

区分		各種のホルムアルデヒド発散速度を分類する規格塗料
JIS No	品名	ホルムアルデヒド放散等級の表示
K 5642	アルミニウムペイント	放散量にて区分する区分方法*による F☆☆:第2種 F☆☆☆:第3種 F☆☆☆☆:規制対象外
K 5511	油性調合ペイント	
K 5516	合成樹脂調合ペイント	
K 5562	フタル酸樹脂ワニス	ユリア樹脂・メラミン樹脂・フェノール樹脂・レゾルシニール樹脂またはホルムアルデヒド系防腐剤を使用したものに限る(告示)
K 5572	フタル酸樹脂エナメル	
K 5591	油性系下地塗料	
K 5521	一般さび止めペイント	
K 5667	多彩模様塗料	
K 5962	家庭用屋内木床用塗料	
K 5962	家庭用木部・金属部塗料	
K 5670	建物用床塗料	
K 5674	鉛・クロムフリーさび止めペイント	

*放散等級区分はJIS K 5601 4 1の3(デシケーター法)による放散量試験結果により以下のように区分される

ホルムアルデヒド 放散等級分類記号	放散量
F☆☆☆☆	0.12mg/l以下
F☆☆☆	0.12mg/lを超え0.35mg/l以下
F☆☆	0.35mg/lを超え1.8mg/l以下
—	1.8mg/lを超える

(D)大気汚染防止法の一部改正に関する法律

2006(平成18)年4月1日に「大気汚染防止法の一部改正する法律」が施行され、VOC排出抑制への法規制と事業者の自主的な取り組みとの適切な組み合わせ(ベストミックス)によって、すべてのVOCを排出抑制していくことになった。

建築工事の場合はVOC発生源が不特定多数であるために、対応は事業主の自助努力による自主的な取り組みとなり、法規制は設けられない。しかし、JIS等の規格やグリーン購入法に低VOC製品を位置づける方向にあり、今後の対応として外壁仕上げには低VOCおよび水系材料を採用していくことが重要である。

[表6-49] 規制対象外(F☆☆☆☆)となる塗料

JIS No	JIS規格品
K 5431	セラックニス類
K 5531	ニトロセルロースラッカー
K 5532	ラッカー系シーラー
K 5535	ラッカー系下地塗料
K 5581	塩化ビニルワニス
K 5582	塩化ビニルエナメル
K 5653	アクリル樹脂ワニス
K 5654	アクリル樹脂エナメル
K 5655	建築用ポリウレタン樹脂エナメル
K 5660	つや有合成樹脂エマルションペイント
K 5663	合成樹脂エマルションペイント
K 5668	合成樹脂エマルション模様塗料
K 5669	合成樹脂エマルションパテ
K 5960	家庭用室内塗料
K 5670	アクリル樹脂非水分散形塗料

[表6-50] 規制対象外(F☆☆☆☆)となる建築用仕上塗材

JIS品質該当品	通称
内装用合成樹脂エマルション系薄付け仕上塗材(内装薄塗材E)	じゅらく・樹脂リシンなど
軽量骨材仕上塗材(軽量塗材)	バーミュキライト吹付け材
内装用合成樹脂エマルション厚付け仕上塗材(内装厚塗材E)	樹脂スタッコ
合成樹脂エマルション複層仕上塗材(複層塗材E)	アクリル吹付けタイルなど
防水形合成樹脂エマルション複層仕上塗材(防水形複層塗材E)	弾性タイルなど

(E) アスベスト(石綿)含有仕上げ塗り材の処理

　既存建築物のリフォーム時代を迎え、鉄骨造の耐火被覆を中心に非常に多くの部位に用いられていたアスベスト(石綿)が解体・改修時に飛散し、健康被害による社会問題化が取り沙汰され、製造・使用の全面禁止となっている。

　これらの背景において[表2-12]に示した建築工法の変化により開発された仕上塗材や下地調整塗材にも数ミリ単位の仕上げ膜厚を形成させるために、厚膜形成時のひび割れ防止・だれ防止等

に用いられていたアスベストは、添加量も少なくセメントや合成樹脂などの結合材で固められており、通常の環境下でアスベスト粉じんが飛散することはない（非飛散性）とされている。しかし、改修工事において、既存塗膜の処理時の石綿含有の粉じんの飛散防止処理が求められている。

　国内における建材関連の主な石綿規制は 2006（平成 18）年 9 月 1 日施行の労働安全衛生法施行令により、仕上塗材も含め重量の 0.1％以上の含有する製品の使用が禁止された。

　ゆえに 2006 年以前に建設・施工された仕上塗材仕上建築物は石綿の含有がなされているとの前提に仕上げ面の処理の対応しなければならない。

ａ 石綿粉じん飛散防止処理

　　石綿粉じんの処理技術について［表 6-51］の指針が設定され、仕上塗材等塗装材料の改修時の処理はこれに基づき対応がなされなければならない。

(F)安全データシート

　塗装材料は合成樹脂・VOC 成分・顔料・各種添加剤等により構成された典型的な化学製品である。これらの取り扱いについての安全衛生上の注意事項は「化学物質等安全データシート」に詳細に記載されており、その内容に応じて施工上の安全衛生管理をしなければならない。「化学物質等安全データシート」（MSDS：Material Safety Data Sheet）には、［表 6-52］に示す内容が記載されている。

　したがって、MSDS に記載されていない事項でトラブルが生じた場合は、製造メーカーの製造物責任（PL 法）となるが、もし記載してある内容で生じた場合は使用者サイドの責任となる。施工者は、必ず各製品ごとに MSDS を製造者より入手し、施工現場管理事務所等に保管し、職長・作業員等が容易に閲覧確認できる体制にしておく必要がある。

　特に、これら記載内容において「2. 製品の特性」の項に記載されている成分およびその含有量については、シックハウス対策上重要なチェックポイントとなる。ただし、1％未満の含有量の

[表6-51] 石綿粉じん飛散防止処理の指針

『建築物の改修・解体時における石綿含有建築用仕上塗材からの
石綿粉じん飛散防止処理技術指針』
平成28年4月28日制定
設定：国立研究開発法人 建築研究所 日本建築仕上材工業会

記載されている内容概要
1.2 適用範囲
　指針の適用範囲は
　①既存建築物の内外装仕上げにおいて、2006年8月までに施工された石綿含有仕上塗材の改修工事および解体工事に適用するとしている。
　②改修工事において石綿含有仕上塗材の主材層を除去または洗浄する場合に適用する。
1.3 用語
　石綿の種類、石綿繊維から各種の工事関連用語の定義が示されている。
2 事前調査
2.1 調査方法
　改修工事に先駆け、当該建築物に使用されている仕上塗材の石綿の有無を設計図書、または分析により調査しなければならないとして調査方法を示している。これらについて解説を加えている。
2.2 事前調査後の措置
　①調査の結果は関係法令に基づいて掲示する
　②調査の結果、石綿含有仕上塗材が施工されている場合は施工計画を立案する
　としてそれらについて解説している。
3 仕上塗材の処理工法
3.1 処理工法の種類
　施工可能な方法を15種類設定し、解説をしている。
3.2 処理工法の選定
　既存仕上塗材層の種類・劣化程度・処理の程度・除去効率・粉じんの発生程度・作業場の隔離養生の要否・廃水処理の要否・施工費用等の条件に応じて選定するとして、具体的な内容で解説している。
3.3 施工計画の作成
　施工計画を作成する場合、次の事項を含むものとしている。
　処理工法・粉じん飛散防止措置・粉じんばく露防止措置・廃水処理・廃棄物処理等についての対応を解説している。
4 届出
　この指針に基づき改修工事を行うときは、届け先を労働基準監督署長・都道府県知事等に提出する。
5 処理作業共通事項
　石綿含有仕上塗材の処理作業にあたっては、大気汚染防止法・石綿障害予防規則および廃棄物処理法に基づいて次の事項を遵守することが示されている。
　①石綿作業主任者　②除去作業者　③特別管理産業廃棄物管理責任者
　④表示および掲示　⑤呼吸用保護具　⑥保護衣、作業衣
　⑦記録及び保存（事前調査結果・作業記録は40年間保存するとしている）
6 隔離工法
6.1 隔離養生
　外壁等屋外に施工された石綿含有仕上塗材層の除去するにあたって、隔離養生行う場合は足場全体を隔離シートで囲い密閉化するとし、概念図をはじめ足場上部・足場下部の隔離養生の例等の解説図が記載されている。
6.2 セキュリテーゾーンの設置
　入口に前室、洗身室、更衣室の3室からなるセキュリティーゾーンを設置し、その取扱い等に規定している。
6.3 集じん・排気装置の設置
　集じん・排気装置を設置し、駆動させ、隔離作業場内からの漏えいを防止するために作業場内を負圧にする等の設置した機能を発揮できるように解説に示している。

6.4 隔離解除前の措置
7 隔離工法としない場合の措置
　①養生
　粉じん飛散を生じない(極めて少ない)工法で隔離養生を必要としない場合に、周囲の汚染を防止する観点からプラスッチックシート等の養生を行う。
　②粉じん飛散防止措置
　③呼吸用保護具・保護衣等
　これらの規定と解説がなされている
8 廃水処理
9 廃棄物処理

[表6-52] MSDSへの記載内容

1	化学物質及び会社情報:会社名・住所・担当部門・緊急連絡先・作者(MSDSの制作者)
2	製品の特性:製品名・製品説明(種類・用途)
3	物質の特性:成分及び含有量(危険有害物質対象)成分・CASNo・含有量Wt・備考
4	危険物有害性の分類:分類の名称・引火性液体・急性毒性物質・その他有害物質
5	応急処置:目に入った場合・皮膚に付着した場合・吸入した場合・飲み込んだ場合
6	火災時の処置:使用可能消火器・消火方法
7	漏出時の処置
8	取扱・保管上の注意:取扱い上の注意・保管上の注意
9	曝露防止処置:保護具(目の保護・皮膚の保護・呼吸器の保護・その他保護具)
10	製品の物理的・化学的性質:状態(液体・気体・個体・粉末状・ペースト状・色・臭気・沸点・蒸気圧・密度(比重)・PH値・その他)
11	危険性情報:製品特性・引火点・発火点・爆発限界(上限)(下限)
12	有害性情報:組成物質の有害性及び曝露濃度基準 物質名・管理濃度・ACGIH(TLV)・IARC・その他有害性
13	環境影響情報
14	廃棄上の注意
15	運送上の注意:共通・陸上運送・海上運送・航空運送・国連番号
16	主な適用法令:労働安全衛生法(危険物・有規則・特規則・特化則・鉛則)消防法・船舶安全法

成分は記載されないため、注意が必要である。

　また、発注者サイド等から要求されて、施工した塗装材料を補修用やサンプルとして小分けして手渡す場合も必ずMSDSを添付し、保管・使用の注意事項を明示する必要がある。それを怠って、万が一発注者サイドに安全衛生上のトラブルが発生した場合、製品の小分けしているので、製造者責任でなく、施工者責任となる場合がある。

(G)環境対応に対する目標値

　これら環境対応に対して、日本塗料工業会は健康リスクに対し

て[表6-53]に示す目標値を設定・推進している。

(2) 金属素地の既存塗膜面への塗り替え仕様

A 環境対応を求めた塗り替え仕様

(A) 鉛・クロムフリーさび止めペイントおよびVOC対応

　塗り替えを設定した場合、環境対応としては重金属系顔料（鉛・クロム）問題の解決が不可欠である。そこで、さび止め顔料を非鉛・非クロム化したり、リン酸塩系さび止め顔料を用いた「鉛・クロムフリーさび止めペイント（JIS K 5674）」が開発され、その活用が定番化された。

　また、室内塗装の場合に特に問題となるVOC成分には、油変性樹脂系塗料（合成樹脂調合ペイント）から発生するホルムアルデヒドや、キシレン・トルエン等の第二種有機溶剤があり、これらの問題に対応すべく水系さび止めペイント（JASS 18 M-111）が開発された。その仕様例を[表6-54]に示す。各工程に適用する既存塗膜への下地調整の工程は[表6-55]に、これらの工程を適用した合成樹脂調合ペイント塗りの工程を[表6-56]に示す。

(B) 鉄鋼面つや有合成樹脂エマルションペイント塗り

　屋内におけるシックハウス症候群への対応のため、鉄鋼面の塗り替え用に開発された仕様を[表6-57]に示す。なお、この工程は亜鉛めっき面への適用が可能である。

[表6-53] 健康リスクに対する目標値（暫定案）

項目	目標値
塗料設計条件	合成樹脂エマルション塗料
TVOC	1%以下
芳香族系溶剤	0.1%以下
アルデヒド類	0.01%以下
重金属（鉛・クロム類）	0.05%以下
発がん性物質 生殖毒性物質 変異原生物質	0.1%以下
感作性物質	0.1%以下

[表6-54] 鉛・クロムフリーさび止めペイントおよび水系さび止めペイント塗りの工程

工程		種別*		
		A種	B種	C種
下地調整*	RA種	○	○	—
	RB種	—	—	○
1 鉛・クロムフリーさび止めペイント(1回目)	全面塗	○	—	—
	補修塗	—	○	○
2 研磨紙ずり		○	—	○
3 鉛・クロムフリーさび止めペイント(2回目) 水系さび止めペイント		○	○	○

*下地調整は[表6-55]による
*A種：既存塗膜を全面剥離した場合、もしくはけれんによって素地の露出度5%以上の場合
 B種：既存塗膜を3種けれんとした場合で素地の露出度が5%未満の場合
 C種：特記がない場合

[表6-55] 既存塗膜残存面の下地調整の工程

工程	種別			塗料その他	面の処置
	RA種	RB種	RC種		
1 既存塗膜の除去	○	—	—		ディスクサンダー、スクレッパーなどにより塗膜およびさびなどを全面除去する
	—	○	—		ディスクサンダー、スクレッパーなどにより劣化した脆弱な部分およびさびなどを除去し、活膜を残す
2 汚れ付着物除去	○	○	○		スクレッパー、ワイヤブラシなどで除去する
3 油類除去	○	○	—		溶剤ぶき
4 研磨紙ずり	○	○	—	研磨紙 P120～180	全面を平らに研磨する
	—	—	○	研磨紙 P240～320	

*RA：既存塗膜をすべて除去する(一般にいう一級および2種けれん)
 RB：既存塗膜の活膜部分は残す工程(一般にいう3種けれん)
 RC：既存塗膜はほとんど健全で素地の露出なく塗膜表面の付着物除去などの調整(4種けれん)

[表6-56] 合成樹脂調合ペイント塗りの工程

工程		種別			塗料その他			塗付量 (kg/m²)
		A種	B種	C種	規格番号	規格名称	種類	
	下地調整	―	―	○	[表6-55]による			
1	さび止め塗料塗り	○	○	―	[表6-54]の鉛・クロムフリーさび止めペイントによる			
2	穴埋めパテかい	○	○	―	JIS K 5646	カシュー樹脂下塗塗料	カシューパテ	
					JIS K 5591	油性系下塗塗料	オイルパテ	
3	研磨	○	○	―	研磨紙P220〜230			
4	中塗り1回目	○	○	―	JIS K 5516	合成樹脂調合ペイント	1種	0.09
5	研磨	○	―	―	研磨紙P220〜240			
6	中塗り2回目	○	―	―	JIS K 5516	合成樹脂調合ペイント	1種	0.09
7	上塗り	○	○	○	JIS K 5516	合成樹脂調合ペイント	1種	0.08

①鉄面へのグレードアップ仕様

建築における各種の設備等の金属部は、工場塗装された塗膜の薄いタイプのものが多く、新築時はきれいでも容易に傷がつくなど耐久性の不十分な場合が多い。修繕時に耐久性の向上を要求される場合に対応する仕様例を示す。

一般に集合住宅の外部の鉄部は、合成樹脂調合ペイント塗りが標準となっている。設備関係の金属部にはメラミン樹脂エナメルの焼付塗装がなされているが、メンテナンスサイクルの延長や、海岸部・温泉地等に立地する場合、およびコンクリートに接する鋼製手摺・非常階段におけるグレードアップを求める場合には、既存の合成樹脂調合ペイントやメラミン樹脂エナメル等の既存塗膜の塗り替えに弱溶剤系2液ポリウレタンエナメルを用いる。その塗り替え工程を[表6-57]に示す。

この場合、当然VOC問題を考慮して、工程全体で弱溶剤系を用いる。

②亜鉛めっき面塗装をグレードアップする仕様例

亜鉛めっき面はその塗装において、一般に付着性が悪く問題発生の原因となりやすい。その最も大きな原因として、付着性を高めるために用いられているエッチングプライマーが効

果を発揮していないことがある。そのため、下塗りに変性エポキシ樹脂プライマーを用いる仕様が確立し、剥離事故が低減した。[表6-57]にその仕様例を示す。

　なお、この場合も弱溶剤系変性エポキシ樹脂プライマーを適用しており、上塗りに弱溶剤系ポリウレタンエナメル・アクリルシリコン樹脂エナメル・常温乾燥形ふっ素樹脂エナメル等を用いることができる。

[表6-57] 弱溶剤系2液ポリウレタンエナメルによる塗り替え工程

工程		種別		塗料その他	希釈割合	塗付量 (kg/m²)	工程間隔 (時間)
		A種	B種				
下地調整		○	○	[表6-55]による			
1	さび止め塗料塗り (1回目)	○	●	弱溶剤系変性エポキシ樹脂プライマー	100	0.14	4h以上
				専用シンナー	0〜20		
2	さび止め塗料塗り (2回目)	○	○	弱溶剤系変性エポキシプライマー	100	0.14	4h以上
				専用シンナー	0〜20		
3	穴埋めパテかい	△	△	2液エポキシ樹脂パテ	―		16h以上
4	研磨	△	△	研磨紙P180〜220			
5	上塗り(1回目)	○	○	弱溶剤系2液ポリウレタンエナメル	100	0.10	3h以上
				専用シンナー	0〜20		
6	上塗り(2回目)	○	○	弱溶剤系2液ポリウレタンエナメル	100	0.10	―
				専用シンナー	0〜20		

*　●：さび止め塗料塗りを補修塗りとする
　　△：特記により行う工程

[表6-58] 変性エポキシ樹脂プライマーによる亜鉛めっき面塗り替え工程例

工程		種別		塗料その他	希釈割合 (質量比)	塗付量 (kg/m²)	工程間隔 (時間)
		A種	B種				
下地調整		○	○	[表6-55]による			
1	補修塗り	―	―	素地の露出面に下塗りを行う			
2	下塗り(1回目)	○	―	弱溶剤系変性エポキシプライマー	100	0.14	4h以上 7日以内
				専用シンナー	0〜5		
3	パテかい	△	△	オイルパテ			
4	研磨			研磨紙P180〜220			
5	下塗り(2回目)	○	○	弱溶剤系変性エポキシプライマー	100	0.08	4h以上 7日以内
				専用シンナー	0〜5		
6	中塗り	○	○	合成樹脂調合ペイント	100	0.08	24h以上
				専用シンナー	0〜5		
7	上塗り	○	○	合成樹脂調合ペイント	100	0.08	―
				専用シンナー	0〜20		

2節 外壁仕上げ面へのグレードアップ化塗り替え仕様
——超高層集合住宅外壁改修工事の実例

1 外壁改修・塗装設計
(1) 改修設計へのビジョン・コンセプト
　近年、集合住宅の最大の提供グループである UR 都市機構団地において、トータルコーディネートによるバリューアップ修繕が行われており、それに対する役割を発揮するために、専用の塗装システムが開発されている。ストック集合住宅の耐久性をバリューアップし、永続性を向上させるハード面と、居住性能をアップし、居住者をはじめ地域社会を構成する住民の生活空間を快適にするソフト面の両面から既存超高層住宅の改修をすることとなった。サステナブル化への外壁塗装改修工事の実例を示す。

(2) 外壁改修塗装へのコンセプト
　外壁改修塗装計画の既存建築物は「UR 都市機構東日本賃貸住宅本部」が管理する超高層住宅（35 階建て）で、周辺には超高層オフィスビルも立地するオフィス・住居が混在した首都圏のリバーサイドエリアにある。

　それぞれの建造物の立地を生かしながら街全体のバランスを保つことを重視しているため、外壁塗装改修ではそのバランスを維持しつつ、明るさと安らぎを永続的（サステナブル）に維持する美しい色彩とすることをコンセプトとした。

(3) 外壁改修塗装設計
　35 階建ての既存の外壁面は、コンクリートおよび ALC パネルにより構成されている。

A 既存外壁部の劣化状況調査および試験
　(A) 既存塗膜の構成
　　ALC 外壁面：マスチック C（複層塗材 CE 上塗り：アクリル樹脂エナメル）
　　コンクリート面：アクリル樹脂エナメル
　(B) 既存塗膜の劣化状況
　　マスチック C 仕上げ面およびアクリル樹脂エナメル仕上げ面

の劣化現象の発生状況を［表6-59］に示す。全体に劣化現象は塗膜表面で生じており、劣化の程度は表の①の表面劣化が中心となっている。

B 仕様書の設定

既存塗膜の劣化状況を確認し、これらに基づき改修仕様の設定を行う。

(A) 下地調整――コンクリート部分

a 表面劣化［表6-59］の①の下地調整

劣化の状況に応じて高圧水洗浄工法を取り入れ、［表6-60］のように下地調整の仕様を設定する。

b 劣化状況②部分の下地調整

塗膜内部にまで劣化現象を生じている部位については、［表6-61］により下地調整を行う。

c 劣化状況③の部分の下地調整

下地部分を含む劣化現象の下地調整を［表6-62］に示す。

d 劣化状況④の部分の下地調整

黒かび・緑色藻類等有機汚染の発生している部位の下地調整を［表6-63］に示す。

[表6-59] 各劣化現象の発生状況

劣化現象	発生状況
① 表面劣化現象	汚れ・変退色・光沢低下・白亜化・摩耗発生
② 内部劣化現象	マスチックC主材部にはひび割れの発生はほとんどなく、健全状態保持
	部分的に床板端部(バルコニー鼻先)に塗膜割れ、剥離発生
③ 下地の劣化現象	RC造梁部にひび割れ、錆汁発生部分点在
④ 有機汚染現象	部分的に北面部分天端よりの雨水流水部分に黒かび発生

[表6-60] コンクリート部分劣化現象①部分の下地調整

工程	工法
面の処置	既存仕上表面を傷つけないようにワイヤーブラシ・研磨紙・ウエスなどで塗膜表面の汚れ・付着物・発生チョーキング(白亜化)を除去する
高圧水洗	水圧14.0～15.0MPa(水量17l/分)程度の高圧水洗浄をする。このとき、対象壁面との距離は50cm以内とする

[表6-61] コンクリート部分劣化現象②部分の下地調整

工程	工法
面の処置	ディスクサンダー・けれん工具などで脆弱な劣化塗膜を除去し、活膜は残す
高圧洗浄	水圧14.0〜15.0MPa(水量17l/分)程度で汚れ・粉化物・付着物を除去・清掃する。このとき、対象壁面との距離は50cm以内とする
面の調整	JIS A 6916(建築用下地調整塗材)によるセメント系下地調整塗材C-2により部分補修を行う
	「マスチック塗材C主材」により所定のテクスチュアパターンを形成する

[表6-62] コンクリート部分劣化現象③部分の下地調整

工程	工法
面の処置	ディスクサンダー・スクレーパー・研磨紙などにより既存塗膜(劣化膜・活膜)・さびを全面除去する
高圧水洗	水圧14.0〜15.0MPa(水量17l/分)程度で汚れ・粉化物・付着物などを除去・清掃する。このとき、対象壁面との距離は50cm以内とする
ひび割れ補修	・ひび割れ幅0.2mm未満の場合 さびの発生のない場合は、セメント系下地調整塗材C-2により部分補修を行う ・ひび割れ幅0.2mm以上の場合 さび発生部分はひび割れ部分のコンクリートをはつり、鉄筋さび落とし、鉄筋防錆処理(防錆用変性エポキシさび止め材塗付) 欠損部およびはつり部にポリマーセメント系樹脂モルタルを塗り重ね、また充填したうえで平滑に仕上げ、硬化するまで養生する(必要に応じ、ポリマーセメント系樹脂モルタルを施す前に、プライマーを塗り付ける)
面の調整	ポリマーセメントモルタルを養生後、表面に発生したひび割れを必要に応じて下地調整材をヘラ・刷毛などで刷り込む 既存塗膜(マスチック塗材C)がある面のみ、「マスチック塗材C-主材」により所定のテクスチュアパターンを形成する

[表6-63] コンクリート部分劣化状況④部分の下地調整

工程	工法
面の処置	ワイヤーブラシなどで掻き落とし、塩素系漂白剤で洗浄する
高圧水洗	水圧14.0〜15.0MPa(水量17l/分)程度で汚れ・粉化物・付着物などを除去・清掃する。このとき、対象壁面との距離は50cm以内とする
面の調整	防かび・防藻処理液にて殺菌処理を行う

(B) 下地調整――ALC部分

　a 劣化状況①の場合の下地調整

　　塗膜表面劣化（汚れ・変退色・光沢低下・白亜化・摩耗発生）部分の下地調整は［**表6-60**］に準じて行う。

　　この場合、素地が露出した脆弱部分も同様に除去し、合成樹脂エマルションシーラーを塗り付けた後、ALC補修用モルタルで補修する。または、素地が露出部に合成樹脂エマルションシーラーを塗り付けた後、JIS A 6916（建築用下地調整塗材）セメント系下地調整塗材C-2を塗り付ける。

　b 劣化状況②部分の下地調整

　　塗膜内部で劣化現象が生じている部分の下地調整は［**表6-61**］に準じて行う。この場合、素地露出部の脆弱部分も同様に除去した後に、合成樹脂エマルションシーラーを塗り付け、ALC補修用モルタルで補修する。または、素地露出部に合成樹脂エマルションシーラーを塗付けた後、JIS A 6916（建築用下地調整塗材）セメント系下地調整塗材C-2を塗り付ける。

　c 劣化状況③部分の下地調整

　　劣化現象が下地を含む部分の下地調整は［**表6-64**］による。

　d 劣化状況④の下地調整

　　黒かび・緑色藻類等有機汚染の発生している部位の下地調整は［**表6-63**］に準じて行う。

［**表6-64**］　ALC部材の劣化状況③部分の下地調整

工程	工法
面の処置	ディスクサンダー・スクレーパー・研磨紙などにより既存塗膜（劣化膜・活膜）・さびを全面除去する
高圧水洗	水圧14.0～15.0MPa（水量17l/分）程度で汚れ・粉化物・付着物などを除去・清掃する。このとき、対象壁面との距離は50cm以内とする
ひび割れ補修 （さび発生）	ひび割れの幅に応じて適切な処理を行う（［表6-62］参照） さびの処理を行った後、ALCの欠損部はALC補修用モルタルで補修する
面の調整	「マスチック塗材C主材」により所定のテクスチュアパターンを形成する

(C) 塗装工程

　a 既存塗膜マスチックC-Sの部分

　目視により既存塗膜の付着状況は良好に保たれているのが確認できたことから、劣化現象の進行は上塗りのみであることがわかる。白亜化現象が著しく進行しているレベルにあるので、下地調整の段階では脆弱塗膜部分を除去し、チョーキング層を取り除く、上塗り材の劣化への対応が中心となることを確認できた。

　(a) 材料の選定

　①下塗り――復元改修塗用材料：復元改修塗材RE

　各種既存のUR集合住宅の外壁仕上塗材に対して、性能を復元し、上塗り性能・機能を発揮できる素地をつくる品質が求められる。当然、品質的には「JIS A 6909 可とう形改修塗材RE」以上のものとし、「付着性補強」「ひび割れ充填性」を重視する。

　②中塗材料――水性有機・無機ハイブリッド樹脂塗料用中塗

　表面均一化・塗膜厚確保・上塗り耐久性効果フォローを目的とする。工程管理の目的のため、上塗り色と異なる色とする。

　③上塗り材

　上塗り材の選定には、長期耐久性を発揮し、メンテナンスサイクルを延長できるサステナブルな耐汚染性を有する外壁を再生することを目標とした。そこでJIS K 5658 建築用耐候性上塗り塗料1級であり、なおかつJIS A 6909 建築用仕上塗材耐候形1種に該当するものとして、下記に示す「水性有機無機ハイブリッド塗料」を選定し、その塗装工程は［表6-66］とおりとした。

「水性有機無機ハイブリッド塗料システム」

　有機無機ハイブリッド塗料とは、無機高分子のシロキサン結合による三次元網目構造を有する「ポリシロキサン」を主流とする塗料で、その特徴は、長所として以下が挙げられる。

[表6-65] 水性有機無機ハイブリッド塗料（ポリシロキサン系）塗料塗りの工程

工程		塗料その他		希釈剤	希釈率(%)	塗付量(kg/m²)	仕上げの形状
		規格番号	塗料名称				
1	下地調整	既存塗膜の劣化状況により[表6-60]〜[表6-62]より選択して行う					
2	フィラー塗(既存仕上材復元改修塗り)	JIS A 6909	可とう形改修塗材E主材エポキシン含有タイプ または、可とう形改修塗材RE主材	水	製造所の仕様による	0.3以上 0.8以上	平坦状（既存仕上げ形状合わせ） さざ波・ゆず肌状（新規形状）
3	中塗り		水性有機無機ハイブリッド樹脂塗料用中塗	水	5〜15	0.12〜0.15	—
4	上塗り	JIS A 6909 耐候形1種相当	水性有機無機ハイブリッド樹脂塗料（ポリシロキサン系）	水	5〜15	0.12〜0.15	—

*1 下地調整は既存塗膜に生じている現象に応じて下地調整方法を選択し、正確に実施し、塗膜剥離の原因・仕上がり不良の原因にならないように十分な調整を行う
*2 可とう形改修塗材エポキシン含有タイプは中毛ローラーで配り塗りを行い、模様むらの生じないように塗る
*3 施工されているシーリングが劣化し、ひび割れを生じている場合、打ち直しを行う
*4 打ち直しするシーリング材は、仕上塗材の汚染性を考慮して選定する（ウレタン系ノンブリードタイプ）
   場合によっては、すべりプライマーを使用する
*5 水性有機無機ハイブリッド樹脂塗料の基材と硬化剤を15:1（重量比）で電動撹拌機を用いて十分に混合し
   可使時間5時間以内（20℃）に使用する
*6 上塗りはむらを生じないように塗る
*7 刷毛塗りとローラー仕上げが混在する場合、塗付量により光沢むらが生じないように十分に配慮して施工する

- アクリル樹脂の骨格（C-C 結合）と比較し結合エネルギーが高く、高耐候性が期待できる
- Si-O 結合が網目状に形成されることから高硬度で強靭な塗膜が期待できる

　短所としては、ポリシロキサン単独では伸張性が得られないため、有機成分（アクリル成分及び弾性成分）で伸張性を補い、有機・無機ハイブリッド塗料とする。

b 既存塗膜MR-CS以外の部分（主にバルコニー鼻先）

　バルコニー鼻先部分（コンクリート製）などは躯体のひび割れが目立つ。ひび割れ部分の処理はUカットシール工法など、適切な処理が必要となる。

　下塗り材は素地の劣化状況に適したものを選定し、反応形合成樹脂シーラー、または弱溶剤系反応形合成樹脂シーラー（JASS 18 M-201 日本建築学会規格）とする。ひび割れ処理部を含む全面にフィラー塗りを実施し、中塗りおよび上塗りは［表6-66］に示すように行う。

[表6-66] 水性有機無機ハイブリッド塗料（ポリシロキサン）塗り工程

工程	塗料その他		希釈剤	希釈率(%)	塗付量(kg/m^2)
	規格番号	塗料名称			
1 下地処理	［表6-60］〜［表6-62］の各表による				
2 下塗り	JASS 18 M-201	弱溶剤系反応形合成樹脂シーラー	—	無希釈	0.08〜0.15
3 フィラー塗り	JIS A 6909	可とう形改修塗材Eエポキシ含有タイプ または、可とう形改修塗材RE主材	水	製造所の仕様による	0.8以上
4 中塗り	—	水性有機無機ハイブリッド樹脂塗料用中塗	水	5〜15	0.13〜0.15
5 上塗り	JIS A 6909 耐候形1種相当	水性有機無機ハイブリッド樹脂塗料（ポリシロキサン系）	水	5〜15	0.12〜0.15

*1 下地調整は、既存塗膜に生じている現象に応じた下地調整方法を選択し、正確に実施し、塗膜の剥離原因・仕上がり不良の原因とならないように十分な調整を行う
*2 ひび割れ箇所は適切な処理を実施する
*3 施工されているシーリングが劣化し、ひび割れている場合は打ち直しを行う
*4 打ち直しするシーリング材は仕上塗材の汚染性を考慮し選定する
*5 上塗り塗料の基材と硬化剤を15:1（重量比）で電動撹拌機で十分に混合し、可使時間5時間以内

2 施工要領書の設定

(1)一般事項

A 仮設設計

　改修設計と同時に、建物形状・周辺環境・居住者対応等に配慮し、安全確保のもとでスムーズな工事進行を計画した。特に超高層住宅である本改修工事物件は外壁改修が中心であり、居住者は賃貸者が中心であったため、十分に配慮した。建物の外周にバルコニーが存在するため、連結式ゴンドラを採用した。連結式ゴンドラの採用による仕様は、以下のとおりである。

①2フロアー方式（垂直移設式）
②居住者は賃貸者が中心であるため、工事期間中の居住者への設置期間を最小にし、ストレス等の最小化を図る。
③建物の全周囲を同時施工する方式で、[**写真6-1**]に見られるごとくメッシュシートにより風の影響の最小限化を図る。
④工事自体の工期を1年6か月とし、長期化による安全対策を十分検討した。

(A)連結式ゴンドラの採用による仕様――適用範囲
　下記の項は外壁を構成しているコンクリートおよび外装仕上げ材塗りに適用する。

(B)基本要求品質
①塗装工事に用いる材料は所定のものとすること
②塗装の仕上り面、所要の状態であること
③塗膜は耐久性・耐火性に対する有害な欠陥がないこと

(C)材料
①主材および上塗りの各塗料は同一製造所の製品とし、上塗り用塗料は原則として製造所において指定された色およびつやに調合する。ただし少量の場合は、同一製造所の塗料を用いて現場調色とすることができる。
②塗料は、原則として調合された塗料を使用する。ただし、素地面の粗密、吸収性の大小、気温の高低等に応じて、塗装に適するように製造所の指定する希釈剤・希釈率の範囲内で調整することができる。

[写真 6-1]
連結式ゴンドラ仮設状況
(建築物一周に設置)

[写真 6-2]
連結式ゴンドラ仮設状況
(仮設近接)

[写真 6-3]
連結式ゴンドラ仮設状況
(仮設作業場内)

(2) 施工管理

A 材料管理

①塗装材料は、商標等の表示を完全に保ち、開封しないまま現場に搬入する。

②材料は必要に応じて搬入する。

③有機材料の取り扱いは、有機溶剤主任者が行う。

④工場製造の指定色は現場搬入後、色・つやの確認をする。

⑤材料の廃棄に関しては法律に基づき産業廃棄物として処理をする。

B 材料置場
　①材料の保管は専用の置き場を設けて施錠し、「塗料置場」・「火気厳禁」の表示をし、置場内およびその周辺の火気の使用を厳禁する。
　②塗料置場およびその周辺に消火器を設置する。
　③置場に直射日光が当たらないようにし、十分な換気を図る。
　④床には、不浸透性で耐火物のものを敷き、使いかけの材料は密封し、有機溶剤の揮発を極力避ける。
　⑤管理責任者・有機溶剤主任者を選定し、それを表示し、常に整理整頓をし、不要材料は随時搬出する。
　⑥条令で定める量以上の危険物を貯蔵する場合は消防署に届け、必要な指示を受ける。
　⑦現場が不燃建物の場合、指定数量以内であれば周囲を不燃材で囲った場所を設け、所轄の消防署長に届け出る。ただし、期間は工事期間とする。屋外に貯蔵する場合には、指定数量内であればその周囲に幅約 2m 以上の空地を保有すること。および防火上有効な壁を設けること。

C 一般事項
　①下地乾燥の度合いは含水率 10% 以下・アルカリ度 pH9 以下を標準とする。
　②施工前に塗装面の下地状況をチェックし、不都合のある場合は監督員と打ち合わせをし、改善してから施工する。
　③塗装用機器は常に整理整頓に心がける。

D 作業上の環境条件
　①塗装面、その周辺や床等に汚染、損傷を与えないように注意し、必要に応じてあらかじめ塗装個所周辺に適切な養生をする。
　②塗装場所の気温が 5℃ 以下、湿度が 85% 以上または換気が不十分で結露する等、塗料の乾燥に不適切な場合は、原則として塗装作業は行ってはならない。やむを得ず塗装する場合は，採暖、換気等を行う。
　③塗装は、降雨および強風の恐れのある場合には、原則として行ってはならない。

④作業場所は、他作業による飛散物・埃のないようにする。
(3) 品質管理
A 施工前の注意事項
　　①施工要領書を全作業員に事前に周知徹底させることはもとより、作業毎に塗装仕様・工程・作業手順の確認を行う。
　　②工程会議及び作業前の打ち合わせ（TBM）を密に行い、その日の工事範囲・取り合い工事の確認を行う。
　　③作業前のゴンドラ足場の状態・照明の具合の確認をする。
　　④被塗面の含水率、アルカリ度の測定を必要に応じて行い、また面の仕上がり程度の確認を事前に行う。
　　⑤作業員の能力に応じた適切な配置を行う。
　　⑥作業床等の挨・不要材を事前に除去する。
B 施工上の注意事項
　　①塗料の飛散・はみ出し等で周囲を汚さないよう適切に養生を行う。
　　②各塗装工程の放置時間は塗装種別により異なるので種別ごとに放置時間を確認する。
　　③希釈率は下・中・上塗りによっても多少異なるので、作業ごとに適切に行う。
　　④塗付量は標準塗付量を確保し、またダレ、むら等を起こさないよう均等に施工する。
C 細部のチェック項目
　　□下地の乾燥度　　□清掃状態　　　□通風・埃等の整備
　　□かすれ・ダレ　　□塗付量・塗回数　□養生程度
　　□見切り具合　　　□色・つやの違い
D 検査
　　(A) 下地調整時
　　　　□下地処理の程度　　　　□枠・ちり回りの見切りの程度
　　　　□器具まわりの見切りとの程度　□防錆塗料の傷・塗装程度
　　(B) 仕上げ時
　　　　□刷毛目・カスレ・ダレ　□塗料の希釈・濾過状態
　　　　□養生の程度　　　　　　□見えがかり部分の仕上がり程度

□養生テープの除去　　□清掃・片付け

　以上のような項目で検査し、結果が不適当と判断された場合は補修塗りを行い、再検査する。

(4) 外壁改修工事施工要領

工程	方法	チェック項目
下地	既存塗膜、素地の劣化現象の確認	素地・上塗の剥離
	既存塗膜の付着強度の確認	錆汁の有無
	素地、既存塗膜の乾燥状況確認(十分な乾燥)	下地付着強度 汚れ(かび、油、白亜化)
	シーリングが劣化し、ひび割れしている場合は打ち直し。シーリング材は、仕上材の汚染性も考慮し選定。ウレタンノンブリードタイプとし、場合によってはバリアプライマーを使用	シーリング材のひび シーリング材の選定 塗膜上はシーリング材を施さない
下地調整 (面の処理)	汚れ・付着物・チョーキング(白亜化)は既存塗膜表面を傷つけないようにワイヤーブラシ・研磨紙・ウエスなどで塗膜表面除去する	汚れ、既存塗膜の強度 下地の平滑さ
	かびなどの有機汚染がある場合はワイヤーブラシなどで洗浄した後、塩素系漂白剤で洗浄する	
	脆弱部分はディスクサンダー・けれん工具などで除去し、活膜は残す	
	下地調整材の剥離や錆汁、爆裂が見られる場合はディスクサンダー・スクレパーなどにより既存塗膜、さびを完全に取り除く	
高圧水洗 *1	水圧 14.0～15.0MPl(水量17l/分)程度で汚れ・粉化物・付着物などを除去清掃する。この時、対象壁面との距離は 50cm 以内とする	水圧・対象物との距離 水の飛散 (洗濯物など) 開口部への水の流出
面の調整	下地調整材の欠損部分は JIS A 6916(建築用下地調整塗材)セメント系下地調整塗材 C-2 により部分補修を行う	下地の乾燥 既存パターンの修復
	パターンはマスチック塗材 C 主材により所定のパターンに合わせる	
ひび割れ 補修	ひび割れ幅 0.2mm 以内の場合 さびの発生がない場合は、セメント系下地調整塗材 C-2 により部分補修を行う	ひび割れ幅 下地の平滑さ
	ひび割れ幅 0.2mm 以上の場合 さび発生時は、ひび割れ部分のコンクリートをはつり鉄筋さび落とし、鉄筋防錆処理(防錆用変性エポキシさび止め材塗布)を実施する	
	ひび割れ幅 0.2mm 以上で挙動がある、またはひび割れ幅 1mm 以上の場合 U カット可とう性エポキシ樹脂充填もしくはエポキシ樹脂注入を行う	
塗装環境	気温 5℃以下、40℃以上、湿度 85%以上での塗装は避ける	気温・湿度・風・天気 天気予報 足場の位置、採光
	降雨、降雪のおそれのある時は塗装を避ける	
	強風時の施工は避ける	
	作業足場と壁面の距離はローラー塗装の場合 40～50cm	
	適切な明るさで作業ができるように採光に配慮する	
養生	材料の飛散・直射日光を避けるためシート養生を行う	養生材の選定・範囲養生の程度・貼付け取り付け状態・見切り
	他の部材および仕上げ面を汚損しないよう適切な処理を行う	

*1 高圧水洗に準ずる方法をとる場合は、その方法による
*2 バルコニー鼻先など既存塗膜 MR-CS がない外壁部分は、下塗り(浸透性マイルドエポシーラー)を実施する。またフィラー塗りは希釈 3～4%(重量)添加し、多孔質ローラーで模様むらの生じないように均一に塗り付ける。塗付量は 0.8kg/m^2、塗り重ね可能時間は 16 時間以上(7日以内 20℃)である

工程	方法	チェック項目
下塗り *2	主材と硬化剤を9:1(重量比)で、電動撹拌機を使い十分に撹拌する	施工面の清掃状態
	中毛ローラーで配り塗りを行い、塗りむらが生じないように塗付ける。隅は刷毛で塗り付け、塗り残しがないようにする。塗付量は0.08〜0.15kg/m^{2}であるが、下地の状態により塗付量が増えることもある	塗装用器材の確認 塗付量 塗り残し
	希釈しない	
	塗り重ね可能時間は16時間以上7日以内(20℃)である。下地状態などにより塗付量が多くなった部分に関してはこの限りではない。乾燥状態を確認して次の工程に移る	
フィラー塗り	開缶後、電動撹拌機で材料を均一に撹拌する	施工面の清掃状態
	希釈は清水で材料の4〜6%(重量)添加し、電動撹拌機で均一に撹拌する	塗装用機材の確認 希釈率(粘度)
	中毛ローラーで配り塗りを行い、塗りむらが生じないように塗付ける。隅は刷毛で塗り付け、塗り残しがないようにする。塗付量は0.30kg/m^{2}であるが、パターンや下地の状態により塗付量が増えることもある	塗付量 塗り残し(かすれ)
	塗り重ね可能時間は4時間以上7日以内(20℃)である。下地状態などにより塗付量が多くなった部分に関してはこの限りではない。乾燥状態を確認して次の工程に移る	
中塗り	前行程のフィラー、下塗りが十分乾燥していることを確認する	乾燥状態の確認
	希釈は清水で材料の5〜15%(重量)希釈し、均一に撹拌する	塗装用機材の確認 希釈率(粘度)
	刷毛塗りとローラー仕上げが混在するので塗付量による光沢むらが生じないように十分に配慮して施工する	塗付量 塗り残しだれ
	中塗りと上塗りの塗装間隔は3時間以上7日以内であるが、乾燥状態を確認してから次の工程に移る	かすれ 仕上がりむら 塗装間隔
	見切りのよい部分で区切って塗装を行い、仕上がりむらが生じないように均一に塗装する	仕上がり(色、光沢)
上塗り	前工程が十分乾燥していることを確認する	乾燥状態の確認
	基材と硬化剤を15:1(重量比)で電動撹拌機を使い、十分に混合する	塗装用機材の確認 混合比の厳守と撹拌状態
	希釈は清水で材料の5〜15%(重量)希釈し撹拌する	希釈率(粘度)
	可使時間5時間以内(20℃)に使用する	塗付量 塗り残し
	刷毛塗りとローラー仕上げが混在するので塗付量による光沢むらが生じないように均一に塗装する	仕上がりむら 塗装間隔
	中塗りと上塗りの塗装間隔は3時間以上7日以内であるが乾燥状態を確認してから次の工程に移る	仕上がり(色、光沢)
	見切りのよい部分で区切り塗装を行い、仕上がりむらが生じないように均一に塗装する	
	上塗りに使用される材料が数ロットにまたがる場合、各ロットの塗装範囲の確認とタッチアップ用材料として未混合の基材と硬化剤をはかりとり、個々に保管(密閉保管)する	
	未混合の基材・硬化剤は密閉保管のこと(特に硬化剤は湿気硬化性を有しており水分の混入を避けること)	
タッチアップ	使用した上塗りと同ロットの材料で、足場のつなぎ部分の汚れた部分のタッチアップを行う。仕上げと同様の方法で行うのがよい	塗装方法 見切り
養生	半硬化の状態で養生を剥がすと取れやすい	放置時間

図版出典一覧

- 表2-12、図5-6、表6-10、表6-18、表6-20、表6-21、表6-24、表6-32、表6-33、表6-34、表6-44、表6-45：マンション管理業協会『マンション維持修繕技術ハンドブック 第3版』オーム社、2013
- 図5-7、図5-8、図6-3、図6-4、表6-28、表6-29、表6-30：日本建築仕上材工業会編『建築仕上材ガイドブック 2014年版』工文社、2014
- 図6-2：『建築外装塗替えマニュアル』日本塗料工業会、1988年
- 図5-3：建築改修実務事典編集委員会編『建築改修実務事典』産業調査会事典出版センター、1998年
- 表6-28：『外壁改修工事の基本的な考え方（湿式編）』日本建築学会、1994年

参考文献

- 建築改修実務事典編集委員会『建築改修実務事典』産業調査会事典出版センター、1998年
- 日本塗装工業会編『日本近代建築塗装史』時事通信社、1999年

索 引

英数

1液形 ··· 075, 083
2液形 ························· 045, 073, 083, 086, 087
　──2液形アクリルウレタン樹脂エナメル
　　　··· 147
　──2液形エポキシ樹脂········ 044, 050, 072
　　　　　　　　　　　　　　084, 102, 119, 140
　──2液形エポキシ樹脂エナメル········ 084
　──2液形タールエポキシ樹脂エナメル··· 085
　──2液形着色ポリウレタンワニス········ 117
　──2液形ポリウレタンエナメル··· 086, 104
　　　　　　　　　　　　　　　　　　　 137
　──2液形ポリウレタンワニス ········ 164
2液反応硬化形·································· 045
　──2液反応硬化形エポキシ樹脂········ 118
　──2液反応硬化形エポキシ樹脂
　　　エマルション ······················ 118
　──2液反応硬化形ポリウレタン········ 118
ALC補修用モルタル ··························· 237
FS規格 ··································· 025, 027, 142
NAD(None Aqueous Polymer Dispersion)
　　　··························· 039, 125, 131, 138
　──NADタイプ樹脂 ······················ 044
Uカットシール工法····························· 240

あ

アクリル―酢酸ビニル共重合樹脂·········· 131
アクリル系共重合樹脂························· 136
アクリルゴム系································· 145
アクリル酸エステル樹脂························ 145

アクリル酸エチル································ 081
アクリル樹脂········ 081, 082, 087, 088, 117, 118
　　　　　　　　127, 130, 136, 137, 139, 240
　──アクリル樹脂エナメル········ 081, 082, 131
　　　　　　　　　　　　　　　　　　　 234
　──アクリル樹脂エマルション········ 118
　──アクリル樹脂系非水分散形塗料
　　　（NADE）························ 131, 137
アクリルシリコン樹脂········ 031, 044, 045, 047
　　　　　　　　　　073, 087, 088, 089, 138
アクリルシリコン樹脂エナメル······· 104, 106, 138
　　　　　　　　　　　　　　　　　　147, 232
アクリルポリオール························ 086, 137, 138
厚付仕上塗材······································ 150
厚膜形2液形エポキシ樹脂
　──厚膜形2液形エポキシ樹脂エナメル
　　　··· 084
　──厚膜形2液形エポキシ樹脂塗料··· 084
厚膜型塗床·· 152
厚膜弾性ウレタン樹脂系塗床仕上げ········ 154
後ずけ ··· 043
アノード··· 179
油変性合成樹脂········ 036, 071, 079, 101, 125
　　　　　　　　　　　　　　　　　　　 131
油ワニス（油性ワニス）····················· 019, 036
アミン ······································· 083, 084
アミンアダクト······························· 073, 083
アルキド樹脂····································· 079
アルキルシリケート····························· 072
アンカー効果····································· 075

249

い

イソシアネート ……………………… 059, 086, 087, 140
　――イソシアネート硬化剤 ……………… 085
一般壁面用塗料 ……………………………… 122
色ののぼり ……………………………………… 043

う

ウエットフィルムゲージ ……………………… 150
薄付け仕上塗材 ……………………………… 142
薄膜型塗材 …………………………………… 154
漆塗り ………………………………………… 156
上塗り ……………… 041, 049, 072, 073, 077, 078, 080
　　　　　　　　088, 098, 102, 104, 117, 118, 119, 122
　　　　　　　　130, 138, 146, 147, 150, 168, 233, 234
　　　　　　　　　　　　　　238, 240, 241, 244
雲母状酸化鉄（MIO：Micaceous Iron Oxide）
　塗料 ……………………………………… 072, 073

え

エッチングプライマー ……………… 076, 077, 232
エナメル ……………… 019, 047, 078, 117, 138, 156
エフロレッセンス ……………………… 027, 114, 129
エポキシ樹脂 ……… 045, 073, 075, 083, 084, 085
　　　　　　　　　　　　　　　　137, 154
　――エポキシ樹脂塗料 ……………… 073, 074, 083
　――エポキシ樹脂塗床材 ……………… 153, 154
　――エポキシ樹脂プライマー ………… 073, 074
エマルション系フィラー ……………………… 120
エマルションタイプ ……………………… 082, 131

エマルションプラスター ……………………… 028
塩化ゴム ………………………………… 083, 118
　――塩化ゴム系塗料 …………………………… 083
塩化ビニル ……………………………… 040, 216
　――塩化ビニル樹脂 ……… 081, 082, 118, 119
　　　　　　　　　　　　　　　131, 212
　――塩化ビニル樹脂エナメル ……………… 082
　――塩化ビニル樹脂被覆鋼板 …………… 190
塩基性顔料 …………………………………… 070
鉛酸カルシウムさび止めペイント ……… 076, 077
塩素化ポリプロピレン樹脂 …………………… 083

お

オイルサーフェーサー ………………………… 078
オイルパテ …………………………………… 077
凹凸模様 ……………………………………… 116
屋外暴露耐候性試験 ………………………… 137
汚染防止塗料 ………………………………… 032
オリゴマー …………………………………… 128

か

改修専用塗装材料 …………………………… 204
外部保護着色塗装 …………………………… 165
外部用塗料 …………………………………… 027
化学的処理方法 ……………………………… 091
化学物質等安全データシート（MSDS：
　Marterial Safety Date Sheet) ……… 227, 229
架橋形樹脂エマルション …………………… 082
架橋剤 ………………………………………… 045
各種樹脂用サーフェーサー …………………… 078

カシュー樹脂パテ 078
カソード 179
可塑剤 037, 216, 217
可とう形
　——可とう形改修用仕上塗材 210
　——可とう形外装薄塗仕上塗材 145
　——可とう形外装薄塗材E 145
環境配慮塗料 032
含浸形仕上げ材 128, 130
乾燥剤 037
乾燥造膜機構 043
乾燥造膜形塗装材料 043
顔料 011, 019, 035, 037, 038, 043, 047
　　　068, 070, 072, 076, 077, 116, 117, 120
　　　127, 128, 131, 144, 156, 166, 186, 199
　　　223, 227

き

基材(主剤) 045, 046, 050, 051, 084, 087
　　　137, 139
希釈割合(質量比) 099
キシロール 039, 072
擬石塗 020
基層塗り 150
既存仕上げ 172, 186, 197
既存塗装材料 210
既調合モルタル 121
機能性塗料 166
揮発乾燥形 049, 081
　——揮発乾燥形アクリル樹脂エナメル 082
　——揮発乾燥形塗料 083

揮発酸化重合形 045
揮発性有機化合物(VOC：Volatile Organic
　　Compounds) 071, 125, 222, 223, 225
　　　　　　227, 230, 232
　——VOCフリー 216
共重合樹脂 082, 131
金属塩顔料 070
金属系素地面用塗料 095
金属表面処理塗料 076
金属粉顔料 037

く

クリヤータイプ 117, 127, 199
クレーター模様 116
クロスカット法 190
クロム系顔料 068
クロムフリー化成皮膜処理剤 091

け

軽量気泡コンクリート(ALC) 027, 028, 114
　　　　116, 120, 142, 234, 237
けれん
　——けれん処理 197
建研式接着試験器 186
建築用仕上塗材 030, 116, 141, 145, 176
　　　　186
建築用耐候性上塗り塗料 104, 137, 138
　　　　167, 238
建築用耐候性塗料 139
研磨 077, 078, 098, 104, 165, 223

──研磨紙ずり........102

こ

高圧水洗浄工法........235
硬化乾燥........049
硬化剤........045, 046, 047, 050, 051, 073, 083
　　　　084, 085, 087, 137, 139
硬化促進剤........051
硬化不良（ドライアウト）........028, 047, 048, 051
　　　　144
高機能性塗料........166
工芸塗装........156
鋼構造物用耐候性塗料...075, 086, 087, 088
　　　　104
合成ゴム........083, 118
合成樹脂
　──合成樹脂エマルション........027, 042, 043
　　　　044, 048, 082, 119, 120, 121, 136
　　　　142, 216
　──合成樹脂エマルションクリヤー........117
　──合成樹脂エマルション系薄塗材........144
　──合成樹脂エマルション系下地調整塗材
　　　　........120
　──合成樹脂エマルションシーラー........117
　　　　118, 237
　──合成樹脂エマルション着色クリヤー........117
　──合成樹脂エマルション塗料........025
　──合成樹脂エマルションプラスター........120
　──合成樹脂エマルションペイント........042
　　　　043, 119, 136
　──合成樹脂シーラー........118

　──合成樹脂調合ペイント........036, 041, 070
　　　　076, 077, 080, 081, 101, 131, 161
　　　　210, 224, 230, 232
　──合成樹脂塗料........025, 031, 072, 078
　　　　082
　──合成樹脂塗床........152
　──合成樹脂パテ........118, 119
　──合成樹脂（クリヤー）ワニス........117
高耐候性塗料........137, 139, 237
光沢計........186
工程間隔時間........100
工程内間隔時間........100
高日射反射率塗膜........166
高日射反射率塗料........166
コールタール........085
こて塗り........116, 122
ゴム系塗料........083
混和液........119
混和用ポリマーディスパージョン........119

さ

サーフェーサー........077, 078, 117
細骨材........120
最終養生時間........101
再乳化形粉末樹脂........119
酢酸ビニル........025, 040, 081, 082, 131
　──酢酸ビニル系エマルションペイント........027
　──酢酸ビニル系合成樹脂エマルション
　　　　........027
　──酢酸ビニル樹脂........036, 081
さび止め顔料........061, 210, 230

さび止め塗料 061, 068, 070, 102
さび止めペイント 036, 070, 071, 077, 101
　　　　　　　210, 224
酸化重合乾燥 041
酸化チタン(ルチル型、アナターゼ型) 038
サンジング形 078

し

仕上げ塗り 147, 170, 226
仕上塗材 100, 116, 119, 122, 125, 141
　　　　142, 146, 146, 177, 192, 210, 226, 227
シーラー 027, 061, 117, 118, 140, 199
直仕上げ工法 125
指触乾燥 049
自然乾燥形 049, 166
　　──自然乾燥形塗装材料 039, 047
下地調整 154, 186, 190, 196, 199, 204
　　　　210, 217, 230, 235, 237, 238, 244
　　──下地調整塗材 118, 119, 190, 226
　　──下地調整塗材C-1 119, 121
　　──下地調整塗材C-2 237
　　──下地調整塗材CM-1 121
　　──下地調整塗材CM-2 121
　　──下地調整塗材E 120
下塗り 041, 043, 061, 072, 073, 075, 076
　　　077, 084, 098, 101, 102, 116, 117, 130
　　　145, 146, 168, 210, 233, 238, 240
湿気硬化形 047
　　──湿気硬化形ポリウレタンワニス 047
湿式外断熱工法 172
シミ押さえ 117

弱溶剤系 074, 118, 131, 232
　　──弱溶剤系2液形ポリウレタンエナメル
　　　　　　　　　　　　086, 104
　　──弱溶剤系アクリルシリコン樹脂エナメル
　　　　　　　　　　　　104, 139
　　──弱溶剤系化 125
　　──弱溶剤系シーラー 117
　　──弱溶剤系常温乾燥形ふっ素樹脂塗料
　　　　　　　　　　　　087
　　──弱溶剤系常温乾燥形ふっ素樹脂
　　　　エナメル 106
　　──弱溶剤系反応形合成樹脂シーラー 240
　　──弱溶剤系反応形合成樹脂ワニス 118
　　──弱溶剤系品種 104
　　──弱溶剤系変性エポキシ樹脂プライマー
　　　　　　　　　　　　074, 077, 233
弱溶剤第3種有機溶剤 131
重金属系顔料 230
充填剤 035, 037
柔軟性湿気透過形防水性厚付け塗装材料
　　　　　　　　　　　　028
樹脂固形分 120
樹脂リシン 028, 030, 142, 145
常温乾燥形 059
　　──常温乾燥形ふっ素樹脂 128, 137
　　──常温乾燥形ふっ素樹脂エナメル 104
　　　　106, 139, 140, 147, 233
　　──常温乾燥ふっ素樹脂クリヤー 130
　　──常温乾燥ふっ素樹脂塗料 031, 059
　　　　073, 086, 087, 088
所要量 100, 150
シリカゾル 048, 145

シリコンアクリル樹脂
　――シリコンアクリル樹脂エナメル………147
　――シリコンアクリル樹脂クリヤー………130
　――シリコンアクリル樹脂塗料………088
シリコン樹脂………137
シロキサン………138, 139
　――シロキサン反応………048
ジンククロメート………076
ジンクリッチ………070
　――ジンクリッチプライマー………072
浸透形吸水防止材………130

す

水系さび止めペイント………071, 072, 230
水系シーラー………117
水性有機無機ハイブリッド塗料………139, 236, 237
推定耐用年数………095
スキンタイプ………145
スタッコ………020
　――スタッコ仕上げ………150
　――スタッコ状………116
スチップル模様………116
ストーンテックス(Stone Tex)………020
砂壁状………116

せ

石材調仕上塗材………145
積層系複合材料………009
セメントウォーターペイント………025, 027, 028, 142
セメント系薄塗材………142

セメント系下地調整厚塗材………121
セメント系下地調整塗材………119, 120, 121, 237
セメント水和反応形………047
セメントスタッコ塗り………150
セメントフィラー………119
セメントモルタル………110
セメントリシン………027, 028, 142
潜在性硬化剤………075

そ

造膜助剤………082
造膜タイプ………164
促進耐候性試験………137
素地調整………074, 076, 085, 091, 098, 102
　　　　116, 119, 121, 122, 136, 161, 164, 165
　――素地調整塗材………121
素地表層硬化補強含浸シーラー………118
外断熱工法………172
外断熱仕上材料………172

た

耐火被覆
　――耐火被覆効果………170
　――耐火被覆工法………168, 170
　――耐火被覆塗料………168, 170
耐候性1種(2種・3種)………147
耐候性塗料………088, 139
体質顔料………037, 038, 082
帯電防止剤………037
タイル調仕上塗材………145

タイル貼り	020	――鉄鋼用塗装材料	068
多液形	075	鉄部用塗料	080
建物用床塗料	152, 153	添加剤	035, 037, 075, 082, 119, 120, 217
段差	118		223, 227
弾性ウレタン塗床	152, 154	展色剤	035, 037, 039, 043, 046, 048, 059
断面修復材	210		061, 072, 081, 083, 085, 117, 145, 156

ち

チタン光触媒効果	038
着色	
――着色顔料	037, 082, 186
――着色合成樹脂ワニス	117
――着色シーラー	117
長油性フタル酸樹脂	080
チョーキング(白亜化)	038, 084, 186, 237
	238

つ

つや有合成樹脂エマルションペイント	082
	106, 119, 136, 147

て

低汚染形ふっ素樹脂塗料	087
デコレイティブペインティング	066
鉄鋼	
――鉄鋼面つや有合成樹脂	
エマルションペイント	230
――鉄鋼面用さび止めペイント	070
――鉄鋼用下塗り塗料	068

と

透明シーラー	117
透明着色塗料	161
透明塗装	156, 161, 163, 164, 165
特殊塗装材料	065
塗装種別	098, 101, 102, 139, 140, 244
塗装仕様書	051, 161
塗布形含浸仕上げ材	125, 128
塗布量	100
塗膜	
――塗膜形成タイプ	127, 128
――塗膜構成要素	なし
――塗膜除去	198
――塗膜副要素	037, 039
――塗膜要素	035
凸部処理模様	116
トルオール	039, 074

な

中塗り	073, 080, 084, 088, 130, 140, 168
	170, 240
鉛・クロムフリーさび止めペイント	070, 081
	101, 224, 230

255

鉛系顔料 ……………………… 068, 070, 076

ぬ

塗師工事 ……………………… 013, 016
塗り替え
　──塗り替え工法 ……………… 186, 212
　──塗り替え用塗料 …………… 210, 216
塗り重ね時間 …………………………… 041
塗付け量 ………………………………… 100

ね

熱可塑性
　──熱可塑性合成樹脂 ……… 036, 044, 081
　　　　　　　　　　　　　　 127, 131
　──熱可塑性合成樹脂塗料 ………… 081
　──熱可塑性樹脂粒子 ……………… 043
熱硬化形 ………………………………… 081
　──熱硬化形合成樹脂 … 036. 044, 081, 125
　　　　　　　　　　　　　　 131, 137
　──熱硬化形合成樹脂系塗料 ……… 137
　──熱硬化形塗料（反応硬化形） … 083, 085
粘度調整剤 ……………………………… 037

の

ノンサンジング形 ……………………… 078

は

ハイドロゾル …………………… 082, 137

はがれ ………… 068, 074, 076, 085, 136, 164
白色顔料 ………………………………… 038
白色タール ……………………………… 074
剥離剤（リムーバー） ………………… 222
刷毛塗り ………………………………… 099
発泡性耐火塗料システム ……………… 032
パテ …………………… 077, 078, 118, 119
　──パテかい ………………… 098, 163, 165
半硬化乾燥 ……………………………… 049
反応形合成樹脂シーラー ………… 118, 240
反応硬化形 ……………………… 049, 081
　──反応硬化形合成樹脂 …………… 137
　──反応硬化形合成樹脂系 … 118, 125, 128
　──反応硬化形樹脂 ………………… 083

ひ

光触媒チタン …………………………… 032
非水エマルションタイプ ……………… 044
微弾性フィラー ………………………… 210
非トルエン・キシレン塗料 …………… 216
ビニルクロス張り工法 ………………… 030
ビニルクロス面塗り替え工法 …… 216, 217
ビニル系合成樹脂 ……………… 027, 081
ビニル樹脂 ……………………………… 040
ひび割れ ……… 043, 050, 136, 145, 146, 150
　　　　　　　　 164, 192, 210, 226, 238, 240
標準耐用年数 …………………………… 095
標準膜厚 ………………………………… 100
表面処理塗膜 …………………………… 077

ふ

項目	ページ
フィラー	118, 240
フェノール樹脂	072
吹付け材	122, 142
吹付けタイル	029, 146, 147, 210
吹付け塗り	099, 116, 122, 142
復元改修塗材	238
複層仕上塗材	029, 030, 146, 147
複層塗材	147, 210
——複層塗材C	028, 029
——複層塗材RE	029
——複層塗材RS	029
節止め	163, 165
腐食電流	068
フタル酸樹脂	079, 080, 081
——フタル酸樹脂エナメル	081, 101, 210
ふっ化ビニリデン樹脂	059, 086
ふっ素樹脂	044, 059, 082, 086, 087, 139
物理的結合造膜	137
不透明仕上げ	161
不透明塗装	156, 161, 163
プライマー	061, 070, 072, 073, 102, 117
プラスター	110
不陸	077, 118, 210
プルオフ法	186
フルオロオレフィンビニルエーテル樹脂	086
プレポリマー	046
分散粒子融合乾燥	042, 043, 136
粉体	075, 086, 119

へ

項目	ページ
ペイント	014, 019, 117, 156
ペンキ	014, 020
変性エポキシ樹脂プライマー	074, 077, 102, 224, 233
変性樹脂	074

ほ

項目	ページ
防かび剤	037
防かび塗料	032
防水形	
——防水形外装合成樹脂エマルション系薄付け仕上塗材	146
——防水形外装用薄塗材E	146
——防水形複層塗材	031, 210
——防水形複層塗材E	031, 147
防錆顔料	037
放置時間(乾燥時間)	041, 081, 100, 101, 244
補修グレード	199, 204
ポリアミド	073, 083, 084, 085
ポリアミン	085
ポリイソシアネート	087, 138, 139
ポリウレタン	137
——ポリウレタンエマルションペイント	136, 137
——ポリウレタン樹脂	045
——ポリウレタン樹脂塗料	089
——ポリウレタン塗料	059, 073, 085, 137
ポリエステル系樹脂	079

ポリエステルパテ	078
ポリエステルポリオール	086, 137
ポリオール硬化剤	086
ポリシロキサン系樹脂	087
ポリシロキサン系ハイブリッド塗料	087, 088
ポリマーセメント系材料	210
ポリマーセメントフィラー	119
ポルトランドセメント	047, 119
ホルムアルデヒド放散等級	067
ホルムアルデヒド放散量	153
ボンタイル	028

ま

マイクロエマルション	082
膜厚	011, 046, 072, 076, 084, 099, 100, 125, 141, 150, 170, 190, 226, 238
増塗り	150
マスチックC	234, 238
マスチック塗材ローラー工法	030

み

水養生	048
ミネラルスピリット	044, 137, 138
ミルスケール（黒皮）	068

む

無機顔料	037, 038
無機質系	
――無機質系素地用塗装材料	082, 116
――無機質系塗装材料	047
無機・有機ハイブリッド形アクリルシリコン樹脂エナメル	047
無機・有機ハイブリッド系樹脂（ポリシロキサン系）エナメル	147

め

メタアクリル酸メチル	081
メタアクリル酸エステル	131
メタリコン	070
メラミン樹脂エナメル	232

も

木材保護着色塗料	161, 164, 165
――木材保護着色塗料塗り	164, 165
木質系素地塗装	156
木部用塗料	156
モノマー	081, 128, 217

や

焼付形塗装	210
焼付乾燥	045

ゆ

有機・無機ポリシロキサン系ハイブリッド塗料	089
有機・無機ハイブリッド塗料	238, 240
有機顔料	037, 038, 165

有機系フィラー	120
有機溶剤(第2種、第3種)	039, 044, 074
	086, 087, 118, 125, 131, 138, 223
──有機溶剤公害	044, 086
──有機溶剤主任者	242, 243
──有機溶剤中毒予防規則	125, 222
ゆず肌模様	116
油性調合ペイント	080
油性塗料(油性ペイント)	036, 041, 080
油変性	
──油変性アルキッド	041
──油変性合成樹脂系塗料	071, 079, 101
──油変性樹脂さび止めペイント	070
──油変性樹脂塗料	077, 091

よ

溶液形塗料	131
要求耐用年数	095
溶剤区分	067, 077
溶剤系シーラー	117
溶剤系塗料	074, 223

ら

ラッカー	020
──ラッカーエナメル	040, 078
──ラッカーサーフェーサー	078
ラック	020

り

リシン	020, 142, 144, 145
リン酸塩系顔料	070
リン酸塩系さび止め顔料	230

れ

劣化程度(デグリー)	190

ろ

ローラー塗り	030, 099, 116, 146, 150
ロジン誘導体	074

わ

ワニス	020, 047, 117, 156
──ワニス塗り	164

あとがき

　1982年3月に初版を発行し、度重なる増補改訂を進めてきた『これだけは知っておきたい 塗装工事の知識』がこのたび『新版 塗装工事の知識』として刊行されることとなった。

　1961年学卒ののち、塗料メーカーの研究開発部門に従事し、1980年にユーザーサイドの「日本塗装工業会」に移転し、現在までの55年間一貫して建築塗装関係の材料・工法の研究開発、施工における技能システム設定・標準化等に携わり現在に至った。

　この間に日本社会は1945年の戦後より大きく変化し、建築はその社会形成に重要な役割を果たし、住宅をはじめとする建築文化の発展に寄与してきている。

　そのなかおいて、建築物の美装・保護・機能付加等の多くの役割を果たしてきた「塗装工事」における技術について、近代建築のスタートである明治時代から近代史における塗装工事の存在を現在に至るまで示してきた。

　特に第二次世界大戦後の日本における建築技術は「量産化」から「質への変換」に対応するように展開がなされ発展していき、塗装技術は絶えず一体化して研究開発されてきた。これまでの各種塗装材料・工法について解説を加え、小生の現役時代のここ50年における、研究開発活動において得た成果、材料における研究開発とその標準化（JIS化）・施工工法の標準化（JASS）化への参加により構成された材料・工法について示した。

　それらの内容は、建築を構成している金属・コンクリートを主とする無機質素地、木部に対する塗装工法の効果、および高日射・耐火等の新規機能付加を理解してほしく示したが、紙面に限りもあり、心残りもある。

　また、新版ではストック建築物のライフサイクルにおいて重要な役割をもつ塗装仕上げの対応について新しく項目を設け、建築物の

サステナブルビルディングを目指す「塗装工法の改修」について解説を加えた。その最後に代表的な例として「超高層集合住宅の外壁面」に対するグレードアップ化を図る塗装工事の実例を示し、理解を求めた。

このたび全面改訂の機会を得て、「塗料・塗装技術者」のライフワークのまとめができ皆様にお届けできることを感謝している。

2016年6月
高橋孝治

著者略歴

高橋孝治　たかはし たかはる

1938年東京生まれ。1961年日本大学工学部工業化学科卒業。神東塗料技術部技術課長、日本塗装工業会専務理事などを経て、日本化成技術顧問、ジャパンカーボライン株式会社技術顧問、NPO法人湿式仕上技術センター理事。

労働省中央職業訓練審議会専門委員（1981年10月～1983年10月）
国土交通大学校建築工事監理マネジメント研修講師（1999～2001年度）
ものつくり大学建設技能工芸科非常勤講師（2001～2003年度）
一社マンション管理業協会マンション維持修繕技術専門課程研修講師（2001年～現在）
（財）国土開発技術研究センター建築物の耐久性向上技術の開発委員会委員（総プロ）鉄骨部会・非構造部会委員（1984年～1985年2月）
（財）建築保全センター　官庁建築物修繕処置判定手法改訂委員会小委員会委員（1991年1993年3月）
（財）建築改修工事施工監理指針改訂委員会塗装改修分科会委員（1991年4月～2004年4月）
（社）日本建築学会　材料施工委員会第七分科会（塗料・塗装）幹事 鉄部小委員会・木部小委員会（1984年4月～1986年3月）
（社）日本建築学会塗付け工事運営委員会委員 改修工事共通事項WG吹付け工事小委員会塗装工事小委員会委員（1994～1997年）
（社）日本建築学会JASS18塗装工事改訂・JASS23吹付け工事改訂WG委員（1997年4月～2005年）
（社）日本塗料工業会塗料関係JIS改正原案作成委員会委員（1992年8月～2004年）
（社）日本塗料工業会ISO/TC/SC9（塗料の一般試験方法）国内委員会委員（1990年4月～2004年）
日本建築仕上材工業会仕上塗材改正原案作成委員会委員（2002年4月～現在）
建設業労働災害防止協会専門工事業者安全管理活動等促進事業運営委員会委員（2003～2004年）
などを歴任。

主な著書：『ワンポイント建築技術　建築の塗料と塗装』（共著、井上書院、1979）、『建築内外装の損傷と補修』（共著、建築技術、1981）、『ワンポイント建築技術 塗り替え工事』（共著、井上書院、1982）、『建築塗装便覧』（共著、丸善、1983）、『建築内装技術ハンドブック』（共著、朝倉書店、1984）、『これだけは知っておきたい塗装の知識 増補改訂2版』（鹿島出版会、1999）、『日本建築近代塗装史』（共著、時事通信社、1999）、『建築施工管理チェックリスト』（共著、彰国社、2006）、『建築大辞典 第2版』（共著、彰国社、1993）、『建築施工ハンドブック 改訂新版』（共著、朝倉書店、1971）、『コンクリート構造物の仕上げ』（共著、日本コンクリート工学協会、1986）など多数

新版 塗装工事の知識

2016年7月15日 第1刷発行

著者　髙橋孝治
発行者　坪内文生
発行所　鹿島出版会
　　　　〒104-0028　東京都中央区八重洲2-5-14
　　　　電話03-6202-5200　振替00160-2-180883

印刷・製本　三美印刷
装幀　工藤強勝
デザイン　工藤強勝＋舟山貴士＋生田麻実

©Takaharu TAKAHASHI 2016, Printed in Japan
ISBN 978-4-306-03382-5 C3052

落丁・乱丁本はお取り替えいたします。
本書の無断複製（コピー）は著作権法上での例外を除き禁じられています。
また、代行業者等に依頼してスキャンやデジタル化することは、
たとえ個人や家庭内の利用を目的とする場合でも著作権法違反です。

本書の内容に関するご意見・ご感想は下記までお寄せ下さい。
URL: http://www.kajima-publishing.co.jp/
e-mail: info@kajima-publishing.co.jp